La Métherie Jean-Claude de

Theorie der Erde

Teil 1

La Métherie Jean-Claude de

Theorie der Erde
Teil 1

ISBN/EAN: 9783744682244

Hergestellt in Europa, USA, Kanada, Australien, Japan

Cover: Foto ©ninafisch / pixelio.de

Weitere Bücher finden Sie auf **www.hansebooks.com**

Jean Claude Delametherie

Theorie der Erde.

Aus dem Französischen übersetzt
und
mit einigen Anmerkungen vermehrt
von
D. Christian Gotthold Eschenbach,
Professor der Chemie in Leipzig.

Nebst
einem Anhange
von
D. Johann Reinhold Forster,
Professor in Halle.

Erster Theil,
mit zwey Kupfertafeln.

Leipzig,
bey Breitkopf und Härtel. 1797.

Vorerinnerung.

Obschon unsere Kenntnisse und Einsichten vielleicht noch nicht zu einer solchen Vollkommenheit gelangt sind, daß wir eine vollständige Theorie unsers Erdkörpers entwerfen könnten; so ist doch die Menge der Thatsachen, die die Beobachter gesammlet haben, so beträchtlich, daß man verschiedene die Entstehung der Erde, die Veränderungen, die sie erlitten hat, u. s. w. betreffende Aufgaben theils mit voller Zuverläßigkeit, theils mit großer Wahrscheinlichkeit zu beantworten im Stande ist. Freylich sind für uns mehrere Erscheinungen, die unser Planet darbietet, noch jezt unauflösliche Räthsel, indessen dürfen wir die Hoffnung, sie dereinst auflösen zu kön-

können, nicht ganz aufgeben; wir müssen, in Rüksicht auf dieselben, neue Thatsachen sammlen und neue Versuche und Beobachtungen anstellen, und wir werden dann vielleicht auch von diesen Erscheinungen auf eine befriedigende Art Rechenschaft geben können.

Ein Gelehrter, der zugleich ein Freund der Wahrheit ist, kann, wenn er die Geschichte der Erde schreibt und hierbey die als wahr anerkannten Thatsachen von denen, die nur wahrscheinlich, oder gar noch sehr zweifelhaft sind, sorgfältig unterscheidet, allerdings die Wissenschaft vervollkommnen. Die Beobachter werden dann die ausgemachten Wahrheiten bestätigen und die Thatsachen, die nur wahrscheinlich, oder noch zweifelhaft sind, untersuchen, und ihr Gang wird sicherer seyn, da sie einen Leitfaden haben, dem sie bey ihren Unternehmungen immer folgen können. Dieser Zweck ist es, den ich bey Abfassung gegenwärtiger Schrift vor Augen gehabt habe.

Ich habe mich schon viele Jahre hindurch mit den Gegenständen, die ich hier betrachte, beschäftigt; mein erster Versuch dieser Art (Principes de la philosophie naturelle, erste Ausgabe,)

er-

Vorerinnerung.

erschien im Jahre 1778, seit dieser Zeit hat sich aber die Menge der Thatsachen sehr vermehrt und verschiedene einsichtsvolle Geologen haben ihre Beobachtungen und Meinungen bekannt gemacht. Die Scheidekunst hat uns die Mischung vieler Fossilien enthüllt und alle Theile der Mineralogie sind durch die Nachforschungen mehrerer Gelehrten, zumal in den leztern Jahren, sehr vervollkommnet und aufgeklärt worden. Ich habe alle diese Vorarbeiten benuzt, um meine Meinung gut aus einander zu setzen und zu rechtfertigen; denn ich glaube, daß die Hauptstützen derselben durch Thatsachen erwiesen sind; nur einige einzelne Umstände bedürfen noch einer Aufklärung, die große Wahrheit aber von der Bildung des Universums überhaupt, und unsers Erdkörpers insbesondere, durch die allgemeine, mittelst der Wahlverwandschaften bewirkte, Krystallisation, kann als völlig ausgemacht angesehen werden. Die Verwandschaften, welche sich bey allen mineralischen Stoffen äussern, wenn sie sich unter einander zu ordentlichen Ganzen vereinigen, und die regelmäßigen Gestalten, die diese Stoffe immer anzunehmen streben, sind unwiderlegbare Beweise jener Wahrheit.

Diese Krystallisation sezt eine Auflösung durch die Wässer voraus, und diese Flüssigkeiten müssen also den ganzen Erdkörper bedekt, und selbst über die höchsten Berge beträchtlich hervorgeragt haben. Denn die Masse der Mineralien, die aufgelöst gewesen sind, und die Menge Flüssigkeit, die jede von diesen Substanzen zu ihrer Auflösung verlangt, beweist deutlich, daß die Wässer sehr hoch stehen mußten. Dies sind Thatsachen, die ein Geolog immer vor Augen haben muß.

Ich kann hier nicht umhin, die Bemerkung zu machen, daß uns die Kenntnisse und Einsichten, die wir erlangt haben, zu dem Systeme der Aegyptier zurükgebracht haben, das wir aus den Schriften eines Moses, Thales und anderer alten Weisen kennen. „Die Wässer," sagen diese Männer, „bedekten Anfangs den ganzen „Erdkreis, aber sie verminderten sich allmälig „und traten in Abgründe oder in Hölen; es kam „nun fester Boden zum Vorscheine und es ent „standen Pflanzen und Thiere." Diese Weisen meinten übrigens, daß diese Wässer bey verschiedenen Gelegenheiten aus jenen Abgründen oder Tiefen wieder heraustreten und Uiberschwemmungen verursachen könnten, daß aber endlich das Wasser

an

Vorerinnerung.

an der Oberfläche der Erde verschwinden und der Erdkörper sich entzünden würde. Diese ältern Bewohner unsers Planeten waren in der That so gut unterrichtet, daß sie schon mit den schönsten Entdeckungen der Neuern, (wie uns diese Entdeckungen selbst täglich überzeugen,) bekannt gewesen sind. Sie hatten Muschelschaalen und andere Uiberreste organisirter Wesen in allen Erdschichten von zweyter Entstehung beobachtet, und sie hatten, schon lange vor uns, die Folgerung daraus hergeleitet, daß das Meer, lange nach der Bildung der lebenden Geschöpfe, alle diese Erdlager bedekt haben müsse. Diese Meinung hat Thales zu den Griechen übergetragen und mehrere Weise dieser Nation haben sie angenommen. Ulberhaupt hat diese Lehre bald allgemeinen Beyfall erhalten und Ovid (Metamorphos. Lib. XV. Verſ. 259 ff.) trägt sie in folgenden schönen Versen vor:

Nil equidem durare diu sub imagine eadem
Crediderim; sic ad ferrum venistis ab auro
Secula; sic toties versa est fortuna locorum.
Vidi ego, quod fuerat quondam solidissima
tellus,
Esse fretum; vidi factas ex aequore terras
Et procul a pelago conchae iacuere marinae?

Et vetus inuenta est in montibus anchora summis;
Quodque fuit campus, vallem decursus aquarum
Fecit, et eluuie mons est deductus in aequor.

Man trift auch diese Lehre der Aegyptier bey den meisten Nationen, und besonders bey den ältesten griechischen Schriftstellern, an. Die Venus, die man als die Göttin der Wiedererzeugung ansah, war aus dem Schooße der Wässer hervorgegangen. Homer drückt eben diese Vorstellung mit den Worten: Ωκεανόν τε θεῶν γένεσιν — Der Ocean ist der Vater der Götter (Iliad. Lib. XIV. Vers. 200) aus, und Hesiodus sagt in seiner Theogenie, „der Ocean ist „der Vater aller Dinge." Orpheus äussert sich in seinem Hymnus an den Ocean auf folgende Art:

Ωκεανόν καλέω, πατέρ ἄφθιτον αἰὸν ἐόντα,
Αθανάτων τε θεῶν γένεσιν θνητῶν τῶν ἀνθρώπων.

„Ich nenne den Ocean den unzerstörlichen, „immer daseyenden Vater, den Ursprung der „unsterblichen Götter und der sterblichen Menschen."

Eine

Vorerinnerung.

Eine andere Meinung, die sich in Asien sehr ausgebreitet hatte, war die der Braminen, welche glaubten, daß die Erde Anfangs durch Feuer entzündet worden sey und gebrannt habe. Dies scheint die Lehre des Zerdhust oder Zoroaster und der Weisen überhaupt gewesen zu seyn, und sie ist in der Folge von den Stoikern und andern griechischen Philosophen vertheidigt worden und hat auch unter den Neuern Anhänger gefunden; des Cartes, Leibniß, Büffon und andere haben diese Theorie in ihren Schriften vorgetragen.

Justin hat dieser beyden Meinungen auf eine sehr deutliche Art gedacht; er bedient sich da, wo er von den Scythen redet und die Frage untersucht, ob dieses Volk älter ist, als die Aegyptier, folgender Worte: Ceterum si mundi partium aliquando vnitas fuit, siue *illuuies aquarum principio rerum terras obruptas tenuit*, siue *ignis, qui et mundum genuit, cuncta possedit*, vtriusque primordii Scythas origine praestare (Lib. II. Cap. I.) — —

Man muß, wenn man eine Theorie des Erdkörpers entwerfen will, auch auf andere Körper unsers Sonnensystems einige Rüksicht nehmen,

men, und die vorzüglichsten astronomischen Entdeckungen zu benutzen wissen; denn die Bewegungen der Erde haben allerdings auf die geologischen Erscheinungen Einfluß. Die Astronomie ist aber erst in den neuern Zeiten zu einem hohen Grade der Vollkommenheit gebracht worden, und die Entdeckungen, die die Naturforscher in dieser Rüksicht gemacht haben, können dem Geologen manche wichtige Aufklärung verschaffen. Ich werde deshalb die wichtigsten astronomischen Wahrheiten kürzlich anführen und von ihnen bey vorkommenden Gelegenheiten Gebrauch zu machen suchen. Die Leser, die sich genauer mit der Astronomie bekannt machen wollen, verweise ich auf die Quellen, aus welchen ich selbst geschöpft habe.

Die Erscheinungen, die der Magnet gewährt, und andere Phänomene, z. B. das Nordlicht, sind gewiß auch der Aufmerksamkeit des Geologen werth, und sie können ihm manchen Vortheil gewähren. Ich habe daher diese und andere merkwürdige Erscheinungen beschrieben und die Begriffe, die sich die Naturforscher von denselben machen, angeführt. Wir müssen alle Hülfsmittel, die uns einige Aufklärung verschaffen können, sorgfältig zu benutzen bedacht seyn,

und

und wir werden uns dann von der Art und Weise, wie die Natur unsern Erdkörper gebildet hat, eine richtigere Vorstellung machen können. Man wird mich also nicht tadeln, daß ich die hierher gehörigen Thatsachen kurz angeführt und deutlich und bestimmt aus einander gesezt habe. —

Ich werde das ganze Werk in 2 Hauptabschnitte theilen. Im ersten derselben werde ich von einer jeden Substanz des Mineralreichs besonders handeln und ihre Geschichte sowohl, als ihre Mischung anführen. Zwar fürchte ich, daß manche Leser diesen ins Einzelne gehenden Vortrag etwas trocken finden werden; allein diese Furcht hat mich nicht abhalten können, den Plan auszuführen, den ich mir bey Abfassung dieses Theils vorgezeichnet hatte; denn es ist gewiß, daß eine Theorie, die sich nicht auf Thatsachen stüzt, nur ein Spiel der Einbildung ist. — Im zweyten Abschnitte werde ich von den allgemeinen Erscheinungen, die unser Erdkörper darbietet, handeln, und dabey die Begriffe, die ich im ersten Abschnitte aus einander gesezt habe, zum Grunde legen. Ich werde mich bemühen, die Bildung der verschiedenen Substanzen des Mineralreichs zu erklären und mir so den Weg zur

Er-

Erklärung der Art und Weise, wie der Erdkörper selbst entstanden ist, bahnen.

Wenn ich nicht gefürchtet hätte, zu weitläuftig zu werden, so würde ich noch einen Abschnitt beygefügt und in demselben mehrere Thatsachen und Beobachtungen mitgetheilt haben, welche die Angaben, die sich in diesem Werke finden, zu bestätigen im Stande sind. Ich habe dies aber unterlassen, um die Geduld meiner Leser nicht zu mißbrauchen.

Inhalt.

	Seite
Von der allgemeinen Eigenschaft der Materie, eine krystallinische Gestalt anzunehmen	1
Von der Krystallisation durch wässerige Auflösungsmittel	9
Von der Krystallisation durch das Feuer	24
Von der Krystallisation der Erdkugel	27
Von der Krystallisation der verschiedenen Substanzen des Mineralreichs	31
Von der Gestalt der Erde	45
Von der Gleichartigkeit der Erde und von ihrer Dichtigkeit	53
Von der elektrischen Flüssigkeit	59
Vom Nordlichte	64
Von der magnetischen Flüssigkeit	67
Von der Materie des Lichts	97
Von der Materie der Wärme	99

XIV   Inhalt.

                                                           Seite
Von der Wärme auf der Oberfläche und im In-
    nern der Erde =   =   =   =   =   101
Von der Größe der ursprünglichen Wärme der Erde
    vor ihrer Krystallisation   =   =   =   105
Von dem Grade der Wärme, der jezt auf der Ober-
    fläche der Erde statt findet   =   =   106
Von dem Grade der Wärme der jezt im Innern
    der Erde statt findet   =   =   =   113
Vom Einflusse der Sonne auf die Wärme des Erd-
    körpers, sowohl im Innern, als an der
    Oberfläche desselben   =   =   =   =   126
Von der Erkaltung des Erdkörpers   =   =   158
Von den verschiedenen Lüften   =   =   =   167
Von der Bildung des Dunstkreises   =   =   170
Von den Winden   =   =   =   =   175
Von den Wässern   =   =   =   =   202
Vom Schwefel   =   =   =   =   206
Vom Phosphor   =   =   =   =   209
Von den metallischen Substanzen   =   =   211
Von den Vererzungsmitteln der Metalle   =   214
Von den Erzgängen   =   =   =   =   217
Von der Krystallisation der Erzgänge   =   231
Von den Erzflözen   =   =   =   =   237
Von den salzigen Substanzen   =   =   =   240
Von den Säuren   =   =   =   =   241
Von den Laugensalzen   =   =   =   =   244
Von den Mittelsalzen, die ein Laugensalz zur
    Grundlage haben   =   =   =   =   248
Vom Steinsalze und von der Salzigkeit des Meer-
    wassers   =   =   =   =   =   249

                                                    Von

Inhalt.

	Seite
Von der Dammerde	270
Von den einfachen Erden	273
Von der Kieselerde	278
Von der Thonerde	285
Von der Kalkerde	292
Von der Bittersalzerde	294
Von der Schwererde	295
Von den Eisenkalken	297
Von den Steinen	316
Von den Steinen, die aus einer Säure und aus einer Erdart zusammengesezt sind	318
Von den Kalksteinen	318
Vom Gypse	323
Vom Flußspate	325
Vom Schwerspate	326
Von der luftsauren Schwererde	327
Vom Apatit	327
Vom Sedativspate	328
Vom Schwersteine	330
Vom Quarze	330
Von der Kryftallisation der Steine, die nur eine Erde und eine Säure enthalten	334
Von den gleichartigen Steinen, die aus mehrern Erdarten und aus einer oder mehrern Säuren zusammengesezt sind	337
Von den Kieselarten	343
Von den Edelsteinen	358
Von den Schörlen	369
Von den Kalkarten	375

	Seite
Von den Thonarten	382
Von der Kryſtalliſation der gleichartigen Steine, die aus mehrern Erdarten und aus einer, oder mehrern Säuren zuſammengeſetzt ſind	385

Theorie

Theorie der Erde.

Von der allgemeinen Eigenschaft der Materie, eine krystallinische Gestalt anzunehmen.

§. 1.

Die Kryſtalliſation muß heutzutage als der Hauptgrund der größten Erſcheinungen in der Natur angeſehen werden. Alle Körper, wenn ſie ihren eignen Kräften überlaſſen ſind, und nicht in ihren Wirkungen geſtört werden, beſtreben ſich immerfort, eine eigenthümliche Geſtalt anzunehmen; jede ſalzige Subſtanz, jeder Stein und jedes Metall hat eine eigne, ihm angemeſſene Form; allein die Kryſtalliſation ſetzt voraus, daß der Körper, der eine regelmäßige Geſtalt annimmt, ſich in einem flüſſigen Zuſtande befinde.

Ohne hier alle einzelne Umſtände, auf die es bey der Beſchreibung der Kryſtallgeſtalten ankommt, auseinander zu ſetzen, will ich nur bemerken, daß alle Erſcheinungen, die die Kryſtalliſation darbietet, von 2 Haupturſachen abhängen.

§. 2. Die ursprüngliche Gestalt der kleinsten Theile, durch deren mechanische Zusammenfügung ein jeder Krystall entsteht, ist die erste dieser Ursachen.

Die dreyeckige Fläche;
die rechtwinkliche Fläche;
die rhomboidalische Fläche.

Jede dieser Flächen kann nach ihren 3 Ausdehnungen, der Länge, der Breite und der Dicke, verschieden seyn, und bey den dreyeckigen und rhomboidalischen Flächen können auch, in Hinsicht auf die Größe ihrer Winkel, Verschiedenheiten statt finden.

§. 3. Die zweyte Ursache, welche Einfluß auf die Krystallisation hat, ist die Stärke der Verwandschaft, vermöge welcher ein Theil an dem andern anhängt. Diese Verwandschaft, diese Auswahl, die in Rücksicht auf die anzuziehenden Theile statt findet, hat ohne Zweifel eine Ursache; allein die Art, auf welche sie wirkt, ist uns gänzlich unbekannt.

Diese Grundsätze angenommen, wollen wir uns in Gedanken in den Augenblick, wo sich die Materie organisirte, versetzen, und, nach Analogien, die Art und Weise, wie sich das Universum gebildet hat, zu bestimmen suchen. In der That werden wir hier nur von Analogien Gebrauch machen können; allein wir müssen damit zufrieden seyn, da es keine andern Hülfsmittel giebt, durch welche man eine Kenntniß von diesen Gegenständen erlangen und seiner Neugierde Genüge thun könnte.

§. 4.

§. 4. Jedes Theilchen der Materie, jedes erste Körperchen (welches ich als einfach und untheilbar annehme,) hat eine Gestalt, die es wegen seiner großen Härte immerfort behält *).

Es besitzt ferner eine eigne Kraft, die es, der Analogie nach, nie verliert und die unzertrennlich damit verbunden ist. Diese Kraft ist dem Theilchen wesentlich **) und sie ist der Grund aller Wirkungen und aller Bewegung in dem Universum ***). Auch kann der Naturforscher nur einzig und allein durch dieses Mittel die Erscheinungen der Natur erklären.

*) So lehrte man in den Schulen des Leucipp, des Democrit, des Epicur — und eben so lehrte auch einer der größten Philosophen der neuern Zeit. „Es dünkt mir," sagt Newton, „sehr wahrscheinlich, daß Gott im Anfange die Materie in festen, dichten, harten, undurchdringlichen, bewegenden Theilchen bildete, und daß diese ursprünglichen Körperchen ohne Vergleich härter sind, als irgend einer von den porösen Körpern, die daraus gebildet worden sind, und daß sie selbst eine solche Härte besitzen, daß sie sich niemals abnutzen, noch in Stücken zerbrechen. Denn, wenn sie je zerbrechen oder sich abnutzen könnten, so würde sich unfehlbar die Beschaffenheit der Dinge, die davon abhängt, verändern. Das Wasser und die Erde, aus alten, abgenutzten Theilchen zusammengesetzt, würden jetzt nicht mehr von der nämlichen Natur und Dichtigkeit seyn, von welcher das Wasser und die Erde im Anfange waren, da sie aus Theilchen bestanden, die noch nicht im mindesten abgenutzt waren; und damit also die Natur dauerhaft seyn könne, muß die Veränderung, die die körperlichen Substanzen erleiden, nur in verschiedenen Absonderungen, neuen Verbindungen und Bewegungen dieser sich immer gleich bleibenden Theilchen bestehen." Optique, Question XXXI.

**) Principes de la Philosophie naturelle.

***) Ich habe diese Behauptung schon an einigen andern Orten erwiesen; man sehe Principes de la Philosophie naturelle, und Essai sur l' Air pur, Einleitung.

Diese Kraft ist es, vermöge welcher sich die Theilchen der Materie bestreben, sich mit einander zu verbinden. Denn wenn sich zwey solche ursprüngliche Körperchen (A B oder M N Fig. 1. Taf. 1.), in welchen sich diese ihnen eigne Kraft äußert, und deren Richtungen einander entgegengesetzt sind, begegnen; so werden sie sich mit einander verbinden, und sich an einander anhängen, und ihre Gestalten werden diese Verbindung mehr oder weniger fest machen *).

Wenn die Kräfte einander gleich sind und sich im Mittelpunkte der Massen 5 und e der Körperchen M N begegnen, so werden sie sich beyde gleich stark äußern, und keine von beyden wird aufgehoben werden; das Ganze wird sonach unbeweglich seyn.

Wenn aber die Kräfte einander ungleich sind, und der Theil M mehr Kraft besitzt, als der Theil N, so wird das Ganze sich in der Richtung der stärksten Kraft bewegen.

Wenn die Kräfte sich nicht in den Mittelpunkten der Massen äußern, wie A und B, so wird das Ganze eine kreisförmige Bewegung haben, deren krumme Linie C C von der Natur der Kräfte und von der Gestalt der Theile bestimmt werden wird.

Die Theile M N könnten sich gleichfalls in der krummen Linie C C bewegen, wenn die Theile 6, 7, 8 und 9 mehr Kraft besitzen, als die Theile f, g, h, i, und die Theile a, b, c, d in dieser Rücksicht die Theile 1, 2, 3, 4 überträfen; dies findet bey den Gestirnen statt.

Durch

---

*) Ebendaselbst.

Durch die Verbindungen dieser ursprünglichen Theilchen werden zwey Arten von Körpern, flüssige und feste, gebildet.

§. 5. Die Flüssigkeiten sind aus runden oder beynahe runden Theilchen zusammengesetzt; denn die meisten von diesen Körpern, z. B. das Licht, die Luft — prallen immer unter einem Winkel zurück, der dem Einfallswinkel gleich ist. Es ist aber erwiesen, daß nur runde Körperchen auf diese Art zurückgeworfen werden können.

Jedes von diesen Körperchen hat eine kreisförmige Bewegung um sich selbst herum, weil die Mittelpunkte der Theilchen, aus welchen sie zusammengesetzt sind, den Mittelpunkten der Masse nicht correspondiren. (1 Fig. I Taf.)

Diese kreisförmige Bewegung ist es, welche macht, daß diese Körper eine Repulsionskraft äußern, sie ist ferner die Ursache, daß sie in einem flüssigen Zustande verbleiben, und sie theilt ihnen auch die große Wirksamkeit mit, durch welche sich die meisten derselben, z. B. die Säuren, auszeichnen.

§. 6. Die festen Körper bestehen, wie ich schon gesagt habe, aus dreyeckigen, oder rhomboidalischen oder rechtwinklichen Theilchen; wenn aber diese festen Körper, durch die Wirkung des Feuers, in einen flüssigen Zustand übergehen oder in Dämpfe verwandelt werden, so nehmen ihre Theilchen eine runde Gestalt an. Wir wissen aber nicht, wie das Feuer diese Wirkung hervorzubringen im Stande ist *).

§. 7.

*) M. s. meine Abhandlung über die Natur der Flüssigkeiten, im Journal de Physique, Aprilmonat, 1786.

§. 7. Diese beyden Arten von Körpern bilden die Wesen, die man gewöhnlich Elemente zu nennen pflegt; zu diesen gehören das Feuer, die Luft, das Licht, das Wasser, die Erde.

Diese Elemente selbst behalten ihre Wirksamkeit bey und besitzen eine eigenthümliche Kraft, vermöge welcher sie sich gleichfalls unter einander vereinigen, und sich den Gesetzen der Verwandschaften und der Auswahlen, die sich in Hinsicht der anzuziehenden Theile äußern, gemäß an einander anhängen.

Die Gestalt der Theilchen derjenigen von diesen Elementen, die fähig sind, sich zu krystallisiren, zu welchen das Wasser gehört, muß entweder dreyeckig oder rhomboidalisch, oder rechtwinklich seyn; denn wir haben gesehen (§. 2.), daß die Theilchen eines jeden Körpers, der sich krystallisirt, eine von diesen 3 Gestalten zu haben scheinen. Indessen werden diese Theilchen, indem sie in den Zustand der Flüssigkeit übergehen, durch ihre Verbindung mit dem Feuer eine runde Gestalt annehmen. (§. 6.)

§. 8. Alle Theilchen der nicht unter einander verbundenen Materien, und alle Elemente, die aus denselben gebildet, und in dem Weltraume verbreitet sind, werden wechselsweis auf einander wirken, sich bald mit einander vereinigen und bald darauf wieder von einander entfernen, und sich wieder aufs neue mit einander verbinden, so daß diese Wirkungen endlich eine allgemeine Krystallisation der ganzen existirenden Materie zur Folge haben werden.

Die

Die Theilchen, die feste Körper zu bilden geschickt waren, werden sich an verschiedenen Orten des Weltraums unter einander vereinigt haben, und mit ihnen werden einige Mengen der Flüssigkeiten in Verbindung getreten seyn.

Die übrige Menge der Flüssigkeiten wird diese festen Massen einhüllen und den Raum ausfüllen, in welchem sich dieselben aufhalten.

Hier werden ungeheure Massen von festen Materien zusammengehäuft worden seyn, um die leuchtenden Kugeln zu bilden, und an einem andern Orte werden, durch eine ähnliche Zusammenhäufung anderer beträchtlicher Massen, dunkle Kugeln, die Planeten und die Kometen, entstanden seyn.

Vielleicht giebt es noch andere große Körper, wie den Ring des Saturn — wenn man nicht annehmen will, daß er aus unter einander verbundenen kleinen Kugeln besteht.

Es könnte seyn, daß diese allgemeinen Kräfte der Theilchen, aus welchen diese großen Kugeln gebildet sind, in einem vollkommnen Gleichgewichte wären und sich insgesamt in einem solchen Zustande befänden, daß man nur von ihnen sagen könnte, sie bestrebten sich, ihre Kräfte zu äußern; sie würden also gar keine Bewegung haben, und folglich weder in einer geraden Linie fortschreiten, noch sich um sich selbst herum drehen.

Wenn hingegen die Kräfte dieser Theilchen nicht im Gleichgewichte stehen, so werden sich diese Kugeln bewegen. Und diese Bewegung wird in einer geraden Linie

Linie vor sich gehen, wenn die Kräfte eine solche Richtung haben, daß sie durch den Mittelpunkt der Massen hindurchgehen, im Gegentheile aber kreisförmig seyn, wenn die Richtung der Kräfte nicht durch die Mittelpunkte der Masse durchgeht, oder, mit andern Worten, die Theilchen werden sich, im letztern Falle, um ihre Axen herumdrehen, weil diese überwiegende Kraft eines Theils der Körperchen, woraus die Kugeln bestehen, wirksam ist. Diese Bewegung kann zugleich in einer krummen Linie fortschreitend seyn (Fig. 1. Taf. I.), wie M N; von dieser Art ist die Bewegung aller himmlischen Körper, und insbesondere der Erde. (§. 4.)

Die Mathematiker haben die Wirkung dieser Kräfte, durch welche die Kugeln um ihre Axe gedrehet werden, berechnet. Sie haben vorausgesetzt, daß diesen Kugeln, in einer gewissen Entfernung vom Mittelpunkte dieser Massen, die sie nach den Radiis derselben geschätzt haben, ein Stoß gegeben worden sey:

Für den Jupiter zu $\frac{7}{15}$ seines Radius;

Für den Mars zu $\frac{1}{418}$ seines Radius;

Für die Erde zu $\frac{1}{84}$ ihres Radius;

Für den Mond zu $\frac{1}{130}$ seines Radius;

Für die übrigen Sterne ist diese Wirkung noch nicht berechnet worden.

Aber welche Hand mag wohl jenen Kugeln solche Stöße gegeben haben?

Man muß also nothwendig annehmen, daß jener Antrieb zur Bewegung von den Theilen selbst, aus welchen diese Kugeln zusammengesetzt sind, das heißt,

von

von einer kreisförmigen und fortschreitenden Bewegung, welche ihnen dieselben mittheilten, herrührt.

Wir können uns hier nicht darauf einlassen, alle bekannte Himmelskörper den Namen nach anzuführen, wir wollen nur bemerken, daß Herr Herschel die Anzahl der Sterne, die in einem Raume des Himmels von 8 Grad Länge und 3 Grad Breite befindlich sind, berechnet und darinn 44000 gefunden hat; er macht hieraus den Schluß, daß, wenn man eine verhältnißmäßige Zahl in der ganzen Ausdehnung des Himmels annimmt, es 75 Millionen Sterne giebt.

Allein wenn man in diese Rechnung auch die Sterne aufnimmt, aus welchen die Milchstraße besteht, und die sogenannten Nebelflecke, so wird die Zahl derer, die wir bemerken können, noch weit beträchtlicher seyn. Vielleicht giebt es mehrere Hunderte von Millionen.

Und in der That wir sind sehr weit davon entfernt, alle Sterne zu sehen, die wirklich existiren; denn man bemerkt deren eine desto größere Zahl, je besser die Teleskope sind, von welchen man Gebrauch macht.

Unsere Sonne dreht sich immer um ihre Axe herum und die Sterne müssen eine ähnliche Bewegung haben. Unsere Sonne bewegt sich in einer Ellipse, deren Mittelpunkt nie aus seiner Masse herausgeht; die Sterne müssen auch diese Bewegung haben.

Endlich hat unsere Sonne noch eine fortschreitende Bewegung gegen das Sternbild Herkules durch 260° nördlicher Aufsteigung und 27° nördlicher Neigung.

Die Sterne haben ebenfalls eine ähnliche Bewegung; man hat sie, in Rücksicht auf die vorzüglichsten Sterne, bereits beobachtet, und man hat berechnet, daß die Entfernung des Fuhrmanns von seiner Stelle im Jahre mehr als 80,000,000 franz. Meilen beträgt.

Was die dunkeln Himmelskörper anbelangt, so können wir von ihnen nur diejenigen unterscheiden, welche um unsere Sonne herum liegen. Es giebt 2 Arten derselben, die Planeten und die Kometen. Diese sowohl, als jene, bewegen sich, in mehr oder weniger verlängerten Ellipsen, um die Sonne herum, diese Ellipsen verwandeln sich sogar in Epicykloiden, weil sich die Sonne selbst in einer Ellipse bewegt und eine fortschreitende Bewegung gegen 260 Grad Aufsteigung gegen das Sternbild des Herkules, hat. Die Ellipsen, die die Planeten und Schwanzsterne beschreiben, werden sich folglich in Epicykloiden verwandeln, so wie die, welche der Mond um die Erde herum beschreibt, weil diese letztere, indem sie sich um die Sonne dreht, ihren Trabanten nach sich zieht.

Man weiß nicht, wie viel Kometen in unserm Sonnensysteme gegenwärtig sind. Die Beobachter haben schon von 83 dergleichen Sternen den Weg den sie nehmen, berechnet *), aber ohne Zweifel giebt es eine weit größere Anzahl derselben. Ihre Größen, ihre Massen und ihre übrigen Elemente sind noch nicht bekannt.

Die Ellipsen der Kometen sind sehr verlängert, und aus dieser Ursache sind sie uns nur eine sehr kurze Zeit sicht-

―――――――――
*) Journal de Physique, 1794. S. 210.

ſichtbar. Der Schwanzſtern, der ſich im Jahre 1682 ſehen ließ, vollendet ſeinen Lauf ungefähr in 75 Jahren und ſein Jahr dauert bey weitem nicht ſo lange, als das Jahr des Planeten Herſchel.

Die Ellipſe, welche die Planeten durchlaufen, iſt viel weniger verlängert und ſie nähert ſich mehr einem Zirkel. Indeſſen da die Natur gewöhnlicher Weiſe keine ſchnellen Uebergänge macht, ſo iſt es nicht unwahrſcheinlich, daß man Schwanzſterne entdecken wird, deren Ellipſen ſich denen der Planeten mehr und mehr nähern werden.

Man kennt ſieben Hauptplaneten: den Merkur, die Venus, die Erde, den Mars, den Jupiter, den Saturn und den Herſchel, und vierzehn Nebenplaneten: den Mond, die vier Trabanten des Jupiters, die 7 Trabanten des Saturn und die beiden Trabanten des Herſchel.

Außer dieſen Planeten befindet ſich in unſerm Sonnenſyſteme noch ein andrer dunkler Körper, der unter dem Namen des Ringes des Saturn bekannt, und in zwey Theile getheilt iſt. Man weiß aber noch nicht, ob dieſer Körper wirklich aus 2 Ringen beſteht, oder vielmehr aus kleinen Kugeln, die ſehr nahe an einander liegen, gebildet wird.

Alle dieſe Planeten bewegen ſich in Ellipſen oder vielmehr in Epicykloiden. Ich will hier eine Tafel beyfügen, auf welcher die Zeiträume verzeichnet ſind, die ſie nöthig haben, um ihre Bahn zu vollenden: — Der Zeitraum, den die Sonne braucht, iſt noch nicht bekannt. —

Merkur

Merkur = = = 87 Tage, 23 Stund. 14′, 36″
Venus = = = 224 — 16 — 39, 4
die Erde = = = 365 — 5 — 48, 48
Mars = = = 686 — 22 — 18, 27
Jupiter = = 4330 — 14 — 39, 2
Saturn 29 Jahre, 162 — 4 — 27,
Herschel 83 — 29 — 8 — 39.

Die Nebenplaneten bewegen sich um ihre Hauptplaneten herum. Hier ist auch ein Verzeichniß der Zeiträume, die sie zu ihrem Umlaufe nöthig haben:

Der Mond 27 Tage, 7 Stunden, 43′, 11″
1 Trabant d. Jup., 1 Tag, 18 Stunden, 27′, 33″
2 Trabant d. Jup. 3 — 13 — 13, 41
3 Trabant d. Jup. 7 — 3 — 42, 32
4 Trabant d. Jup. 16 — 16 — 32, 8
Ring des Saturn 0 — 10 — 32, 0
1 Trab. d. Sat. 0 — 22 — 40, 4
2 Trab. d. Sat. 1 — 8 — 53, 9
3 Trab. d. Sat. 1 — 21 — 18, 26
4 Trab. d. Sat. 2 — 17 — 44, 51
5 Trab. d. Sat. 4 — 12 — 25, 11
6 Trab. d. Sat. 15 — 22 — 41, 16
7 Trab. d. Sat. 79 — 7 — 53, 42
1 Trab. d. Herschel 8 — 17 — 1, 19
2 Trab. d. Herschel 13 — 11 — 5, 1

Man hat auch den Abstand der Planeten von der Sonne berechnet; hier ist ein Verzeichniß der mittlern Entfernungen.

Merkur 13,299,000 franz. Meilen.
Venus 24,851,885 — —
die Erde 34,357,480 — —

Mars

Mars 52,350,340 franz. Meilen.
Jupiter 178,692,550 — —
Saturn 327,748,720 — —
Herschel 655,602,600 — —

Die mittlern Abstände der Trabanten von ihren Hauptplaneten sind folgende:

Der Mond 86,351 franz. Meilen.
1 Trab. d. Jup. ungefähr 88,000 franz. M.
2 Trab. d. Jup. — 140,000 — —
3 Trab. d. Jup. — 222,000 — —
4 Trab. d. Jup. — 400,000 — —
Der Ring d. Sat. — 9,529 — —
1 Trab. d. Sat. — 46,000 — —
2 Trab. d. Sat. — 59,000 — —
3 Trab. d. Sat. — 70,000 — —
4 Trab. d. Sat. — 90,000 — —
5 Trab. d. Sat. — 130,000 — —
6 Trab. d. Sat. — 300,000 — —
7 Trab. d. Sat. — 900,000 — —
1 Trab. d. Herschel — 105,000 — —
2 Trab. d. Herschel — 140,000 — —

Man hat auch die Größe dieser Körper, nach den Abständen derselben, berechnet und sie folgendermaßen bestimmt:

Größe der Sonne 1,384,462
— des Merkur — 0,064,558
— der Venus — 0,890,250
— der Erde — 1
— des Mars — 0,140,600
— des Jupiter — 1281,000,000

Größe

Größe des Saturn — 994,900,000
— des Herschel — 80,490,000
— des Mondes — 0,020,360
— des 1 Trabanten des Jup.
— des 2 Trab. des Jup.
— des 3 Trab. des Jup.
— des 4 Trab. des Jup.
— des Ringes des Saturn u. s. w. Die Größe dieser und aller übrigen Trabanten ist wenig beträchtlich.

Endlich hat man auch noch die Massen dieser großen Körper berechnet und folgende Resultate erhalten:

Masse der Sonne 351,886
— des Merkur — 0,1688
— der Venus — 0,9500
— der Erde — 1,
— des Mars — 0,1025
— des Jupiter — 330,60
— des Saturn — 103,69
— des Herschel — 17,7400
— des Mondes — 0,015,107
— des 1 Trab. d. Jup. 0,000,068
— des 2 Trab. d. Jup. 0,000,024
— des 3 Trab. d. Jup. 0,000,006
— des 4 Trab. d. Jup. 0,000,005

Die Massen des Ringes und der Trabanten des Saturn, so wie der Trabanten des Herschel, sind noch nicht bestimmt worden.

Die Masse aller Haupt= und Nebenplaneten unsers Systems beträgt also ungefähr 455 und macht folglich

folglich den achthundertsten Theil der Masse der Sonne aus.

Von den Massen der Kometen haben wir keine Kenntniß, aber wahrscheinlich sind sie viel beträchtlicher, als die der Planeten; denn man sagt, daß Kometen gesehen worden sind, die fast eben so groß, als die Sonne, zu seyn geschienen haben, (allein sie waren auch weniger von der Erde entfernt, als die Sonne,) und daß es deren eine sehr große Anzahl giebt. Es mangelt uns aber in dieser Hinsicht noch an Thatsachen, so daß wir noch nicht wagen können, bestimmte Urtheile zu fällen.

Um unsern Lesern einen Begriff von der Größe und Ausdehnung des Theils des Universum, den wir kennen, zu machen, wollen wir sie nur daran erinnern, daß die Parallaxe eines Sterns, der uns am nächsten ist, nicht einmal eine Sekunde beträgt. Wenn wir nun annähmen, daß die Parallaxe des Sirius, eines Sterns, der uns der größte zu seyn scheint, eine Sekunde betrüge, so würde seine Entfernung 206,265mal größer seyn, als die der Sonne, und folglich 7,086,740,000,000 französische Meilen betragen. Der Durchmesser dieses Sterns würde 34 Millionen Meilen, oder dem Abstande der Sonne von der Erde gleich seyn.

Man berechne nun einmal die Planeten und die Schwanzsterne, die solche große Massen begleiten müssen.

In welcher Entfernung mögen wohl die Sterne der zehnten Größe seyn, so wie auch die, welche noch
weiter

weiter von uns entfernt sind, und die wir sehen wür=
den, wenn unsere Teleskope besser wären?

§. 9. Jede von diesen Kugeln hat eine Luftmasse,
die eine mehr oder weniger ausgedehnte Atmosphäre
um sie herum bildet. Die Atmosphäre unserer Sonne
ist bis jenseit des Kreises des Mars sichtbar (wie die
Erscheinungen des Thierkreislichtes beweisen,) und
vielleicht erstreckt sie sich noch weiter. Sie beträgt
also mehr als 50 Millionen französische Meilen, und
sie umhüllt die Atmosphären des Merkur, der Venus,
der Erde, des Mars und der Schwanzsterne, die in
diese Gegenden kommen. Indessen erstreckt sich der
nicht sichtbare Theil derselben gewiß noch viel weiter,
vielleicht gar bis jenseit den Herschel.

Diese großen Kugeln haben noch andre Atmo=
sphären, welche dieselben einhüllen; man darf nicht
zweifeln, daß die Erde eine magnetische Atmosphäre
und Atmosphären von elektrischer Flüssigkeit und von
Wärmematerie hat; vielleicht besitzt sie auch eine At=
mosphäre von Lichtstoffe. — Die übrigen Kugeln ha=
ben wahrscheinlich, und der Analogie nach, ähnliche
Atmosphären von magnetischer und elektrischer Flüssig=
keit und von Wärme= und Lichtmaterie.

Alle diese Flüssigkeiten nehmen den Raum ein,
der sich zwischen jenen runden Körpern befindet, so
daß nirgends eine leere Stelle zurückbleibt; denn alle
Flüssigkeiten bestreben sich, ins Gleichgewicht zu
kommen und sie gehen also in die Räume über, die sie
leer finden. Wenn man nun annimmt, daß die
Theilchen dieser Flüssigkeiten rund, oder beynahe
rund sind, (dies ist aber bey allen Flüssigkeiten der
Fall,)

Fall,) so werden (wie man durch Berechnungen gefunden hat,) die Räume, die sie ausfüllen $\frac{26}{27}$, die Leeren aber, die sie zwischen ihren einzelnen Theilchen zurücklassen, $\frac{1}{27}$ betragen *).

Indessen werden doch diese verschiedenen Flüssigkeiten leicht in einander wirken können, ohne daß sie in ihren wechselseitigen Verrichtungen einander hinderlich fallen **). Man kann an einem und demselben Orte viel und sehr verschiedene Töne erregen; man kann einen und denselben Ort mit tausend verschiedenen Feuern erleuchten und an eben diesem Orte zugleich durch Elektrisirmaschinen und durch Magnetstäbe mancherley Wirkungen hervorbringen; die festen Körper bewegen sich gleichfalls an einem solchen Orte mit Leichtigkeit; ein Insekt äußert alle seine Kräfte auf dem Boden des Meers und bewegt sich frey und ungezwungen, ohne daß es deshalb die ganze Wassermenge, von der es umgeben ist, aus seiner Stelle treibt.

§. 10. Ich halte dafür, daß die Wirkung, welche diese runden Körper auf einander äußern, und welche Newton und alle neuere Naturforscher mit dem Namen der Anziehung bezeichnen, diesen Flüssigkeiten zu verdanken ist. Wenn wir annehmen, eine von diesen Flüssigkeiten wirke im geraden Verhältnisse der Massen und im umgekehrten wie die Quadrate der Entfernungen auf diese runden Körper, so haben wir eine physische Erklärung aller Erscheinungen,

*) Lesage von Geneve.
**) Ich habe mich über diesen Gegenstand im Journal de Physique, (Aprilmonat, 1786.) weitläuftiger ausgebreitet.

nungen, die man von der Anziehung herleitet. Diese Anziehung gründet sich also nicht blos auf eine mathematische Hypothese, nach welcher die Naturforscher alle Erscheinungen berechnen. Newton selbst hat eingesehen, daß wohl die magnetische Atmosphäre der Erde einen Einfluß auf die Bewegungen des Mondes haben könne: „Ich habe," sagt er, „bey diesen Be„rechnungen (der Kräfte auf den Mond) die magne„tische Anziehung der Erde nicht mit in Anschlag ge„bracht; denn sie wirkt sehr schwach und man kennt sie „in dieser Hinsicht noch gar nicht *)."

Ich will mich hier nicht auf eine Untersuchung des Mechanismus einlassen, welcher machte, daß diese Flüssigkeit so und nicht anders wirkt; es ist für uns hinreichend, zu wissen, daß dies die Gesetze sind, nach welchen sich alle Flüssigkeiten, die elektrische und die magnetische Materie, der Lichtstoff bey der Fortpflanzung des Lichtes, die Luft bey der Fortpflanzung der Töne u. s. w. in ihren Wirkungen richten. Freylich wissen es die Naturforscher noch nicht zu erklären, warum die Flüssigkeiten bey ihren Wirkungen solchen Gesetzen folgen; allein es ist ausgemacht und durch Erfahrungen bestätigt, daß sie nach diesen Gesetzen wirken. Die Physiker gehen bey der Erklärung der Erscheinungen von diesen Erfahrungen und Thatsachen aus und beruhigen sich so lange dabey, bis sie physische Erklärungen davon geben können. Man muß also alle Einwendungen, die (bey der Bestreitung der Wirbel des des Cartes) wider die Meinung, daß
es

*) Lib. III. Paragraph. XXXVII. Probl. XVIII. Coroll. 10.

es möglich sey, daß die Sterne vermittelst einer Flüssigkeit wechselseitig in einander wirken könnten, gemacht worden sind, für ganz unbedeutend halten. Denn wenn wir annehmen, daß das, was Newton magnetische Anziehung der Erde nennt, eben so stark auf den Mond wirke, als das, was er Anziehung der Erde nennte; so würde diese magnetische Kraft das, was man bisher mit dem Worte Anziehung bezeichnet hat, physisch erklären. Dies beweist sehr klar, daß dieser große Mathematiker unter dem Worte Anziehung nichts anders verstand, als eine physikalische Ursache, deren Wirkungen er berechnete; daher kam es auch, daß er da, wo er vom Magnetismus redet, sich desselben Ausdrucks: magnetische Anziehung, bedient. Allein er war zuverlässig vom Daseyn einer magnetischen Flüssigkeit überzeugt.

Wenn wir nun auch um die Sonne herum eine Atmosphäre von irgend einer Flüssigkeit, von elektrischer, magnetischer oder anderer Materie, die im Verhältnisse ihrer Massen und umgekehrt wie die Quadrate der Entfernungen wirkte, annähmen, so würde sie alle die Wirkungen hervorbringen, die man der Anziehung der Sonne zuschreibt.

Wenn endlich ein jeder Planet und ein jeder Komet ähnliche Atmosphären hat, die auf die nämliche Art thätig sind, so werden diese Atmosphären alle die Wirkungen hervorbringen, die man den besondern Anziehungen dieser Körper zuschreibt, und diese Flüssigkeiten werden auch, wie wir gesehen haben, wechselseitig in einander wirken können.

Dies

Dies ist die einzige physikalische Erklärung der Anziehung, die der Philosoph annehmen kann; der Mathematiker mag indeß fortfahren, diese Anziehung für eine Hypothese zu halten, und die Wirkungen, die er von derselben herleitet, zu berechnen.

§. 11. Newton hat sich noch eines andern Ausdrucks bedient, um damit eine Wirkung zu bezeichnen, die nicht weniger allgemein ist, als die, welche er Anziehung nennte. Ich meine die Repulsion. Newton nahm an, daß sich die Körper in großen Entfernungen anzögen, daß sich aber diese Wirkung umänderte, wenn die einzelnen Theilchen derselben einander berührten, und daß sie in diesem Falle durch die Wirkung einer Kraft, der er den erwähnten Namen gab, zurückgestoßen würden*). Wir werden sehen, daß Newton mit diesem Worte eben so, wie mit dem Worte Anziehung, blos eine Wirkung hat bezeichnen wollen, und daß diese Wirkung ebenfalls durch eine Flüssigkeit, durch die Materie des Feuers oder der Wärme, hervorgebracht wird, welche, indem sie immerfort in die Räume, die sich zwischen den einzelnen Theilchen der Körper befinden, eindringt, diese von einan-

---

*) Es ist noch nicht ganz ausgemacht, ob die Erscheinung, die man das Zurückstoßen nennt, als ein allgemeines Phänomen der Körper angesehen werden könne, oder nicht? Indessen scheint doch die Meinung derjenigen Naturforscher, welche behaupten, daß eine Repulsion nur bey besondern Stoffen, oder unter besondern Umständen statt finde, und daß sie nicht aller Materie gemein sey, mehr Gründe für sich zu haben, als die Meinung, die Herr Delamétherie vertheidigt. M. s. J. S. T. Gehler's Physikalisches Wörterbuch, Leipzig, 4. Theil, S. 892. ff. Anm. d. Herausgeb.

einander zu entfernen sucht und den Theilchen derselben eine kreisförmige Bewegung mittheilt.

Man sieht leicht ein, daß sich eine große Anzahl runder Theilchen, die eine kreisförmige Bewegung haben, ohne Unterlaß zurückstoßen müssen. Dies geschieht z. B. bey dem Spiele mit den Kreiseln, welche, da sie sich sehr schnell in krummen Linien bewegen, einander zurückstoßen, so bald als sie einander berühren. Die Theilchen der Flüssigkeiten, die, wie ich annehme, eine ähnliche kreisförmige Bewegung haben, müssen also mit einer zurückstoßenden Kraft begabt seyn, die sich ohne Unterlaß äußern kann.

Es ist hier vielleicht nicht am unrechten Orte, einige allgemeine Begriffe von der Krystallisation festzusetzen. Es giebt zwey Arten von Krystallisation; die eine geschieht durch Hülfe wässeriger Auflösungsmittel, (das Wasser mag nun rein seyn, oder in seiner Wirkung durch Säuren, oder durch andere Auflösungsmittel unterstützt werden,) und die andere vermittelst des Feuers.

Von der Krystallisation durch wässerige Auflösungsmittel.

§. 12. Die festen Körper ohne Unterschied verdanken den Grad von Festigkeit, den sie haben, der Wirkung der Kräfte, welche ein jedes von ihren Bestandtheilen besitzt, und vermöge welcher diese Theilchen unter einander zusammenhängen. Sie vereinigen sich unter dieser oder jener Gestalt mit einander, je nachdem sie, einzeln genommen, diese oder jene Gestalt haben, und je nachdem diese Kraft so oder anders beschaffen ist.

Die Auflösung dieser Körper durch eine wässerige Flüssigkeit besteht blos in einer Trennung dieser Bestandtheilchen, die durch die Wirkung des Auflösungsmittels, (die eine Folge der kreisförmigen Bewegung desselben ist, und die die eigenthümliche Kraft jener Theilchen überwiegt,) von einander abgesondert werden.

Allein die ursprüngliche Kraft der Bestandtheile wird hiebey keineswegs zerstört; denn sobald als die überwiegende Kraft des Auflösungsmittels durch irgend eine Ursache, z. B. durch die Erkaltung, durch die Ruhe, durch Verminderung der Menge u. s. w. hierzu veranlaßt, aufhört wirksam zu seyn, werden die Theilchen des aufgelösten Körpers ihre eigenthümliche Kraft äußern und sich, vermöge derselben, aufs neue, nach den Gesetzen der Wahlverwandschaften, unter einander vereinigen und so krystallisiren.

Die 3 Arten von Körperchen, nämlich die dreyeckige, die rechtwinkelige und die rhomboidalische Art, werden sich bald mit den Seiten an einander anfügen, bald über einander legen, je nachdem die eine der andern zuvorkommt, oder von der andern verdrängt wird, und so alle bekannte Gestalten hervorbringen.

Die mechanische Bauart der Krystallen macht heutzutage einen der unterhaltendsten Theile der Krystallenftallenbeschreibung aus, der zugleich um so wichtiger ist, da man die Gestalt berechnen und genau bestimmen kann. Denn der Mathematiker zeigt uns, wie diese oder jene Figuren entstehen und wie dadurch, daß die verschiedenen Flächen bald an den Kanten, bald an den Winkeln, und bald an diesen und jenen zugleich einen Vorsprung haben oder zurückstehen, gewisse Gestalten entspringen.

Unsere Vorfahren hatten die Beobachtung gemacht, daß die Mineralien aus ähnlichen Theilen zusammengesetzt seyen, und Anaragoras hat, um dies auszudrücken, ein besonderes Wort (Homeomerie) erfunden.

Lucrez und die übrigen Philosophen, die von den großen Wirkungen der Natur nicht hinlänglich unterrichtet waren, haben eine falsche Erklärung von der Idee des Anaragoras gegeben und angenommen, daß dieser Philosoph seine Meinung auch auf jeden einzelnen Theil der organisirten Wesen ausgedehnt habe °). Allein Anaragoras hat sich nie diese Idee von der Sache gemacht, er hat vielmehr seinen Grundsatz von den Homeomerien nur auf die Mineralien und auf die salzigen Substanzen angewendet.

Die größten Naturforscher der neuern Zeit kommen darin unter einander überein, daß die einzelnen Theilchen der Mineralien eine bestimmte Gestalt haben und diese immerfort behalten. Newton macht da, wo er von der doppelten Strahlenbrechung des Kalkspats,

---

°) Ossa videlicet e pauxillis atque minutis
   Ossibus, sic et de pauxillis atque minutis
   Visceribus viscus gigni. — Lucret. Lib. I.

spats, den man isländischen Krystall nennt, redet, die Anmerkung, daß dieser Stein, wenn man ihn zerschlägt, sich immer in Stückchen zertrennt, die an einer von ihren Seiten parallel sind und folglich, wie der Krystall selbst, eine rautenförmige Gestalt haben.

Herr Bourguet zu Neuenburg in der Schweiz nimmt

dreyeckige,

rhomboidalische,

würfliche und

vierseitige pyramidalische Theilchen an *).

Die dreyeckigen Theilchen bilden, nach ihm, den Bergkrystall, den Diamant, den Salpeter —

Die rhomboidalischen Theilchen bilden den Gyps, den isländischen Doppelspat, die Vitriole —

Die würflichen Theilchen machen durch ihre Vereinigung das Kochsalz, und

Die vierseitigen pyramidalischen Theilchen bilden den Alaun.

Diese Wahrheit ist indeßen erst in neuern Zeiten von den gelehrten Krystallographen, die die Geometrie auf diesen schönen Theil unserer Kenntnisse angewandt haben,

*) S. deßen Lettres philosophiques sur la formation des sels et des cristaux, 1729. pag. 52. ff.

haben, vollkommen erwiesen und in das helleste Licht gesetzt worden *).

Von der Kryſtalliſation durch das Feuer.

§. 13. Sehr viele Subſtanzen nehmen vermittelſt des Feuers auf eine eben ſo regelmäßige Art, wie die, welche durch Hülfe des Waſſers kryſtalliſiren, eine kryſtalliniſche Geſtalt an.

Alle ſowohl einfache als legirte Metalle nehmen, wenn man ſie ſchmelzt und dann vorſichtig erkalten läßt, eine ſehr regelmäßige Geſtalt an. Dieſe Kryſtalliſation iſt gemeiniglich würfelich oder achtſeitig, zuweilen aber auch vierſeitig.

Auch der geſchmolzene und dann wieder allmälig erkaltete Schwefel kryſtalliſirt, indem er feſt wird. Seine Kryſtallen ſtellen ein Octaedrum vor.

Der Phosphor kryſtalliſirt gleichfalls in Octaedern.

Selbſt das Glas kryſtalliſirt ſich durch Hülfe des Feuers.

Es giebt noch viele andere Subſtanzen, die ſich ebenfalls vermittelſt des Feuers entweder regelmäßig, oder

---

*) S. Romé de l'Isle Essai de Crystallographie, ou Déscription des figures geométriques propres à différens corps du regne mineral, connus vulgairement sous le nom de cristaux. Seconde Edition, à Paris. 1783. **Anm. des Herausgeb.**

oder auf eine nicht ganz ordentliche Weise krystallisiren. Hierher gehört der Salmiak, der Zinnober, der Spießglaskalk.

Die Ursache der Krystallisation durch das Feuer ist eben dieselbe, welche die Krystallisation eines Körpers durch das Wasser bewirkt. Durch die starke Wirksamkeit des Feuers wird der Zusammenhang, der zwischen den Theilchen der Körper, die der Wirkung desselben ausgesetzt worden sind, statt hat, aufgehoben, so wie auch die wässerigen Auflösungsmittel eine solche Veränderung zuwege bringen.

Allein so bald als sich die Heftigkeit des Feuers vermindert, so wird die Kraft jedes einzelnen Theilchen aufs neue wirksam, und so geschieht es, daß sich diese Theilchen, den Gesetzen der Verwandschaften gemäß, wieder einander nähern und nach denselben Gesetzen, nach welchen die Krystallisationen durch Hülfe des Wassers erfolgen, ihre eigenthümlichen und regelmäßigen Gestalten annehmen.

Wir wollen nun untersuchen, ob die allgemeine Krystallisation der Materie mittelst des Wassers, oder durch Hülfe des Feuers bewirkt worden ist.

Wir müssen hier im Voraus die Anmerkung machen, daß das Wasser nur durch Hülfe des Feuers flüssig werden kann. Alle mittelst des Wassers bewirkte Krystallisationen setzen also irgend einen Grad von Wärme voraus.

Auf der andern Seite kann man auch nicht annehmen, daß das Wasser ein einfacher Körper sey: es ist eben so gut, wie alle andere Theile, die man ursprüngliche

sprüngliche zu nennen pflegt, zusammengesetzt, und dies setzt also voraus, daß alle erste (anfängliche) Theilchen, wie ich schon oben gesagt habe, eine eigne Bewegung hatten, um die verschiedenen Elemente bilden zu können.

Es fragt sich aber, ob alle jene verschiedene Kugeln, indem sie durch die Wiedervereinigung dieser verschiedenen Theilchen gebildet wurden, durch Hülfe der Wässer krystallisirt sind? oder ob sie sich nicht vielmehr in einem Zustande des Glühens befanden? Des Cartes und Leibnitz halten die Erde für eine verloschne und gleichsam mit einer Rinde umgebene Sonne.

Sind diese Sonnen selbst, ehe sie zu leuchten anfiengen, mittelst der Wässer krystallisirt worden?

Man sieht leicht ein, daß die Beantwortung dieser Fragen für uns, da wir nur, in Ansehung dieser Gegenstände nach schwachen Analogien schließen können, mit sehr vielen Schwierigkeiten verknüpft ist. Ueberhaupt aber können wir in diesem Betrachte, was die Erde anbelangt, nicht eher befriedigende Antworten auf jene Fragen geben, bis wir unsere Meinung über die Theorie der Erde vorgetragen haben.

Von der Krystallisation der Erdkugel.

§. 14. Alle Körper, aus welchen unsere Erde besteht, sind aus verschiedenen Elementen, dem Feuer, dem

dem Lichte, der Luft, dem Wasser, der elektrischen Flüssigkeit, der magnetischen Materie, dem Lichtstoffe — zusammengesetzt. Diese feinen Stoffe selbst sind aus den ersten (anfänglichen) Theilen der Materie gebildet und alle diese Elemente sind mit einer mehr oder weniger starken Kraft begabt, vermöge welcher sie sich einander nähern, sich unter einander vereinigen und sich krystallisiren.

Die Erdkugel ist das Resultat aller dieser einzelnen Krystallisationen gewesen.

Diese allgemeine Uebersicht ist indessen für den Geologen nicht hinreichend, er muß vielmehr die Gegenstände einzeln betrachten, um von jeder Erscheinung Rechenschaft geben zu können. Einige dieser Phänomene kann man vermittelst der Kenntnisse, die man sich verschaft hat, recht gut erklären, aber viele andere sind noch so dunkel, daß sie nur durch neue Thatsachen, die wir aufzustellen im Begriffe sind, aufgeklärt werden können. Indessen giebt es auch ohne Zweifel deren einige, die der menschliche Verstand wohl nie deutlich zu begreifen und richtig zu erklären fähig seyn wird.

Ich werde, den Grundsätzen gemäß, die ich, in Ansehung dieser Sache, bereits angeführt habe (§. 12.), diesen schweren Gegenstand in ein helleres Licht zu setzen, und die Kenntniß, die wir davon haben, zu vervollkommnen suchen.

Ich will hier diese Grundsätze kürzlich wiederholen, und ich schmeichle mir, daß meine Leser hierdurch werden in den Stand gesetzt werden, die einzelnen Er-
klärun=

klärungen, die ich von den verschiedenen Phänomenen geben werde, desto besser zu verstehen. Bevor ich aber diesen Vorsatz ausführe, muß ich eine allgemeine Uebersicht der Thatsachen geben, auf welche sich meine Theorie stützt, und zugleich untersuchen, ob vielleicht einige dieser Thatsachen mit meiner Hypothese im Widerspruche stehen.

Ich nehme an, daß alle Materie, die unsere Erdkugel ausmacht, im Anfange flüssig gewesen ist, und die kugelförmige Gestalt der ganzen Masse, welche der Lehre von den Zentralkräften vollkommen gemäß ist, zeugt offenbar von dieser ehemaligen Flüssigkeit.

Dieser flüssige Zustand war wässerig, das heißt, er war durch das Wasser, und nicht durch das Feuer hervorgebracht worden.

Die schwersten Theile haben sich gegen den Mittelpunkt der Kugel begeben und unter einander vereinigt, die leichtesten hingegen sind von ihnen nach der Oberfläche hin getrieben worden.

Alle diese Substanzen haben sich im Wasser selbst, welches also die höchsten Berge bedeckte, krystallisirt. —

Das Wasser hat sich zurückgezogen.

Das feste Land ist zum Vorschein gekommen.

Dieser feste Boden war nur aus ursprünglichen Erdlagern zusammengesetzt.

Die Pflanzen und die Thiere, die auf dem festen Lande leben, sind hervorgebracht worden.

Die

Die Gewässer haben hierauf die Erdlager, die von späterer Entstehung sind, gebildet, und die Trümmer und Ueberreste der Pflanzen und Thiere haben sich mit dieser Erde vermischt und in derselben angehäuft.

Das Wasser hat sich wieder zurückgezogen, und hat die Erdlager von der zweyten und dritten Entstehung frey und unbedeckt zurückgelassen.

Dies sind gewisse und unwidersprechliche Thatsachen. Diejenigen aber, welche einzeln untersucht und geprüft werden müssen, sind folgende:

Die besondere Krystallisation jeder mineralischen Substanz;

Die Krystallisation der einfachen Steine, die nur aus einer Erde und einer Säure bestehen — der Steine, die aus mehrern Erden — der zusammengesetzten Steine, die aus mehrern andern Steinen gebildet sind.

Die Krystallisation der metallischen, vererzten oder nicht vererzten Substanzen, und endlich

Die Krystallisation der erdharzigen Substanzen.

Wir wollen ferner dem Ursprung der Trümmer und Ueberreste organisirter Körper, dem Ursprung der zündbaren mineralischen Substanzen, der unterirdischen Feuer und der Erdbeben nachspüren, und wir wollen uns endlich auch bemühen, die Art und Weise zu entdecken, wie sich diese einzelnen Substanzen unter einander vereinigt und geordnet haben, um die Berge, die Thäler, die Ebenen zu bilden.

Von

Von der Krystallisation der verschiedenen Substanzen des Mineralreichs.

§. 15. Ich bin, glaube ich, der erste, welcher diese Frage in ihrer ganzen Ausdehnung abgehandelt hat *). Um aber den Gegenstand, mit dem wir uns beschäftigen, so viel, als nur möglich ist, aufzuklären, müssen wir uns die verschiedenen Processe, mittelst welcher die Krystallisation der salzigen Substanzen bewirkt wird, ins Gedächtniß zurückrufen. Diese chemische Operation ist uns bekannter, weil wir uns täglich in unsern Werkstätten damit beschäftigen; die Erscheinungen, die sie uns darbietet, können uns die, welche bey der Krystallisation der mineralischen Körper statt finden, deutlich machen, und wir werden hierbey keine Fehlschlüsse begehen, wenn wir uns nur nicht von der Analogie entfernen.

Man muß 2 Arten der Krystallisationen der Salze von einander unterscheiden; die erste schränkt sich auf kleine Massen ein, die zweyte aber äußert sich in ungeheuern Massen von Flüssigkeiten, und diese sowohl, als jene, zeigt besondere Erscheinungen, die man sorgfältig von einander unterscheiden muß.

Wenn die Krystallisation allmälig, mittelst einer unmerklichen Verdunstung, in einer kleinen Menge von Flüssigkeit und an einem sehr ruhigen Orte, so daß die Flüssigkeit nicht im mindesten bewegt wird, erfolgt, so wirken die Theilchen nur dem Gesetze der Ver-

---

*) Principes de la Philosophie naturelle. Première Edition, 1777.

Verwandschaften gemäß; sie fügen sich, der Auswahl, die diese Theilchen selbst unter einander treffen, zufolge an einander und es bilden sich vollkommen regelmäßige Kryſtallen, die um so größer seyn werden, je mehr sie Zeit zu ihrer Entſtehung gehabt haben.

Wenn aber die Verdunſtung ſchnell vor ſich geht und die Flüſſigkeit bewegt wird, so erfolgt die Kryſtalliſation nicht in der gehörigen Ordnung; man kann dann die Figuren, die entſtanden ſind, nicht mehr von einander unterſcheiden, und man erhält blos eine Art von ſalziger Maſſe, in welcher man gleichwohl noch einige einzelne regelmäßige Geſtalten, einige Anfänge der Kryſtalliſation gewahr werden kann.

Diese einzelnen Figuren werden deſto merklicher seyn, wenn die etwas ſchnell vor ſich gehende Kryſtalliſation nur nicht zu sehr beſchleuniget worden iſt; denn man wird in dieſem Falle einige sehr kleine Kryſtallen in der Maſſe entdecken.

§. 16. Es können aber mehrere salzige Subſtanzen, die mit einander vermengt und in einem gemeinſchaftlichen Auflöſungsmittel aufgelöſt worden waren, unter einander zugleich anſchießen, und nach der Art und Weiſe, wie die Kryſtalliſation vor ſich geht, verſchiedene Phänomene zeigen. Dieser Umſtand verdient beſonders, in Rückſicht auf die Bildung der zuſammengeſetzten Steine, unſere Aufmerkſamkeit.

Die verſchiedenen ſalzigen Subſtanzen erfordern überhaupt verſchiedene Mengen der Auflöſungsmittel, wenn man sie auflöſen und in eine kryſtalliniſche Geſtalt bringen will; auch behalten sie mehr oder weniger Anſchußwaſſer bey sich.

Wenn

Wenn mehrere Salze mit einander vermischt und aufgelöst worden waren, so werden sie, wenn man die Krystallisation beschleunigt, mit einander vermischt bleiben und eine salzige Masse ausmachen. Läßt man aber die Krystallisation etwas weniger schnell vor sich gehen, so bilden diese Salze zwar einen unordentlich gestalteten Klumpen, in welchem man aber doch einige Anfänge von regelmäßigen Krystallen unterscheiden kann.

Diejenigen von diesen Salzen aber, die eine größere Menge Wasser zu ihrer Auflösung nöthig haben, als die übrigen, können zuerst krystallisiren und die ihnen eigenthümlich zukommenden Gestalten annehmen. Ihre ganz gebildeten Krystallen werden mit den übrigen Salzen, die keine ordentliche Gestalt haben, die entstandene Masse ausmachen.

Wenn hingegen die Krystallisation mit der gehörigen Langsamkeit in einer ganz still und unbewegt stehenden Feuchtigkeit vor sich geht, so wird ein jedes Salz besonders und auf eine völlig regelmäßige Art anschießen, und die Krystallen eines jeden werden besondre Stellen in dem Gefäße einnehmen und von einander unterschiedene Lagen ausmachen.

§. 17. Die Arbeiten der Salpetersieder überzeugen uns von der Richtigkeit dessen, was ich so eben gesagt habe, auf eine solche Art, daß man keine Zweifel darüber hegen darf. Denn wenn ein solcher Künstler die mit Salpeter geschwängerte Erde ausgelaugt hat, so bringt er sie in einen Kessel und dampft sie bey einem starken Feuer ab; er erhält hierdurch eine salzige Masse,

Erster Theil.   C   die

die aus verschiedenen unordentlich gestalteten Salzen, nämlich aus gemeinem Salpeter (der Weinsteinalkali oder Pottasche zur Basis hat,) aus würflichem Salpeter, aus salpetersaurer Bittersalz= und Kalkerde, ferner aus Kochsalze und salzgesäuerter Pottasche, aus fixem Salmiak, salz= und vitriolgesäuerter Bittersalzerde, Gypse und luftvoller Bittersalzerde zusammengesezt ist.

Von allen diesen Substanzen erfordert das gemeine Kochsalz sehr viel Krystallisationswasser, die Salze aber, welche Bittersalz= und Kalkerde zur Basis haben, verlangen noch mehr davon, als jenes, und schließen ungern an.

Um nun diese Salze von einander abzusondern, löst der Salpetersieder die ganze Masse aufs neue in Wasser auf, und dampft die Flüssigkeit nur bis auf einen gewissen Punkt, den er durch die Erfahrung als den besten befunden hat, ab; das Kochsalz krystallisirt sich zuerst, und wenn es angeschossen ist, so wird es hinweggenommen. Man gießt hierauf die Lauge in andere Gefäße, und in diesen schießt der Salpeter unordentlich an. Indessen ist dieses Salz bey weitem noch nicht rein, man bemerkt noch viel Kochsalz, in der Gestalt kleiner Würfel, unter demselben, und beyde Salze sind so mit einander vermischt, daß das eine (das Kochsalz) von dem andern (dem Salpeter) gleichsam überall umgeben ist.

Die Mutterlauge, die nach dieser Krystallisation zurückbleibt, enthält die kalk= und bittererdigen Salze,
die

die man auch, wenn man will, zum Anschuße bringen kann.

Dies ist der Salpeter des ersten Suds.

Man wiederholt diese Operation, um den Salpeter des zweyten Suds zu erhalten. Auch dieser enthält noch viel Kochsalz, dessen würfelige Krystallen weit sichtbarer sind, als sie im ersten Sude waren, weil bey dieser wiederholten Arbeit die Krystallisation viel langsamer vor sich gegangen ist.

Man wiederholt hierauf die Arbeit zum dritten Male, und man gewinnt nun einen ziemlich reinen Salpeter, der aber demungeachtet noch einiges Kochsalz beygemischt hat; wenn man also einen vollkommen reinen Salpeter verlangt, so muß man die Operation auch zum vierten Male wiederholen.

Man sieht bey allen diesen Processen den Salpeter und das Kochsalz in von einander unterschiedenen Zeiträumen anschießen. Bey der ersten Arbeit geht die Krystallisation immer auf eine unordentliche Art vor sich, weil sie beschleunigt worden ist. Wenn man aber die Lauge bey der zweyten Arbeit, nachdem die kalk= und bittererdigen Salze daraus abgeschieden worden sind, nur bis auf einen gewissen Punkt abdampft, und die beyden Salze allmälig krystallisiren läßt, so werden sie von einander abgesondert und in schönen Krystallen anschießen.

§. 18. Die Krystallisationen salziger Substanzen, die in ungeheuer großen Mengen von Flüssigkeiten vor sich gehen, bieten uns aber Erscheinungen dar, die von denen, von welchen ich so eben geredet habe, sehr verschieden schieben sind. Man kennt diese Phänomene noch nicht hinlänglich, indessen will ich doch einige derselben, die zuverläßig zu seyn scheinen, anführen.

1) Wenn man eine Menge von irgend einer salzigen Substanz an einen besondern Ort in eine große und sehr ausgebreitete Masse Wasser, zum Beyspiel in einen Teich wirft, so zergeht dieses Salz; das Wasser, das sich in diesem besondern Orte befindet, wird mit Salze überladen seyn, indeß die andern Theile des Wassers dieses Teiches entweder gar nichts, oder nur sehr wenig von demselben enthalten werden. Diese Beobachtung hat man immer bestätigt gefunden, wenn man eine Portion Salz zu einer großen Menge Wasser, das beynahe ganz still stand, geworfen hat.

Wenn nun aus irgend einer Ursache eine Krystallisation erfolgt, so wird sich von diesem Salze nirgends weiter, als an der Stelle, wo es vom Wasser aufgelöst worden war, etwas absetzen, an den übrigen Orten des Teiches aber kann diese Erscheinung nicht statt finden.

Wenn man hingegen das Wasser dieses Teiches heftig und lange genug bewegen wollte, so würde sich die salzige Masse durch das ganze Wasser gleichförmig vertheilen.

Der Erfolg, dessen ich gedacht habe, hat gewöhnlicher Weise im Meere statt; denn in den warmen Gegenden ist das Wasser desselben weit mehr mit Salze überladen, als da, wo es kälter ist, und diese Verschiedenheit ist so beträchtlich, daß man annehmen kann, daß eine gegebene Menge Wasser aus dem

Meere

Meere in der Nähe der Linie ungefähr 8 Mahl mehr Salz enthält, als eine gleich große Menge Wasser aus dem Meere nach den Polen zu. Indessen könnte das Leztere doch dieselbe Menge, welche das Erstere enthält, aufgelöst haben; denn es ist bey weitem noch nicht mit Salze gesättigt.

Wenn man annähme, daß das Meer, alles Salz, das es enthält, absezte, so müßte sich in dem Meere der heisen Gegenden eine große Salzmasse an= häufen, in den nördlichern Theilen der See hingegen nur sehr wenig davon absetzen.

§. 19. 2) Wenn sich in einer großen Masse Flüs= sigkeit einzelne Portionen befinden, die eine ungleiche Dichtigkeit haben, so werden die, welche am schwersten sind, immer den untersten Theil des Raums, in wel= chem sie sich aufhalten, einnehmen. Diese Behauptung finden wir bey der Untersuchung der Temperatur des Meeres bestätigt; denn der Theil des Wassers, der am kältesten ist, sezt sich zu Boden und treibt die Por= tionen, die am wärmsten sind, nach der Oberfläche hin.

Eben dieser Erfolg trägt sich auch bey den Wäs= sern zu, die mit salzigen Substanzen überladen sind; denn das Wasser, das viel davon aufgelöst enthält, ist am schwersten, es senkt sich daher niederwärts und treibt das, welches frey von allem Salze ist, oder nur wenig davon enthält, nach der Oberfläche des Raums, in welchem es eingeschlossen ist.

Herr Darcet führt eine Beobachtung an, wel= che diese Wahrheit bestätigt. „Zu Salins, einer Stadt „in Bearn, ist", sagt er, „ein Springbrunnen von
„salzi=

„salzigem Wasser, in dessen Kessel Wasser aus einem
„kleinen Fluß, der sich in der Nähe befindet, austritt,
„und sich darin verbreitet. Wenn man nun das
„wilde Wasser, das durch das Austreten des Flusses
„in den Kessel gekommen ist, von dem Wasser des
„Springbrunnens absondern will, so läßt man dem
„leztern Zeit, daß es ruhig werden kann; man wirft
„dann an einem besondern vom Rathe bestimmten Tage
„ein Ey in den Kessel, welches untersinkt, da aber,
„wo es die Lage des salzigen Wassers antrift, dessen
„Schwere die Schwere des Eyes überwiegt, liegen
„bleibt und schwebend erhalten wird; man schöpft
„nun das obere leichte Wasser ab und gießt es in ei=
„nen in der Nähe befindlichen Kanal, und fährt mit
„dieser Arbeit so lange fort, bis man an den Ort
„kommt, wo das Ey schwimmt und wo also die Lage
„des salzigen Wassers angeht" *). Man sieht daher,
daß das nicht gesalzene Wasser über dem schwimmt,
welches Salztheilchen in sich hat und eben deswegen
schwerer ist, als jenes.

Eben dieser Umstand muß auch im Meere und in
den Seen statt haben; das Wasser, welches die un=
terste Lage ausmacht, muß salzreicher seyn, als das,
welches sich an der Oberfläche aufhält, und so ver=
hält sich auch wirklich die Sache.

Herr Hauptmann Ellis stellte bey einer Reise
auf dem afrikanischen Meere nahe am Aequator einen
Versuch an, der hier noch kürzlich angeführt zu wer=
den verdient. Er hatte sich eine kleine Tonne machen
lassen,

---

*) Dissertation sur les Pyrénées, pag. 130.

laſſen, die in beyden Böden mit einem Loche und an beyden Löchern mit Klappen verſehen worden war, die mittelſt eines queer durch die Tonne gehenden eiſernen Drathes ſo untereinander zuſammenhiengen, daß, wenn man den Drath bewegte, man beyde Löcher zugleich öfnen, oder verſchließen konnte. Er tauchte dieſes Faß tief und ſo in das Meer, daß derjenige Boden zu unterſt war, welcher der Klappe verſtattete, daß ſie ſich innerlich öfnen konnte; das Waſſer alſo, welches gegen die Klappe einen Druk äußerte, ſchob ſie auf die Seite und trat in das Faß; er verſchloß dann die Oefnungen, indem er das gefüllte Faß in die Höhe zog, und ſtellte einige Verſuche damit an, deren Reſultate er auf folgende Art beſchreibt:

A. das Waſſer war um ſo ſalzreicher und um ſo ſchwerer, je beträchtlicher die Tiefe war, in welcher man es geſchöpft hatte;

B. und ſeine Wärme ſtand ebenfalls mit der Tiefe im Verhältniß, das heißt, die Kälte des Waſſers nahm um ſo mehr zu, je tiefer man kam. Dieſe Verminderung der Wärme beobachtete Herr Ellis aber nur bis zu einer Tiefe von 650 Klaftern; in dieſer Tiefe war die Wärme des Waſſers 53° Fahrenh. oder 9,7° Reaum. gleich, und in einer Tiefe von 1000 Toiſen beſaß es eben dieſen Grad von Kälte, die Wärme des Waſſers an der Oberfläche aber betrug 84° Fahrenh. oder 23° Reaum. *). Das Werkzeug, mit dem Herr Ellis

---

*) S. Voyage d'Ellis en Afrique; Journal économique, 1754, Avril, pag. 186.

Ellis diese Versuche anstellte, ist eigentlich eine Erfindung des Stephan Hales.

§. 20. 3) Wenn man eine Salzmasse in einem sehr flachen und geräumigen Behälter unordentlich anschießen läßt, wie dies in den Salzsümpfen, worin man Meersalz verfertigt, geschieht, so sezt sie sich auf eine fast gleichförmige Art auf der ganzen Oberfläche des Erdbodens an. Die Kryſtallen fügen sich in diesem Falle sogar nach den kleinen Erhabenheiten oder Vertiefungen, die etwa auf dem Boden ſtatt haben. Die Salzlagen richten sich nach diesen Unregelmäßigkeiten, so daß sie sich bald erheben, bald vertiefen, und bald horizontale, bald schiefe Schichten ausmachen.

Die Salzlagen werden übrigens an den Orten, wo viel Wasser war, oder wo es mehr Salz enthielt, mächtiger seyn, als an andern Stellen.

Wenn man einen kleinen Stab oder Stock in der Mitte des Behälters, in welchem die Kryſtallisation vor sich geht, fest macht, so hängen sich Salztheilchen daran, die eine völlig regelmäßige Gestalt annehmen und aus der Mitte der Flüssigkeit, die bis zur Oberfläche hin unordentlich kryſtallisirt, hervorragen.

Diese Beobachtung findet man in allen Salzsümpfen bestätigt, und die Arbeiter, welche das Meersalz verfertigen, pflegen zuweilen kleine Stäbe in die Sümpfe zu stecken, um so regelmäßig gestaltete Salzmassen zu erhalten.

§. 21. 4) Wenn man eine große Menge Wasser, worin viel Salz aufgelöst ist, hat, so sind darin, wie ich schon gesagt habe, die untersten Portionen mehr,

als

als die obern, mit Salze gesättigt. Es entsteht hier eine Frage, die für die Geologie von äußerster Wichtigkeit ist:

Kann dieses Salz am Boden des Wassers krystallisiren? Oder, mit andern Worten, kann der unterste Theil des Wassers so sehr mit Salze überladen werden, daß es sich in fester Gestalt daraus abscheiden und krystallisiren kann, obgleich der obere Theil des Wassers nur wenig, oder selbst gar nichts davon enthält?

Man bemerkt oft, wenn man sich mit chemischen Versuchen beschäftigt, daß sich die Salze, deren Auflösungen man in gläsernen Gefäßen stehen läßt, zwar lange aufgelöst erhalten, daß sie sich aber doch endlich, nach einer längern oder kürzern Zeit, wenn schon die Flaschen so vollkommen verstopft waren, daß schlechterdings keine Feuchtigkeit verdunsten konnte, daraus abscheiden und krystallisiren. Die Ruhe und die Zeit allein bewirken diese Krystallisationen.

Dieselbe Erscheinung findet bey den Weinen statt. Der Wein nämlich, den man in vollkommen verstopften Flaschen aufbewahrt, läßt, wenn die Flaschen ruhig stehen, viel Weinstein fallen.

Dieser Erfolg kann sich also auch bey einer großen Menge Wasser, worin Salze aufgelöst sind, zutragen, wenn es in Ruhe ist. Das Salz kann sich im untersten Theile des Wassers anhäufen und durch die Ruhe in krystallinischer Gestalt daraus absetzen.

§. 22. Es giebt dreyfache, vierfache — Salze, die aus mehrern unter einander vereinigten Substanzen bestehen,

bestehen, die mit einander zugleich auf eine sehr regel=
mäßige Art krystallisiren. Herr Bergman *) hat
ein ziemlich langes Verzeichniß von solchen Salzen mit=
getheilt, „sie sind,“ sagt er, „überhaupt aus drey
„und selbst noch mehrern Grundtheilen so unter einan=
„der vereinigt, daß man sie durch die Krystallisation
„nicht von einander trennen kann.“ Er unterscheidet
im allgemeinen die zusammengesezten Salze durch die
Anzahl ihrer Grundtheile von einander, es mag übri=
gens eine und dieselbe Säure mit mehrern Basen, oder
eine und dieselbe Basis mit mehrern Säuren vereinigt
seyn, oder es mögen sich zugleich mehrere Säuren und
mehrere Basen in der Mischung derselben befinden.
Aus solchen Verbindungen entstehen dreyfache —
vierfache Salze.

Der Weinsteinrahm ist aus Weinsteinsäure und ve=
getabilischem Laugensalze zusammengesezt; er stellt also
ein Mittelsalz mit einem Uibermaaße von Säure vor,
aber demungeachtet verbindet er sich mit einer großen
Zahl von Grundtheilen und macht damit Salze aus,
welche sich sehr regelmäßig krystallisiren. Mit dem
flüchtigen Laugensalze bildet er den auflöslichen Wein=
stein; auch vereinigt er sich mit der Kalkerde, mit der
Bittersalzerde und mit der Thonerde, und stellt damit
Salze dar, die eine regelmäßige Gestalt annehmen.

Wenn man eben diesen Weinsteinrahm mit
Spießglase vereinigt, so giebt er den Brechweinstein,
der sehr regelmäßig anschießt. Eben so geht er auch
mit

---

*) Sciagraphia regni mineralis secundum principia proxi-
 ma digesti. Lipsiae et Dessauiae, 1782. §. 75.

mit den meisten übrigen Metallen eine Vereinigung ein, und stellt damit sehr regelmäßig gebildete Salze dar.

Alle diese Salze sind also aus einer Säure und aus zwey Grundtheilen, nämlich aus Weinsteinsäure, Pottasche und einem andern Körper, den man dazu gebracht hat, zusammengesezt.

Es giebt noch andere Salze, mit welchen es dieselbe Bewandniß hat.

Die Metalle und ihre Erze stellen uns oft Beyspiele von Verbindung dar, die aus 2, 3, 4, 5 und selbst noch mehrern Substanzen bestehen, die sehr regelmäßig krystallisiren.

Das mit Wißmuth vereinigte Bley giebt Krystallen, die sehr regelmäßige Würfel vorstellen. — Das mit Zinne und Wißmuthe zusammengeschmolzene Bley schießt ebenfalls an.

Das mit Arsenik und Schwefel verbundene Silber stellt ein mehr oder weniger rothes Produkt, das sogenannte Rothgültigerz *), dar, das in verschiedenen sehr regelmäßigen Gestalten, die sechsseitige Säulen mit zugespizten oder stumpfen Kanten, oder haar- und nadelförmige Krystallen u. s. w. vorstellen, anschießt.

Auch

---

*) Das Daseyn des Arseniks im Rothgültigerze ist nicht so ausgemacht, als Herr Delametherie meint; denn mehrere Versuche, die unlängst Herr Klaproth mit einigen Arten dieses Erzes angestellt hat, haben gelehrt, daß es aus Silber, Schwefel, Spießglase und freyer Vitriolsäure zusammengesezt ist. S. Crell's chemische Annalen für die Freunde der Naturlehre u. s. w. Helmstädt, 1792. 1 Band, S. 9 ff. Anm. d. Herausgeb.

Auch das Fahlerz, das aus Schwefel, Arsenik, Eisen, Kupfer und Silber besteht, bildet regelmäßige vierseitige Kryſtallen, die von mancherley Abänderungen angetroffen werden, u. ſ. w.

Die meiſten Steine zeichnen ſich ebenfalls durch regelmäßige Geſtalten aus.

Der ſpäthige Eiſenſtein iſt aus einer einzigen Säure, der ſogenannten fixen Luft, und aus zwey Grundtheilen, der Kalkerde und dem Eiſenkalke, zuſammengeſezt. — Der Sedativſpath beſteht aus Vorarſäure und aus zwey Baſen, der Kalkerde und der Bitterſalzerde. — Der Apatit von Eſtremadura hat mehrere Säuren und mehrere Grundtheile in ſeiner Miſchung (§. 126).

Man muß alſo annehmen, daß alle unter einander vereinigte Theile der Subſtanzen, welche kryſtalliſiren, (ſie mögen nun gleichartig, wie die des Schwefels, des Phosphors, der Metalle — oder aus mehrern andern zuſammengeſezt ſeyn, wie die Mittelſalze mit einem oder mit mehrern Grundtheilen,) die Geſtalt einer von den drey Flächen, der dreyeckigen, rechtwinklichen oder rhomboidaliſchen, beſitzen; denn hierauf kann man, wie ich oben dargethan habe, die urſprüngliche Geſtalt der einzelnen Theilchen, durch deren mechaniſche Zuſammenfügung ein jeder Kryſtall entſteht, einſchränken (§. 2).

Wir wollen nun dieſe Grundſätze zur Erklärung der Entſtehung der verſchiedenen Kryſtalliſationen der Subſtanzen des Mineralreichs benutzen.

Von der Gestalt der Erde.

§. 23. Die Figur der Erde ist einer von den Hauptpunkten, den man vor Augen haben muß, wenn man sich von der Entstehung dieser Erde selbst einen Begriff machen will; denn die Gestalt derselben setzt voraus, daß sie ehedem gänzlich aufgelöst war und sich in einem flüssigen Zustande befand.

Die ältern Philosophen hatten in dieser Rüksicht sehr bestimmte Begriffe, und man findet hiervon in ihren Werken viele Beweise. Ich will hier nur der großen ägyptischen Pyramide gedenken, deren Basen der vierhundert tausendste Theil eines großen Kreises der Erdkugel war. Diese Pyramide ist wenigstens 907 Jahre vor der gewöhnlichen Zeitrechnung errichtet worden; (einige Schriftsteller behaupten sogar, daß die Pyramiden im obern Aegypten 3362 Jahre vor dieser Zeitrechnung erbauet worden sind.) Sie sind also weit älter, als die Hypothesen des Eratosthenes, des Hipparch und der ganzen alexandrinischen Schule.

Es giebt drey Mittel, durch welche die Gestalt der Erde bestimmt werden kann;

Die Theorie von den Zentralkräften;

Die Messung der Bogen des Meridians unter verschiedenen Breiten;

Die Länge des Pendels.

§. 24. 1) Newton bemühete sich, nach der Theorie von den Zentralkräften, zu bestimmen, wie
sich

sich die Are der Erde und der Durchmesser des Aequators verhalten müßten. Er nahm an, daß sich alle Theile der Materie wechselsweise einander anzögen und daß folglich alle Theile der Erdkugel gegen einander gravitirten. Er fand das Verhältniß der beyden Durchmesser wie 229 zu 230, und es ergab sich also, daß die Erde unter dem Aequator $\frac{1}{130}$ ihres Radius höher ist.

Indessen hat Herr d'Alembert späterhin gezeigt, daß eine und dieselbe Kugel, nach einer mittelst der Umdrehung gegebenen Bewegung, verschiedene Gestalten haben könne, ohne daß deshalb ihre Theile aufhörten, im Gleichgewicht zu seyn.

Herr Laplace hat dargethan, daß es nur zwey mögliche Gestalten für eine Kugel, die irgend eine gegebene Masse hat, giebt, wenn man voraussezt, daß alle ihre Theile im Gleichgewichte sind. Diese beyden Gestalten der Erdkugel sind, nach ihm, folgende:

Wenn man annimmt, daß sich die Erde in 23 Stunden 56′ 4″ um ihre Are dreht, so verhält sich die Are des Pols zum Durchmesser des Aequators wie 1 zu 1,004334487. Diese beyden Aren stehen daher fast in dem Verhältniß wie $231\frac{7}{10}$ zu $230\frac{7}{10}$.

Die Halbare des Pols ist = 3260256 Toisen.

Aber die Erde könnte eine andere Gestalt haben, ohne daß darum ihre Theile im Gleichgewichte zu seyn aufhörten. Es wäre möglich, daß die Umwälzung der Erde um ihre Are 2 Stunden 25′ 17″ Zeit brauchte, und in diesem Falle würde das Verhältniß der beyden Aren seyn wie 1 zu 689, 519, das heißt, die Erde würde

würde an den Polen ungemein stark abgeplattet
seyn.

Herr Maupertuis hat mit ziemlicher Wahrscheinlichkeit angenommen, daß mehrere von den Sternen, die wir zu bestimmten Zeiten verschwinden sehen, sehr abgeplattet sind; und der Beweis, den Herr Laplace gegeben hat, macht die Hypothese des Herrn Maupertuis noch wahrscheinlicher.

§. 25. 2) Das zweyte Mittel, das man anwenden kann, wenn man die Gestalt der Erde bestimmen will, besteht darin, daß man die Bogen des Mittagskreises unter verschiedenen Breiten messe. Indessen haben diese Messungen, ob sie schon mit der größten Sorgfalt, die nur möglich war, von sehr einsichtsvollen Männern unternommen worden sind, doch nicht vollkommen übereinstimmende Resultate gegeben. Man hat sich deshalb genöthigt gesehen, folgende mittlere Zahlen anzunehmen:

Grad des Mittagskreises unter dem Aequator	56747 Toisen,
Grad des Mittagskreises unter 45° der Breite	57027 Toisen,
Grad des Mittagskreises unter dem Pole	57318 Toisen.

Herr de la Condamine berechnete, nach diesen Messungen der Bogen des Mittagskreises, das Verhältniß der beyden Axen der Erde und er fand, daß es wie 303 zu 304 war.

Ich muß hier erwähnen, daß der von Herrn Maupertuis und andern Mitgliedern der pariser

Akademie der Wissenschaften in Lappland, unter dem Polarkreise, gemessene Grad des Meridians 57419 Toisen ist. Diese Bemerkung scheint zu erkennen zu geben, daß die Erde weit mehr abgeplattet ist, als sie den übrigen Messungen der Grade des Mittagskreises, die in verschiedenen Ländern unternommen worden sind, zufolge seyn kann; denn nach dieser Messung übersteigt der Durchmesser des Aequators die Axe ungefähr um $\frac{1}{178}$, das heißt, die Axe und der Aequator verhalten sich zu einander wie 177 zu 178.

Alle neuere Mathematiker nehmen daher an, daß in Lappland bey dem Messen des Grades ein Fehler begangen worden ist, und Herr Boscowich berechnet diesen Fehler zu 167 Toisen, so daß der Grad des Meridians unter dem Polarkreise nur 57252 Toisen beträgt.

Indessen ist es merkwürdig, daß das Resultat des Herrn Maupertuis und seiner Freunde, die mit ihm zugleich in Lappland Beobachtungen anstellten, mit demjenigen, das der Pendel giebt, übereinkommt.

§. 26. 3) Man kann sich, wie ich schon gesagt habe, auch des Pendels zur Bestimmung der Gestalt der Erde bedienen; denn es ist ausgemacht, daß die Pendelstange, jemehr der Standpunkt, wo man die Beobachtung anstellt, vom Mittelpunkte der Erde entfernt ist, um desto kürzer seyn muß. Die Beobachter haben die Länge der Pendelstange unter den verschiedenen Breiten nach Sekunden auf folgende Art bestimmt:

Unter

Unter dem Aequator   36 Zoll, 7,21 Lin.
Unter 45° der Breite   36 Zoll, 8,35 Lin.
Unter dem Polarkreise   36 Zoll, 9,09 Lin.
Unter dem Pole   36 Zoll, 9,41 Lin.
Unter der Breite von Paris 36 Zoll, 8,67 Lin.

Der Unterschied zwischen der Länge des Pendels unter dem Aequator und unter der Breite von Paris beträgt 1,46 Linien, wovon 0,86 für die Schwungkraft und 0,60 für die Wirkung der Applattung anzunehmen sind. Denn es sind 2 Umstände, die auf die Länge des Pendels Einfluß haben:

1) Die Erhebung der Erde unter dem Aequator, woraus folgt, daß ein Punkt ihrer Oberfläche in dieser Gegend mehr vom Mittelpunkte entfernt ist;

2) Die Schwungkraft, die unter dem Aequator beträchtlich ist und allmälig abnimmt bis zu den Polen hin, wo sie gar nicht mehr statt findet.

Man hat durch Berechnungen zu entdecken gesucht, welche Gestalt eigentlich die Erde, diesen verschiedenen Bestimmungen der Länge der Pendelstange gemäß, haben müsse, und, indem man das Maaß des Pendels, das Maupertuis unter dem 67° der Breite genommen hatte, zum Grunde legte, fand man das Verhältniß der beyden Axen wie 180 zu 181.

Herr Lyons hat die Länge der Pendelstange zu Spitzbergen, unter 79°, 50′ der Breite, 36 Zoll, 9,40 Linien gefunden, woraus man geschlossen hat, daß das Verhältniß der Axen wie 184 zu 185 sey. Dieses

ſes Reſultat iſt von dem, das Herr Maupertuis und ſeine Collegen bey der unter dem Polarkreiſe angeſtellten Meſſung des Meridians erhalten haben, welches 177 zu 178 war, wenig unterſchieden.

Die Beobachtungen, die bey der Anwendung jener Mittel gemacht worden ſind, deren man ſich zur Beſtimmung der Geſtalt der Erde bedienen kann, geben uns alſo verſchiedene Verhältniſſe:

Die Theorie von den Zentralkräften giebt 230 zu 231,

der Pendel 184 zu 185 und

die Bogen des Mittagskreiſes geben 303 zu 304.

Die engliſchen Mathematiker folgen den Angaben des Newton 229 zu 230, die Franzoſen hingegen nehmen die leztere Beſtimmung, die von Herrn de la Condamine herrührt, an und halten dafür, daß die Erde an den Polen ungefähr $\frac{1}{300}$ ihres Radius abgeplattet iſt.

Man hat übrigens aus den mit dem Pendel gemachten Beobachtungen gefolgert, daß die Erde nicht gleichartig ſey, oder, mit andern Worten, daß ſie nicht überall eine und dieſelbe mittlere Dichtigkeit habe.

Wenn man ſich an die Beſtimmung, welche die Länge des Pendels giebt, halten wollte, ſo würde man annehmen müſſen, daß die Umwälzung der Erdkugel, zur Zeit ihrer Entſtehung, weit ſchneller, als jezt, vor ſich gieng und daß folglich damals die Tage viel kürzer waren. In der That haben mehrere Gelehrte, welche ſich mit dieſem Gegenſtande zu beſchäftigen

tigen anfiengen, so geschlossen; aber dieser Schluß
ist falsch. Und da die Sache, von welcher ich handle,
von äußerster Wichtigkeit ist, so halte ich es für meine
Pflicht, dabey etwas zu verweilen und so viel Licht,
als nur möglich ist, darüber zu verbreiten, und alle
Gelegenheiten aus dem Wege zu räumen, die dieje=
nigen, welche sich mit diesem Theile der Naturlehre
bekannt machen wollen, zu Irrthümern verleiten könn=
ten. Jene Gelehrte, die sich des Fehlers, dessen ich ge=
dacht habe, schuldig gemacht haben, nahmen an, daß,
da der Grad des Mittagskreises an den Polen größer
wäre, als unter dem Aequator, die Erde an den Po=
len erhabener, und unter dem Aequator abgeplattet
seyn müßte. Dies würde sich auch wirklich so ver=
halten, wenn man voraussetzen wollte, daß die Schwe=
ren sich immer gegen den Mittelpunkt der Erde hin=
neigen; denn wenn man sich die Erde von elliptischer
Gestalt denkt und den Radius des Aequators (1 Taf.
2 Fig.) CE, den Radius des Pols aber CP nennt,
so sieht man leicht, daß, wenn ein Grad des Meridi=
ans in der einen Gegend von größerer Ausdehnung
ist, als in einer andern, die Erdkugel in jener Ge=
gend erhoben, in der andern aber, wo der Bogen
kleiner ist, abgeplattet seyn müßte; denn der Bogen
M e ist viel kleiner, als der Bogen E a.

Allein die Schweren streben keinesweges nach
dem Mittelpunkte der Erde hin, ihr Fall ist immer
lothrecht auf die Oberfläche derselben, oder wenn man
einen Körper hat, der ein Ellipsoid vorstellt (1 Taf.
3 Fig.), so werden die dem Scheidelpunkte nach von
seiner Oberfläche nach dem Innern zu verlängerten

Linien

Linien nicht nach einem einzigen Mittelpunkte hin, sondern durch die krummen Linien AaB, BbD, DcF, FdA gehen.

Die Schwere E wird nach der Linie EC,
die Schwere M nach der Linie Ma,
die Schwere Q nach der Linie Qa,
die Schwere N nach der Linie NO,
die Schwere P nach der Linie BP herabsteigen.

Die Natur dieser krummen Linien wird durch den Bogen des Kreises, der die Ellipse berührt und sich mit ihr in einem kleinen Raume vermischt, bestimmt; die Mathematiker geben diesem Bogen des Kreises den Namen Radius osculator.

Diese Gestalt der Erde, die der Theorie von den Zentralkräften beynahe ganz gemäß ist, sezt voraus, daß die Erde im Anfange flüssig gewesen ist, weil sie sonst diesen Kräften nicht würde haben nachgeben können; auch stimmen alle Mathematiker darin unter einander überein, daß sie sich in einem flüssigen Zustande befunden habe.

Die Gestalt der Erde hängt von ihrer Umwälzung ab, welche in einer Zeit von 23 Stunden, 56' 4" vollbracht wird.

Die Ursache dieser Umdrehung rührt, wie alle Mathematiker annehmen, von einer Kraft her, welche auf die Masse der Erde, in einer Entfernung eines 64 Theils ihres Radius von ihrem Mittelpunkte, auf dieselbe gewirkt hat. Allein wer applicirte diese Kraft, wenn sie nicht dem Erdkörper eigen war?

Ich

Ich nehme deshalb an, daß diese Kraft eine Folge der Kräfte ist, die den Elementen, aus welchen die Erde besteht, eigenthümlich zukommen. Diese besondern Kräfte befinden sich nicht in einem vollkommnen Gleichgewichte unter einander, sondern es hat auf der einen Seite ein Uibermaaß statt, welches die Umwälzung der ganzen Masse um ihre Are hervorbringt und ihr zu gleicher Zeit eine fortschreitende elliptische Bewegung mittheilt (§. 4. Taf. I. Fig. 1.).

Von der Gleichartigkeit der Erde und von ihrer Dichtigkeit.

§. 27. Die Substanzen, die sich auf der Oberfläche des Erdkörpers finden, und die wir kennen, sind nicht gleichartig. Die Granite, die Porphyre, die Gneise, die Bittersalzerde enthaltenden Steine, die Schiefer, die Kalksteine, die erdharzigen und metallischen Substanzen u. s. w. sind es, die uns aufstoßen, und sie alle sind verschiedentlich gemengt.

Aber ist wohl das Innere der Erde aus den nämlichen Materien zusammengesezt? Dies ist eine Frage, auf welche es nicht möglich ist, eine Antwort zu geben.

Es sollte scheinen, daß sich die schwersten Körper zuerst hätten niederschlagen müssen; und wenn man dies annimmt, so behauptet man eine Meinung, die nicht nur auf physische Grundsäze gestüzt ist, sondern auch

auch, wie wir bald sehen werden, durch einige Thatsachen bestätigt wird.

Wenn man die Dichtigkeit der Masse der Erdkugel bestimmen wollte, so müßte man die mittlere Dichtigkeit der Substanzen, die sie ausmachen, kennen. Aber wir haben nur von der Beschaffenheit der Körper, die sich auf ihrer Oberfläche und in den nicht sehr beträchtlichen Tiefen, in welche wir haben kommen können, finden, einen Begriff. Wir haben Tafeln, auf welchen diese Dichtigkeiten oder specifischen Schweren verzeichnet sind, und ich will hier eine derselben, auf welcher die Dichtigkeiten der vorzüglichsten Substanzen, von welchen große Massen gebildet werden, in runden Zahlen angegeben sind, mittheilen:

Wasser	1000
Granit	2800
Porphyr	2800
Gneis	2800
Ursprüngliche Kalksteine	2800
Kalksteine von späterer Entstehung	2750
Gyps	2300
Basalt	2800
Erdharze	1300
Vererzte metallische Substanzen	8000

Aber alle diese Substanzen finden sich in verschiedenen Mengen auf der Oberfläche der Erde und in ihrem Innern, wohin wir haben kommen können; man kann also ihre mittlere Dichtigkeit nur durch Annäherung schätzen.

Ich

Ich würde, ohne Rüksicht auf die Wassermaſſe zu nehmen, die mittlere Dichtigkeit der übrigen Subſtanzen = 3000 beſtimmen.

Die Mathematiker haben Nachforschungen angeſtellt, um zu entdecken, ob die Dichtigkeit des Erdkörpers gleichartig ſey, und ſie haben, um hierüber etwas beſtimmen zu können, ſich der Länge der Pendelſtange bedient. Denn es iſt ausgemacht, daß, wenn die Dichtigkeit der Erde in derſelben Parallele, aber bey verſchiedenen Längen, nicht die nämliche wäre, auch die Länge der Pendelſtange verſchieden ſeyn würde. Wenn wir z. B. annehmen, daß die Lagen der Erdkugel unter der Länge von Venedig eine andere Dichtigkeit hätten, als unter der Länge von Pekin, ſo könnte unmöglich die Pendelſtange an beyden Orten gleich lang ſeyn. Indeſſen hat man bisher in dieſer Rüksicht keine merkliche Verſchiedenheit beobachtet, und man hat hieraus den Schluß gemacht, daß die Dichtigkeit unter der nämlichen Breite beynahe gleichartig ſey.

Aber dieſe Dichtigkeit erleidet unter verſchiedenen Breiten manche Abänderung, weil der Pendel an den Polen länger iſt, als er der Theorie von den Zentralkräften, und der Meſſung der verſchiedenen Bogen des Mittagskreiſes zufolge ſeyn ſollte, wie ich ſchon vorher dargethan habe; man folgert alſo daraus, daß daſelbſt die Dichtigkeit der Erde größer iſt, und es hat allerdings das Anſehn, daß ſich dieſe Dichtigkeit von den Polen bis zum Aequator allmälig vermindert.

Die Berechnungen über das Vorrücken der Nachtgleichen ſowohl, als über die Umwälzung, beweiſen

sen gleichmäßig, daß die Erde nicht gleichartig ist und daß ihre Dichtigkeit Abänderungen leidet.

Andere Beobachtungen haben uns belehrt, daß diese Dichtigkeit im Innern der Erde beträchtlicher seyn müsse, als an ihrer Oberfläche, und dies ist auch den Gesetzen der Schwere sehr angemessen.

Die großen Berge haben, wie man weiß, keinen völlig lothrechten Stand und Herr Bouguer hat gefunden, daß der Chimboraço beträchtlich von der Perpendicularlinie abweicht. Als dieser Naturforscher in einer Gegend des Berges, die 1753 Toisen hoch war, die Höhe der Sterne maß, so fand er sie immer verschieden, nämlich um 8" zu groß, wenn er gegen Mittag und um 8" zu klein, wenn er gegen Mitternacht die Beobachtung anstellte; als er aber seine Versuche in einer 4572 Toisen erhabenen Gegend des Berges wiederholte, so bemerkte er keine Abweichung in Rüksicht auf die Höhen der Sterne.

Herr Maskelyne hat ebenfalls beobachtet, daß der Berg Shehallien in Schottland 5" 8 von der lothrechten Stellung abweicht.

Man hat auch die Masse dieser Berge berechnet, und man hat gefunden, daß der Chimboraço 7400000000 kleiner ist, als die Erde. Wenn man aber bey 1800 Toisen seines Mittelpunktes stünde, das heißt, wenn man 1800 Mal näher bey diesem Mittelpunkte, als bey dem Mittelpunkte der Erde, wäre, so müßte die Anziehung desselben $\frac{1}{1000}$ der Anziehung der Erde seyn, und sie hätte also eine 13 Mal stärkere Wirkung hervorbringen müssen. Es ist wahr,

der

der Chimboraço muß, da er ein Vulkan gewesen ist, Hölen in seinem Innern haben, und die Materien, woraus er besteht, müssen, da sie zum Theil kalcinirt sind, eine geringere Dichtigkeit besitzen, aber die Verschiedenheit würde doch nicht so groß seyn.

Herr Boscovich hat aus dem Resultate dieser Berechnungen gefolgert, daß in einer Tiefe von einigen Meilen unter der Oberfläche des Erdkörpers ein runder Kern sey, der bis an einige Meilen von dieser Oberfläche durchaus eine gleiche Dichtigkeit habe; denn wenn, sagt Herr Laplace dieser Hypothese zufolge, die Erde in ihrem Innern aus eben so ungleichartigen Theilen, wie an ihrer Oberfläche, bestünde, so würden diese daselbst eben so unregelmäßig unter einander liegen, und das Gesetz der Schwere, weit entfernt vom Aequator bis zu den Polen beynahe gleichförmig zu seyn, wie es wirklich ist, würde sehr merkbaren Unregelmäßigkeiten unterworfen seyn.

Man hat sich Mühe gegeben, diese mittlere Dichtigkeit dieses Kerns durch Annäherung zu bestimmen; man hat die Dichtigkeit der Berge genommen; man weiß, wie sich ihre Größe zur Größe der Erde verhält, und man kennt auch die Wirkung, die sie auf des Bleyloth äußern.

Ich habe schon erwähnt, daß die Wirkung des Chimboraço 13 Mal weniger beträchtlich ist, als sie seyn würde, wenn die Dichtigkeit dieses Berges der Dichtigkeit der Erde gleich wäre. Es ist wahr, man kann Hölen in diesem Berge annehmen, und man kann auch den Substanzen, aus welchen er besteht, eine

eine geringere Dichtigkeit beylegen, als denen, aus welchen andere Berge gebildet sind, aber alle diese Annahmen würden doch nicht hinreichend seyn, um jenen Erfolg zu erklären.

Man hat deshalb, durch Annäherungen hierzu veranlaßt, angenommen, daß die mittlere Dichtigkeit des Kerns der Erde beträchtlicher, als die der Berge, und fünftehalb Mal größer, als die des Wassers, sey; sie würde also ungefähr um ein Drittel beträchtlicher seyn, als die Dichtigkeit der äußern Lagen, welche, wie wir gesehen haben, 3 Mal größer ist, als die des Wassers. Ich halte aber dafür, daß man von der erstern Meinung, daß nämlich die innern Lagen der Erdkugel um so mehr an Dichtigkeit zunehmen, je mehr sie sich dem Mittelpunkte der Erde nähern, und daß sie auf eine Art zusammengesezt sind, welche der, die auf der Oberfläche statt findet, beynahe gleich ist, nicht abweichen dürfe.

Alle diese Resultate sind aber freylich nicht für ganz ausgemachte Wahrheiten anzunehmen, sie kommen nur der Wahrheit nahe und sie erfordern deshalb neue Nachforschungen.

Wir werden in der Folge (§. 30), wenn wir vom Magnetismus reden werden, sehen, daß das Innere der Erde viel Eisen enthält, welches eine beträchtliche Schwere besizt.

Wenn man annimmt, daß die Abplattung der Erde $\frac{1}{300}$ beträgt, so werden die beyden Radien der Erde 3262237 Toisen, und 3273148 Toisen seyn; hieraus ergiebt sich, daß der feste Boden der

Erde

Erde 12303200000 französische kubische Meilen (die französische Meile zu 2283 Toisen angenommen,) betrage. Die Oberfläche derselben macht 25772900 Quadratmeilen aus, und ihre Schwere wird, (wenn man annimmt, daß die Erde fünftehalbmal dichter ist, als eine gleich große Menge Wasser, 9,959,364,000,000,000,000,000,000 Pfunden gleich seyn, oder, welches auf eins hinauskommt, fast 10 Octillionen Pfunde betragen.

Von der elektrischen Flüssigkeit.

§. 28. Eine Flüssigkeit, die so ausgebreitet in der Masse des Erdkörpers ist, wie die elektrische, hat wohl auf die Krystallisation der Materie überhaupt, und der verschiedenen Substanzen des Mineralreichs insbesondere mehr oder weniger Einfluß haben müssen. Aber unsere Kenntnisse sind, in Rüksicht auf diesen Gegenstand, so eingeschränkt, daß wir davon nichts mit Gewißheit sagen können.

Die Mineralien verhalten sich, in Rüksicht auf die Elektrizität, nicht alle auf dieselbe Art, man bemerkt vielmehr in diesem Betrachte eine dreyfache Verschiedenheit:

1) Einige werden durch das Reiben elektrisch, und gehören also unter die idioelektrischen Körper. Von dieser Art sind der Bernstein (Electrum der Alten,) der Schwefel, und die meisten durchsichtigen Steine.

2) An-

2) Andere Foſſilien verhalten ſich wie anelektriſche Körper, das heißt, ſie werden nicht durch das Reiben elektriſch, ſondern nehmen die Elektricität durch Mittheilung an; hierher gehören alle metalliſche Subſtanzen.

3) Noch andere Produkte des Mineralreichs werden mittelſt der Wärme elektriſch (pyro-electriques), wie der Turmalin, der braſilianiſche und der ſibiriſche Topas, der Sedativſpath, die freybergiſche (oder vielmehr ſcharfenbergiſche) Blende. —

Indeſſen verdient hier nicht ſowohl dieſes verſchiedene Verhalten, als beſonders der Umſtand unſere Aufmerkſamkeit, daß in der Erde und in der Atmoſphäre derſelben eine ſehr anſehnliche Menge elektriſcher Flüſſigkeit angehäuft zu ſeyn ſcheint. Die Naturforſcher bezeichnen dieſe elektriſche Maſſe mit dem Namen: **gemeiner Elektricitäts-Behälter.**

Man kann vorausſetzen, daß die elektriſche Materie in einigen Theilen des Erdkörpers mehr angehäuft iſt, als in andern; denn wir ſehen, daß dies auch in Hinſicht auf die magnetiſche Flüſſigkeit ſtatt findet; wir wiſſen ferner, daß die verſchiedenen Körper nicht gleichförmig mit Elektricität geladen werden. Wenn man z. B. Erden, Steine, Metalle, auf ein Iſolirgeſtelle legt und ſie elektriſirt, ſo wird ſich jede von dieſen Subſtanzen auf verſchiedene Art, nämlich im Verhältniſſe ihrer Fähigkeit, die elektriſche Materie zu behalten, mit dieſer Flüſſigkeit anfüllen; die metalliſchen Subſtanzen werden ſtärker damit überladen ſeyn, als die Erden und die Steine; unter den Steinen

nen sind die, welche viel Bittersalzerde enthalten, bessere Leiter, als die übrigen.

Man kann hieraus den Schluß machen, daß die Erdlager unsers Planeten, welche metallische Substanzen, und zwar in einem solchen Zustande, daß sie den Funken durch sich gehen lassen, enthalten, (wie dies in den Ganggebirgen, deren Gänge Erze mit sich führen, der Fall ist,) so wie auch die Lager, die größtentheils aus Steinen bestehen, die viel Bittersalzerde in sich haben, mehr mit Elektricität überladen seyn werden, als die übrigen Erdlager.

Es scheint, daß es im Norden viele Erzgänge giebt, die besonders Eisen in einem solchen Zustande, daß es den Funken durch sich gehen läßt, mit sich führen; diese Erzadern werden also der elektrischen Materie zu Leitern dienen, ein Theil dieser Materie kann aber wohl zuweilen in diese Gegenden austreten und sich in der Atmosphäre zerstreuen. Die Gewässer, die Flüsse, können dieselben Wirkungen hervorbringen; aber unter andern Umständen kann auch die Elektricität der Atmosphäre, vermittelst eben dieser Erzadern und der Wasser, in den Erdkörper übertreten.

Eben diese Erscheinung zeigt sich uns oft bey den aufsteigenden und niederfallenden Blitzen, welche entweder von der Erde in die Atmosphäre übergehen, oder sich aus der Atmosphäre der Erde mittheilen.

Aber erstrekt sich diese Gemeinschaft, in welcher die elektrische Materie des Erdkörpers mit der, welche sich in der Atmosphäre desselben befindet, stehet,
auch

auch auf die elektrische Flüssigkeit, welche man muthmaßlich in den übrigen Weltkörpern, im Monde, in den Planeten und Schwanzsternen, in den Sonnen und in den zwischen diesen Körpern befindlichen Flüssigkeiten, annehmen kann? Wir haben freylich keine Kenntniß hiervon, die Analogie läßt uns aber argwohnen, daß alle diese Flüssigkeiten mit einander in Gemeinschaft stehen. — Und geht die elektrische Flüssigkeit als ein Bestandtheil in die Mineralien und in die organisirten Körper ein? Auch auf diese Frage können wir keine bestimmte Antwort geben, weil es uns an positiven Thatsachen und an solchen Erfahrungen mangelt, die mit voller Zuversicht bey der Beurtheilung dieses Gegenstandes zum Grunde gelegt werden könnten. Indessen scheint es, der Analogie nach, daß auch diese Frage eher bejahet, als verneint werden müsse; denn wir sehen, daß sich alle andere Flüssigkeiten mit einander vereinigen, und es ist also der Analogie angemessen, wenn man annimmt, daß auch die elektrische Flüssigkeit die nämlichen Verbindungen eingehe.

Es hat sogar das Ansehn, als ob die elektrische Materie zur Verkalkung der metallischen Substanzen dienen könne; denn man hat einige Metalle durch den elektrischen Funken, selbst in dem mittelst der Pumpe hervorgebrachten luftleeren Raume, in Kalke verwandelt *). — Man hält auch dafür, daß diese Materie

---

*) Journal de Physique, 1788. (Auch verdienen hier die schönen Versuche, die Herr van Marum mit der teylerschen Maschine in der Absicht, um die Metalle durch die elektrische Entladung zu verkalten, angestellt hat, nachge-

rie auf die Kryſtalliſation der ſalzigen Subſtanzen Einfluß haben könne, (wenigſtens ſcheinen einige Erfahrungen dieſe Meinung zu beſtätigen), und wenn dies wirklich der Fall iſt, ſo mag ſie wohl auch bey der Kryſtalliſation der mineraliſchen Subſtanzen wirkſam ſeyn. Indeſſen müſſen dieſe Vermuthungen erſt durch neue Verſuche unterſtüzt werden, ehe man ihnen uneingeſchränkten Beyfall geben kann.

Die Natur der elektriſchen Flüſſigkeit iſt noch nicht bekannt; ſie brennt wie Feuer, ſie leuchtet, wie ein gewöhnliches Licht, ſie verpuft, wie die entzündliche Luft, und ſie bringt eine Empfindung in den Nerven des Gefühls ſowohl, als des Geruchs hervor — ſie iſt folglich von gröberer Natur, als das Feuer und die Materien des Lichts und der Wärme —.

Ich habe an einem andern Orte *) behauptet, daß die elektriſche Flüſſigkeit viel Aehnlichkeit mit der entzündlichen Luft hat, ob ſie ſich gleich durch einige Eigenſchaften, z. B. durch ihre größere Feinheit, von der Leztern unterſcheidet.

Herr Aepinus nimmt zwey elektriſche Flüſſigkeiten an, aber er hat ſeine Meinung nicht bewieſen.

Vom

nachgeleſen zu werden. S. M. van Marum Beſchreibung einer ungemein großen Elektriſir-Maſchine und der damit im teylerſchen Muſeum zu Haarlem ausgeſtellten Verſuche. Aus dem Holländ. überſezt. Leipz. 1786. S. 39. Erſte Fortſetzung. Ebendaſ. 1788. S. 13. ff. Anm. des Herausgeb.)

*) Eſſai ſur l'air pur et les différentes eſpeces d'air etc.

Vom Nordlichte.

§. 29. Dieses Phänomen gehört zwar mehr in die Meteorologie, als in eine Abhandlung über die Entstehung der Erde; da aber die Ereignisse, die sich in der Atmosphäre zutragen, auf den Erdkörper selbst Einfluß haben müssen, so ist es, glaube ich, meine Pflicht, hier auch von jener Erscheinung zu reden.

Das Nordlicht ist ein lebhaft leuchtender Schein, der in der Atmosphäre gegen die Pole zu sichtbar ist, der aber keine feste Stelle hat, sondern manchmal diese, manchmal eine andere Richtung nimmt. Herr Mairan hat die sorgfältigsten Beobachtungen, die über das Nordlicht angestellt worden, gesammelt und in einer besondern Schrift bekannt gemacht; es erhellt aus diesen Bemerkungen, daß die Nordlichter in gewissen Jahren, und in gewissen Jahrhunderten weit häufiger gewesen sind, als in andern; allein man kann in dieser Rüksicht doch nichts Bestimmtes sagen, weil es eben noch nicht sehr lange her ist, daß man genaue Beobachtungen über diese Arten von Erscheinungen anzustellen angefangen hat.

Dieses Licht ist in unserm Klima nur wenig lebhaft, und hat gewöhnlich eine rothe, oder pommeranzengelbe Farbe. In den Gegenden an den Polen aber, und besonders in den langen Nächten, die es zur Winterszeit in diesen Gegenden giebt, ist dieses Licht eine meteorologische Erscheinung von der größten Schönheit. Es verlängert sich zuweilen wie eine große Wolke, und schleudert gleichsam eine ansehnliche Masse

von

von Licht, unter der Gestalt von buntem und mit den lebhaftesten Farben versehenem Feuer, von sich; manchmal hat es die Figur eines Regenbogens und andere Male stellt es eine große Lichtmasse vor, von welcher gleichsam brennende Streifen ausgehen.

Diese hellen Lichtstreifen blitzen und krachen sogar zuweilen, just wie die elektrischen Funken.

Alle diese Thatsachen scheinen auf eine nicht zu bezweifelnde Art darzuthun, daß das Nordlicht eine elektrische Erscheinung ist. Verschiedene stark elektrische Wolken, von welchen einige bejahend, andere verneinend elektrisirt sind, scheinen, indem sie einander berühren, Funken von sich zu geben. —

In den heißen und mäßig warmen Gegenden entladen sich die bejahend elektrisirten Wolken leicht vermittelst der Gewässer und des feuchten Bodens, aber in den nördlichen Gegenden, wo es immer Eis giebt, verhält sich die Sache anders; denn das Eis ist, so wie der Schnee, ein übler Leiter der elektrischen Flüssigkeit, und diese Materie muß sich daher in den Wolken anhäufen *).

Wir haben indessen gesehen (§. 28.), daß die Erzadern Leiter der Elektricität sind, und da es gegen die Pole hin häufige, Erze führende, Gänge giebt, so können diese wohl der Atmosphäre bald elektrische Materie zuführen, bald aber ihr dieselbe entziehen. Diese Erzadern können auch wohl zur Bildung der Nordlichter

---

*) Franklin Journal physique, 1779. Monat Junius.

ter etwas beytragen; denn außerdem, daß aus bejahend und verneinend elektrisirten Wolken Funken herausgehen, die einen Nordschein hervorbringen können, kann dieses Phänomen zuverläßig auch durch die elektrische Flüssigkeit bewirkt werden, welche aus der Atmosphäre in den Erdkörper, oder aus diesem in die Atmosphäre übergeht, wie dies bey dem aufwärts und niederwärts steigenden Blitze der Fall ist.

Die Wolken, von welchen der Nordschein ausgeht, befinden sich, da sie oft sehr hoch sind, in einer verdünnten Luft; die Elektricität breitet sich daher in einer solchen Gegend sehr aus und giebt jenen lebhaften und ausgebreiteten Schein, der dem nicht unähnlich ist, den wir durch Hülfe einer Elektrisirmaschine in der unter einer Glocke befindlichen verdünnten Luft hervorbringen können.

Die verschiedenen Farben, welche wir am Nordlichte gewahr werden, hängen von den Brechungen ab, welche die Lichtstrahlen in der nebelichen Luft dieser kalten Gegenden erleiden. ——

Die Phänomene des Nordlichtes ereignen sich, wie es scheint, in der Atmosphäre der Erde; und da man denselben Nordschein in sehr großen Entfernungen beobachtet hat, so hat man durch dieses Mittel die Höhe unserer Atmosphäre zu bestimmen gesucht. Man sahe am 18. October 1786 in Rom und in Paris (welche beyde Städte 300 französische Meilen von einander entfernt sind,) ein Nordlicht, und die Berechnung, die man angestellt hat, hat gelehrt, daß es, da es in diesen beyden Städten zu gleicher Zeit sichtbar war, in

einer

einer Höhe von 266 französischen Meilen seyn mußte. — Am 15. Februar 1730 beobachtete man in Geneve und in Montpellier ein Nordlicht, und man berechnete die Höhe desselben auf 160 französische Meilen. Noch ein anderes Nordlicht sah man am 8. October 1731 in Kopenhagen und in Breuillepont nahe bey Evreur, und folgerte aus den gemachten Beobachtungen, daß es in einer Höhe von 250 französischen Meilen seyn mußte.

Herr Mairan hat sich für berechtigt gehalten, aus diesen Erfahrungen den Schluß zu machen, daß die Höhe der Atmosphäre wenigstens 300 französische Meilen betrage.

Von der magnetischen Flüssigkeit.

§. 30. Es ist hier nicht der Ort, eine Untersuchung über die Art und Weise anzustellen, auf welche die magnetische Materie wirkt; wir betrachten sie nur in so fern, in wie fern sie mit dem Erdkörper im Verhältnisse steht.

Es scheint, als ob diese Flüssigkeit in der Richtung der Meridiane von einem Pole zum andern wirke, und man hat, in Hinsicht dieser Wirkung, die beyden Pole, Süd und Nord, von einander unterschieden, weil die eine von den beyden Spitzen der Magnetnadel sich immer beynahe gerade gegen Norden, die andere aber gegen Süden kehrt.

Man unterscheidet bey der Wirkung, welche der Magnetism der Nadel äußert, vorzüglich zwey Phänomene, die Neigung und die Abweichung, von einander.

§. 31. Wenn man in unsern Gegenden die Nadel auf eine Unterlage von Quecksilber legt, so wird man gewahr, daß sich der Nordpol derselben sehr neigt oder eine gegen den Horizont geneigte Lage annimmt, indeß sich die andere Spitze der Nadel über die Fläche des Quecksilbers emporhebt. Diese Erscheinung ist es, die man die **Neigung** der Magnetnadel nennt.

Diese Neigung ist nach der Breite der Orte verschieden, und es sollte scheinen, daß unter dem Aequator, bey einer gleichen Entfernung von den Polen, gar keine Neigung statt finden könne; dies müßte auch wirklich der Fall seyn, wenn die magnetische Kraft an beyden Polen gleich stark wäre. Aber es scheint, daß diese Kraft, überhaupt genommen, am Südpol beträchtlicher ist; denn die Nadel neigt sich am Südpole sehr nach dem Aequator durch die nördlichen Breiten hin. — Diese Neigung nimmt um so mehr zu, je mehr man sich den Polen nähert. Herr Baili hat die Neigung von 73° 32′ unter 47° 50′ der östlichen Breite und 131° der Länge beobachtet, und Herr Phipps hat sie von 82° unter 79° 44′ der nördlichen Breite und 26° der Länge gefunden. Dies ist die größte Neigung, die man noch bis jetzt beobachtet hat.

§. 32. Indessen ist die Richtung der Nadel nicht immer vollkommen gerade gegen die Pole, sie weicht in den meisten Gegenden mehr oder weniger ab. Diesen

sen Erfolg nennt man die Abweichung der Magnetnadel.

Diese Abweichung ändert sich jedes Jahr. Die Naturforscher und besonders die Schiffer haben sehr viel Beobachtungen angestellt, um, in Rücksicht auf die Richtung der Nadel bey verschiedenen Längen und verschiedenen Breiten, zur Gewißheit zu kommen; aber diese Arbeit ist bey weitem noch nicht zur gehörigen Vollkommenheit gelangt. Die meisten Reisenden hatten nicht die Kenntnisse, die zu einer sorgfältigen Anstellung solcher Beobachtungen nothwendig waren, und dann waren auch die Kompasse, von denen man Gebrauch machte, nicht von einer so guten Einrichtung, als sie hätten seyn müssen, wenn man auf die damit gemachten Beobachtungen hätte ein volles Vertrauen setzen wollen; denn die Nadeln hatten mehrere Fehler und sie mußten also auch zu manchen Irrthümern Gelegenheit geben. Selbst jetzt, da man doch weit vollkommnere Nadeln hat, als ehedem, kann man nicht dafür stehen, daß nicht ein Fehler von 2 oder 3 Graden vorgefallen sey. Indessen will ich hier doch diejenigen von diesen Beobachtungen, die mir die richtigsten zu seyn scheinen, anführen.

Im Jahre 1580 war die Richtung der Nadel zu Paris 11° 30′ östlich; im Jahre 1610 war sie 10° östlich, und im Jahre 1666 war die Nadel gerade gegen den Pol gerichtet; sie war also binnen einer Zeit von 86 Jahren 11° 30′ gegen Norden fortgerückt. Sie blieb einige Zeit in dieser geraden Stellung, aber im Jahre 1670 wich sie schon 1° 30′ westlich ab und sie hat sich seither in dieser Abweichung erhalten; denn gegen das Ende des Jahres 1793 war die Richtung 22° 50' westlich.

Dieser Gang der Nadel ist sich nicht immer gleich gewesen; einige Jahre hinter einander ist sie schneller, andere Jahre aber langsamer fortgerückt, und seit dem Jahre 1769 scheint sie minder starke Fortschritte, als vorher, gemacht zu haben, ja sie ist sogar einige Male zurückgegangen.

Bey dieser Abweichung ist also die Nadel in einer Zeit von 230 Jahren, das heist, seit 1580, wo die Richtung 11° 30' östlich, bis 1793, wo ihre Abweichung 22° 50' westlich war, 34° 20' durchlaufen. Man wird hieraus schließen können, daß sie, wenn sie verhältnißmäßig den nämlichen Gang beybehält, 2233 Jahre nöthig hat, um 360° zu durchlaufen und wieder bey 11° 30', wo sie im Jahre 1580 war, zu kommen.

Aber geht diese Abweichung in derselben Progression fort, und wird die Nadel alle 360° durchlaufen? Darüber können wir keine Auskunft geben; es dünkt mir indessen nicht wahrscheinlich.

Ich muß hier eines Phänomens gedenken, das besonders die Aufmerksamkeit des Geologen verdient. Man hat die Beobachtung gemacht, daß diese Abweichung an verschiedenen Punkten der Oberfläche der Erde verschieden ist; in gewissen Gegenden weicht sie östlich ab, in andern ist ihre Richtung westlich, und in noch andern hat die Nadel eine vollkommen gerade Stellung gegen die Pole, das sind also Orte, wo gar keine Abweichung der Nadel statt findet.

Ver=

Verschiedene Naturforscher haben Verzeichnisse von mehrern Orten auf der Oberfläche der Erde, wo keine Abweichung bemerkt wird, bekannt gemacht, und Halley ist einer der ersten gewesen, die sich mit dieser Arbeit beschäftigt haben.

Herr Wilke hat im Jahre 1768 eine neue Charte, worauf diese Veränderungen angegeben sind, ausgearbeitet, und Herr Monnier hat dieselbe in den Schriften der Pariser Akademie der Wissenschaften auf das Jahr 1772 wieder abdrucken lassen. Auch haben die Herren Mountaine und Dodson eine Charte entworfen, bey der mehr als 50000 Beobachtungen zum Grunde gelegt worden sind, und der Graf von Buffon hat ebenfalls eine große Anzahl von Beobachtungen in Ordnung gebracht und eine neue Charte der Abweichungen mitgetheilt.

Indessen sind doch die Beobachtungen noch nicht in so einer Menge angestellt worden, daß man aus ihnen richtige Resultate ziehen könnte. Wenn sie zu dieser Absicht hinlänglich seyn sollten, so müßte man in verschiedenen Theilen der Erde und in einer sehr kleinen Reihe von Jahren hinter einander, (weil sich die Abweichung in jedem Jahre verändert,) Erfahrungen gesammelt haben. Besonders wird es unumgänglich nöthig seyn, daß man die Abweichungen auf dem festen Lande beobachtet; denn hier kann man sie mit mehrerer Genauigkeit gewahr werden, als auf einem Schiffe.

Im Jahre 1600 war auf dem Cap des Aiguilles, an der mittäglichen Gränze von Afrika, bey 38° der Länge,

Länge, die Nadel gerade gegen den Pol gerichtet und es fand also keine Abweichung statt. Im Jahre 1638 war die Abweichung der Nadel zu Wien, 34° 30′ der Länge, 0; 1657 war sie zu London, 17° 34′ der Länge, 0 und 1666 stand sie so zu Paris, 20° der Länge.

Man sieht, welche Veränderungen, in Rücksicht auf diese gerade Stellung der Nadel statt gefunden haben. Heutzutage bemerkt man diese Richtung nur in einer ziemlichen Entfernung westwärts von diesen Gegenden, ungefähr bey 344° der Länge. Man kann diesen Stand die erste Linie ohne Abweichung nennen (3. Tafel).

Die Abweichung der Nadel ist nach Westen zu in allen Gegenden, die westwärts von dieser Linie liegen, nämlich in Europa, in Afrika und im indischen Meere bis an die Inseln de la Sonda.

Eine zweyte Linie ohne Abweichung findet sich in diesen Gegenden, aber es hält ziemlich schwer, sie ganz genau zu bestimmen.

Herr Niebuhr*) erzählt, daß er im Jahre 1753 zu Saint=Jean bey Surate, an der Küste von Mala=bar, mit 2 Kompassen Beobachtungen angestellt und bemerkt habe, daß die Abweichung der einen Nadel 2° 54′, die der andern aber 3° 45′ westlich war, man kann hieraus schließen, daß sie am Cap Comorin bey=nahe 0 gewesen seyn müsse.

Herr Wille hat im Jahre 1766 auf seiner Charte eine Linie ohne Abweichung angegeben, die in Kola,
der

*) Beschreibung von Arabien.

der Hauptstadt des rusſiſchen Lapplands, bey 50° der Länge und 69° der Breite anfängt und bis an das Cap Comorin durch 95° der Länge und 8° der Breite nördlich fortgeht.

Ich kenne die Beobachtungen nicht, die auf dem feſten Lande von Aſien und Europa, vom Cap Comorin bis nach Kola hin, angeſtellt worden ſind, aber es ſcheint, daß jetzt die Linie ohne Abweichung auf dem indiſchen Meere an der öſtlichen Seite des Caps Comorin ſey. — Herr Wilke hat noch eine andere Linie ohne Abweichung angegeben, die durch die philippiniſchen Inſeln geht und ſich an der Küſte von Neuholland anfängt.

Herr Hauptmann Cook und andere neuere Reiſende haben ſehr ſorgfältige Beobachtungen über den Stand der Magnetnadel in den verſchiedenen Gegenden, in die ſie gekommen ſind, angeſtellt und öffentlich bekannt gemacht, und es ſcheint aus den Bemerkungen jenes Seefahrers zu erhellen, daß im Jahre 1780 dieſer Stand ohne Abweichung bey 122° und 123° der Länge und 1, 2, 3 und 4° der nördlichen Breite, zwiſchen Sumatra und Borneo, angefangen habe. Herr Cook hat eben dieſen Stand noch bey 140° der Länge und 2° der Breite bemerkt.

Herr Bougainville hat auch im Jahre 1766 dieſe Abweichung bey 149 und 151° der Länge und 1 oder 2° der öſtlichen Breite 0 gefunden. — Herr Cook hat, als er weſtwärts an den marianiſchen Inſeln reiſte, dieſen Stand ohne Abweichung bis an die Küſten von Japan und von der Schwefelinſel, durch

durch 40° der Breite und 160° der Länge, verfolgt. Herr Fureau hat am 6. März 1773 eben diese Richtung der Nadel in der östlichen Hemisphäre bis 44° östlicher Breite und 156° der Länge beobachtet, und gefunden, daß auch in dieser Gegend die Nadel eine Zeitlang in dieser Stellung bleibt. Man kann also annehmen, daß diese Linie ohne Abweichung gekrümmt seyn müsse, und daß der erhabenste Theil derselben sich bey Sumatra über dem Aequator befinde, das eine Ende aber sich auf der einen Seite gegen Japan, und auf der andern gegen Neuholland hin erstrecke. Der erhabenste Theil dieser krummen Linie gegen Sumatra wird von der erstern 138°, und ihre Enden 180 bis 190° bey 40° der Breiten, entfernt seyn.

Mehrere Beobachtungen, die ich anführen werde, scheinen indessen zu beweisen, daß sich diese Linie unter dem Aequator in einer beträchtlichen Weite, vielleicht 20 bis 30° der Länge, ohne Abweichung erhalten könne.

Einige Reisende haben noch eine dritte Linie ohne Abweichung, wo die Nadel gegen die Pole gekehrt ist, entdeckt. Herr Bougainville hat sie im Südmeere, 252° der Länge, von 3 oder 4° nördlicher Breite bis ungefähr 55° südlicher Breite, gefunden, und sie wird folglich nur ungefähr 100° von der ersten gegen Morgen, und 110° von der zweyten gegen Abend entfernt seyn.

Ich will hier die Beobachtungen der Reisenden, welche das Daseyn dieser Linien ohne Abweichung erwiesen haben, anführen. Die Beobachtungen selbst
sind

sind auf den Mittagskreis der Insel Ferro gebracht:

Erste Linie ohne Abweichung.

	Abweichung östlich,	nrdl. Breite,	Länge, (Insel Ferro)
Gerhard von Brahm	1° 35′	30° 30′	294° 55′
im Jahre 1777	1, 30	33, 30	300
	0, 0	35, 30	302, 35
1771	1, 45	34, 38	303, 38
1774	0, 15	27, 37	315, 47
	0, 45	14, 31	327, 9
Fleurieu, 1769, 28. Apr.	0, 0	14, 45	329, 55

	Abweichung westlich,	nrdl. Breite,	
28. Jul. 1771	0, 0	35, 38	304, 51
1774	0, 30	29, 9	317, 24

	Abweichung östlich,	südl. Breite,	Länge,
Cook, 5. Sept. 1776	0, 5	6, 45	344, 43
6. Sept.	0, 7	7, 18	343, 28
11. Sept.	0, 12	14, 11	342, 46
13. Sept.	0, 40	16, 12	342, 15
29. Sept.	0, 40	29, 29	348, 23

Zweyte Linie ohne Abweichung.

	Abweichung öſtlich.	nrdl. Breite.	Länge.
Cook, 1. Febr. 1780	0° 25'	1° 4'	123° 8'
30. Jan. 1780	0, 36	3, 37	122, 28
	0, 2	19, 25	131, 25
	0, 6	1, 57	139, 39
	0, 6	21, 56	148, 39
	0, 24	22, 14	148, 41
Cook, Decemb. 1777	0, 23	40, 2	160, 35
Cook, 19. Nov. 1779	0, 41	22, 14	148, 41
	0, 48	35, 24	159, 35

	Abweichung öſtlich.	ſüdl. Breite.	Länge.
	1, 55	0, 17	151, 58
Bougainville, 1766	0, 40	1, 52	149, 53
	0, 21	4, 29	144, 53
	0, 43	9, 15	122, 29
Fureau, 6. Mrz 1773	0, 55	43, 36	156, 17

Dritte Linie ohne Abweichung.

	Abweichung öſtlich.	ſüdl. Breite.	Länge.
Byron, 15. Oct. 1765	0° 0'	21° 10'	253° 18'
Bougainville, 1766	0, 39	23, 24	266, 0
Cook, 30. Mrz. 1774	1, 27	9, 24	251, 34
2. Oct. 1774	1, 28	54, 56	252, 25

Dieſe Beobachtungen ſind durch die neuſten Reiſenden beſtätigt worden, ich will hier aber nur die bie anführen, welche der Herr Hauptmann Dixon*) bekannt gemacht hat.

Tafel der Abweichungen, nach Dixon's (in den Jahren 1785 — 1788 gemachten) Beobachtungen.

	nördl. Breite,	Länge, (Insel Ferro)	Abweichung westlich.
1785, 30. Oct.	13° 20'	354° 26'	9° 20'
1. Nov.	10, 6	355, 15	10, 16
6. —	7, 14	355,	11, 2
9. —	5, 28	356, 10	9, 30
14. —	1, 22	356,	9, 26
	südl. Breite,		
17. —	1, 27	351, 30	5, 58
23. —	11, 28	346, 5	2, 58
26. —	17, ungef.	343, 30	0,
			Abweichung östlich,
1. Dec.	23, 12	341, 10	3, 38
5. —	25, 26	338, 50	5, 25
8. —	29, 39	334, 55	6, 15
12. —	34, 36	332, 21	11, 16
16. —	38, 35	328, 41	14, 1
23. —	46, 24	323, 54	15, 35
27. —	48, 35	324, 4	19, 26
1786, 25. Jan.	52, 40	314, 51	25, 0
2. Febr.	58, 9	312, 35	25, 36
			südl.

*) Herr Dixon hat die Welt in den Jahren 1785, 86, 87 und 88 auf den Schiffen König Georg und Königinn Charlotte umseegelt.

	südl. Breite,	Länge (Insel Ferro)	Abweichung östlich,
1786, 6. Febr.	60° 5′	307° 55′	26° 10′
9. —	59,	304, 17	27, 15
10. —	58, 2	303, 36	28, 35
18. —	55, 31	295, 0	26, 20
2. März	50, 16	293, 49	17, 2
14. —	42, 45	292, 47	13, 50
23. —	34, 08	286, 38	9, 17
29. —	28, 2	279, 57	6, 30
31. —	25, 8	276, 39	5, 0
6. April	17, 32	270, 21	3, 44
14. —	8, 44	264, 36	4, 27
	nbrdl. Breite,		
21. —	2, 35	261, 0	5, 0
28. —	7, 20	259, 11	5, 15
8. May	17, 4	247, 33	5, 50
12. —	20, 3	242, 53	6, 17
30. —	20, 45	220, 49	8, 0
14. Jun.	23, 10	216, 45	10, 9
20. —	30, 06	216, 49	15, 10
1. Jul.	41, 31	225, 24	17, 20
10. —	51, 24	227, 55	19, 30
15. Aug.	59, 23	227, 31	24, 30
27. —	59, 0	231, 47	28, 10
7. Sept.	58, 5	239, 42	24, 0
19. —	51, 56	244, 13	24, 18
29. —	49, 15	249, 55	20, 0
5. Oct.	44, 6	246, 26	19, 25
27. —	32, 27	232, 3	11, 46
31. —	29, 05	229, 31	9, 27
1787, 5. April	46, 50	227, 10	18, 10
			nbrdl.

	nbrdl. Breite,	Länge (Insel Ferro)	Abweichung öſtlich,
1787, 14. April	55° 37′	230° 56′	19° 34′
16. —	58, 9	230, 54	19, 0
16. May	59, 23	232, 10	29, 38
12. Jun.	57, 3	241, 54	27, 59
1. Jul.	55, 22	243, 30	24, 27
5. —	53, 48		24, 28
16. Aug.	41, 40	246, 30	16, 16
25. —	27, 37	237, 22	9, 18
28. —	24, 4	234, 24	8, 37
29. —	23, 21	233, 24	6, 6
21. Sept.	18, 23	216, 17	8, 0
24. —	13, 56	213, 28	8, 10
28. —	13, 41	205, 55	8, 43
5. Oct.	13, 47	195, 7	12, 0
11. —	13, 5	185, 24	12, 10
18. —	13, 22	171, 24	8, 21
20. —	14, 1	167,	7, 15
23. —	15, 25	161, 3	5, 34
29. —	19, 2	147, 46	1, 25
			Abweichung weſtl.
1788, 15. Febr.	16, 33	131, 18	2, 17
23. —	5, 31	122, 34	0, 22
19. Apr.	21, 45	86, 6	16, 15
28. —	27, 0	71, 36	19, 30
30. —	28, 9	67, 00	21, 0
2. May	29, 17	64, 42	24, 35
15. —	36, 7	41, 9	24, 12
2. Jun.	30, 48	29, 12	21, 13
16. —	16, 18	13, 32	16, 2

Dieſe

Diese Beobachtungen, die in 3 auf einander folgenden Jahren gemacht worden sind, zeigen auch, daß es 3 Gegenden giebt, wo keine Abweichung der Nadel statt findet. Herr Dixon passirte die erste Linie ohne Abweichung am 26. November 1785 unter 17° der südlichen Breite und 343° der Länge; die dritte durchreiste er im April 1786 unter 17° der östlichen Breite und 270° der Länge, und die zweyte im Februar 1788 unter 5° der nördlichen Breite und 122° der Länge.

Man sieht, daß die Nadel in ziemlich kleinen Entfernungen große Aenderungen erlitten hat; auch zeigen uns diese Beobachtungen noch eine andere Erscheinung von Wichtigkeit. Vom 31. März 1786, bey 25° nördlicher Breite und 276° der Länge, bis zum 8. May, bey 17° südlicher Breite (in einem Raume von 30° oder 750 französischen Meilen,) hat sich die Abweichung der Nadel fast immer bey 5° erhalten; doch hatte sich freylich die Breite sehr geändert. Allein vom 28. August 1787, bey 24° der Breite und 234° der Länge, bis zum 28. September, bey 14° der Breite und 205° der Länge, hatte sich die Abweichung der Nadel ungefähr 8° (in einem Raume von 28° der Länge oder 700 französischen Meilen, in einer Breite von 10°) erhalten.

Wir haben gesehen, daß ein ähnlicher Erfolg auch in Rücksicht auf die zweyte Linie ohne Abweichung statt zu haben scheint; denn diese Linie scheint sich unter dem Aequator zwischen 20 und 30° der Länge zu erhalten. Man kann hieraus den Schluß machen, daß die Abweichung in einer großen Strecke beynahe dieselbe bleiben könne.

Die größte Abweichung, die Herr Dixon beobachtet hat, war von 30°; indessen hat man noch weit beträchtlichere bemerkt; so fanden z. B. die Herren Lapeyrouse und Delangle am 21. Julius 1782 zwischen Groenland und Labrador, bey 62° nördlicher Breite und 318° der Länge, die Abweichung von 45°, und Herr Cook hat beobachtet, daß sie im Februar 1773, bey 60° südlicher Breite und 112° der Länge, 43° 6' war.

Einige Reisebeschreiber gedenken noch weit beträchtlicherer Abweichungen. — Wir können aus allen diesen Thatsachen die Folgerung herleiten, 1) daß es jetzt nur 3 Hauptlinien giebt, wo keine Abweichung statt findet. Die erste derselben ist bey 35° nördlicher Breite und 303° der Länge beobachtet worden. Sie steigt bis zum 14° der Breite herab und krümmt sich bis zum 329° der Länge; man hat sie unter dem Aequator noch nicht beobachtet; allein bey 350° der Länge und o der Breite hat man die Abweichung 4° 25' westlich gefunden. Herr Cook beobachtete im September 1776 die Abweichung bey 6° 45' südlicher Breite und 344° 45' der Länge und er fand, daß in dieser Gegend die Nadel gerade gegen die Pole gerichtet war; dieser Stand hat sich bis zum 30° der Breite und 348° der Länge erhalten. Diese Linie scheint sich noch weiter gegen den südlichen Pol hin zu erstrecken, im Norden aber scheint sie sich sehr westlich zu neigen; denn die Herren Lapeyrouse und Delangle haben die Abweichung bey 62° nördlicher Breite und bey 318° der Länge 45° gegen Westen gefunden. Ich glaube hieraus folgern zu können, daß die Linie ohne Abweichung

chung bey dieser Breite und weiter gegen Mitternacht ungefähr 290° der Länge seyn müsse.

Die zweyte Linie ohne Abweichung scheint bey den Küsten von Japan, bey 40° nördlicher Breite und 160° der Länge anzufangen; sie krümmt sich öfters bis an den Aequator hin, wo sie sich von Sumatra, bey 122° der Länge, bis vielleicht zum 150° der Länge hin erstreckt; Herr Bougainville berichtet, sie in dieser Gegend beobachtet zu haben. Sie dehnt sich hierauf in der südlichen Hälfte bis zum 44° der Breite und 156° der Länge aus.

Die dritte Linie ohne Abweichung fängt bey 252° der Länge und 55° südlicher Breite an und erstreckt sich bis an den Aequator, und vielleicht noch weiter hin.

2) Diese Linien, wo keine Abweichung statt findet, verlängern sich mehr oder weniger gegen beyde Pole, ohne doch demselben Mittagskreise zu folgen. Es scheint, daß die Nähe des festen Landes Einfluß auf diese Biegungen habe.

3) Es giebt viele Gegenden, die aber ganz unabhängig von diesen Linien sind, wo die Magnetnadel beträchtliche Aenderungen in ihrer Richtung erleidet, und ihre Abweichung ist an diesen Orten nicht so, wie man sie, der Länge, oder ihrer Entfernung von der Linie ohne Abweichung nach, erwarten sollte; man kann selbst sagen, daß es, überhaupt genommen, fast gar keine Gegend giebt, wo die Abweichung der Nadel so beschaffen ist, wie sie im Verhältnisse der Länge und der Breite desselben seyn sollte.

4) Es

4) Es giebt mehrere Gegenden, wo die Nadel keine feste Richtung hat, das heißt, wo sie, wie man zu sagen pflegt, **falsch geht.** Abel Tasman, der im Jahre 1642 reiste, erzählt, daß sich die Nadeln seiner horizontalen Kompasse in dem Theile des Meeres, der nahe bey Vandiemens Land ist, bey 12° südlicher Breite und 150° der Länge, nach keinem festen Punkte richteten*), und eben diese Erscheinung ist in mehrern andern Gegenden beobachtet worden.

5) Zwischen einer jeden von diesen 3 Linien nimmt die Abweichung von 0 bis 20, 30, 40 oder 50° zu, und vermindert sich aufs neue bis zu 0.

6) Diese Linien ohne Abweichung verändern immer ihre Stellen. Die erste war im Jahre 1600 auf dem Cap des Aiguilles 38° der Länge, im Jahre 1666 zu Paris 20° der Länge, und jetzt findet man sie bey 340° der Länge, das heißt, diese Linie hat in einer Zeit von 193 Jahren 58° in der Länge gegen Abend durchlaufen.

Uiber die zweyte Linie haben wir keine so zuverläßigen Beobachtungen, aber sie scheint gegen Morgen fortzurücken und einen Gang zu nehmen, der dem, den die erstere nimmt, entgegen gesetzt ist; denn Herr Niebuhr hat sie im Jahre 1753 am Cap Comorin gefunden und jetzt ist sie jenseit Sumatra, das heißt, 25 bis 30° mehr gegen Morgen, wenn sie sich nicht gar über diese ganze Breite erstreckt; aber es fehlt uns in dieser Rücksicht an Beobachtungen.

*) Histoire des Voyages, II. Theil.

Uiber die dritte Linie ohne Abweichung können wir nichts Gewisses sagen; es ist zu kurze Zeit her, daß sie bekannt ist; zwar muß sie schon vor vielen Jahren von den Spaniern bey ihren Reisen von Acapulco nach Manilla beobachtet worden seyn, aber diese Seefahrer haben uns noch keine Nachrichten von ihren Bemerkungen mitgetheilt.

Man sollte auf dem festen Lande, bey verschiedenen Längen und Breiten, eben solche Beobachtungen anstellen, wie dergleichen von den Reisenden zur See gemacht zu werden pflegen.

§. 33. Man hat geschlossen, daß bey jedem Pole der Erde mehrere magnetische Pole wären; einer von denselben soll, wie man annahm, im Jahre 1600 dem 38°, im Jahre 1666 dem 20° und im Jahre 1786 dem 340° der Länge, ein zweyter aber im Jahre 1786 ungefähr dem 122°, und ein dritter dem 260° der Länge entsprochen haben. Es wäre aber wohl möglich, daß nie ein solcher dritter magnetischer Pol existirt, und daß die vereinigte Wirkung der beyden übrigen, die sich beynahe in gleicher Entfernung befinden können, die dritte Linie ohne Abweichung hervorgebracht hätte. Indessen ist es doch wahrscheinlicher, daß dieser dritte Mittelpunkt der magnetischen Kraft für sich bestehe.

§. 34. Ich habe viel Nachforschungen darüber angestellt, um zu entdecken, ob es möglich sey, daß man, nach den gemachten Beobachtungen, ungefähr die Orte bestimmen könne, wo sich diese magnetischen Pole, oder diese Mittelpunkte der Wirksamkeit der

magne=

magnetischen Kraft befinden. Hier sind einige Anga= ben, die mir nicht ohne Grund zu seyn scheinen:

Herr Delangle fand die Abweichung bey 62° der Breite und 318° der Länge, an den Küsten von Labrador am östlichen Theile Amerikas, 45° westlich, und Herr Dixon fand sie am westlichen Theile Ame= rikas, bey 60° der Breite und 231° der Länge, 30° östlich.

Diese Beobachtungen sind fast unter den nämli= chen Parallelkreisen und in einer Entfernung von 87° der Länge oder ungefähr 800 französischer Meilen ge= macht worden. Die Nadel hat in diesen Gegenden ihre Richtung fast nach der nämlichen Stelle hin, und wenn man von diesen beyden Punkten aus 2 Linien zieht, so werden sie einander gegen den 71° der Breite und den 290° der Länge durchschneiden. An dieser Stelle würde man also ungefähr den Mittelpunkt der Wirksamkeit dieses magnetischen Pols annehmen kön= nen, und die Linie ohne Abweichung würde folglich unter dieser Breite bey 290° der Länge seyn. Der Reisende, der in diesen Gegenden bey 71° nördlicher Breite beobachtete, könnte die Abweichung von 180° finden, und wenn er noch näher an den Pol hinsegeln wollte, so würde die nördliche Spitze der Nadel noch über 180° abweichen, oder, mit andern Worten, ihre Abweichung würde südlich seyn. Man sieht leicht, daß diese Angaben zu ihrer Bestätigung einer großen Zahl von Beobachtungen bedürfen. —

Die Linie ohne Abweichung würde also bey dieser Breite ungefähr 290° der Länge seyn, indeß sie unter dem Aequator ungefähr bey 340° der Länge zu seyn scheint und, indem sie gegen Süden fortrückt, vielleicht 350° ist. Diese Biegung kann durch das feste Land bewirkt werden.

Ich habe hier eine ansehnliche Menge von wichtigen Thatsachen angeführt, von welchen es ohne Zweifel gar nicht leicht ist, die Ursache anzugeben. Doch bevor wir darauf ausgehen, diese aufzusuchen, wollen wir alle die Kräfte betrachten, die eine Wirkung auf die Magnetnadel äußern.

§. 35. Die elektrische Flüssigkeit hat einen großen Einfluß auf die Richtung dieser Nadel; sie wird zur Zeit eines Sturmes unruhig, und ein Donnerschlag kann machen, daß sie selbst ihre Richtung verliert und falsch geht.

§. 36. Auch der Nordschein giebt zu einer unordentlichen Bewegung der Nadel Gelegenheit.

§. 37. Sie wird ferner zu der Zeit, wenn ein Vulkan brennende Materien auswirft, aus ihrer gehörigen Richtung gebracht und eine ähnliche Veränderung bringen auch die Erdbeben hervor. Diese Wirkung hängt in diesen Fällen ohne Zweifel von derselben Ursache, von der Elektricität, ab, welche bey den vulkanischen Auswürfen eine so bedeutende Rolle spielt.

§. 38. Die Wirkung der Sonnenstrahlen und der Wärme auf die Richtung der Nadel ist gleichfalls sehr auszeichnend; denn man bemerkt, daß die Nadel zu verschiedenen Stunden des Tages und zu verschiedenen

Jahrszeiten sehr beträchtliche Veränderungen erleidet; sie entfernt sich in der Zeit vom kürzesten Tage bis zur Frühlingsnachtgleiche von Norden und geht nach Westen; von der Nachtgleiche an nähert sie sich zwey Monate hindurch dem Nordpunkte, dann bleibt sie bis zum längsten Tage in derselben Richtung still stehen, hierauf entfernt sie sich in dem ersten Monate nach dem längsten Tage von Norden, in den beyden folgenden Monaten bis zur Herbstnachtgleiche aber nähert sie sich wieder dem Norden, hierauf bleibt sie wieder einen ganzen Monat in einer Stellung und in den beyden folgenden Monaten bis zur Frühlingsnachtgleiche rückt sie gegen Westen fort. Ihre größte Entfernung von Norden gegen Westen ist zur Zeit der Frühlingsnachtgleiche, ihre größte Annäherung gegen Norden aber zur Zeit der Herbstnachtgleiche. Indessen bemerkt man in diesen Zwischenräumen Schwingungen und ruhige Stellungen an ihr, und dieses Schwanken hat die Folge, daß die Nadel in jedem Jahre um einige Minuten gegen Westen fortrückt.

Unabhängig von diesen jährlichen Bewegungen bemerkt man auch noch täglich eine zwiefache sehr gut zu unterscheidende Bewegung an der Nadel; von 8 bis 9 Uhr des Abends entfernt sie sich, indem sie gegen Westen abweicht, von Norden, und dies dauert bis um 8 Uhr des Morgens fort; von dieser Stunde an aber bis um 2 Uhr des Nachmittags nähert sie sich wieder dem Norden; übrigens erleidet sie bis gegen 7 oder 8 Uhr des Abends Schwingungen. —

Man sieht, daß die tägliche Bewegung der jährlichen Bewegung entspricht. Während der kalten

Jahrszeit, von der Herbstnachtgleiche bis zum Anfange des Frühlings, entfernt sich die Nadel vom Norden, um nach Westen zu abzuweichen, und eben so neigt sie sich auch während der Kälte der Nacht, von 8 Uhr des Abends bis früh um 8 Uhr, gegen Westen hin. Im Sommer, von der Frühlingsnachtgleiche an bis zum Anfange des Herbstes, kehrt sie wieder von Westen nach Norden zurück, und eben so weicht sie auch während der Wärme des Tages, von 8 Uhr des Morgens bis Abends um 8 Uhr, von Westen nach Norden ab.

Die Sonnenstrahlen bringen, wie man weiß, eine mehr oder weniger beträchtliche Elektricität in der Luft hervor; die Elektricität der Atmosphäre ist im Sommer stärker, als im Winter, und am Tage stärker, als zur Zeit der Nacht. Sollte wohl diese im Sommer und bey Tage stärkere Elektricität Ursache seyn, daß sich die Nadel während dieser Jahres= und Tageszeit mehr von Westen nach Norden bewegt, indeß sie in der Nacht und im Winter, als zu welcher Zeit die Elektricität schwächer ist, wieder nach Westen zurück= kehrt? Indessen scheint die Elektricität der Atmosphäre doch nicht beständig genug zu seyn, um so regelmäßige Wirkungen, als die jährlichen und täglichen Abwei= chungen der Magnetnadel sind, hervorbringen zu können.

§. 39. Ich muß hier noch einige andere Fragen aufwerfen, die von Wichtigkeit sind und bey welchen ich deshalb etwas verweilen will.

1) Was ist die Ursache, daß sich die Nadel in verschiedenen Gegenden auf der Oberfläche der Erde,

in einem und demselben Jahre, so beträchtlich, in Hinsicht der Richtung, ändert?

2) Welche Ursache bringt die jährlichen Abweichungen der Nadel hervor und bewirkt zugleich, daß diese Nadel in unsern Gegenden nach Westen zu, jenseits des 157° der Breite aber bis zum 230° nach Osten zu abweicht?

3) Wovon hängen die Veränderungen der Nadel in den verschiedenen Zeiten des Jahres ab? und

4) Was ist die Ursache der täglichen Veränderungen derselben?

Halley nahm an, daß sich im Mittelpunkte des Erdkörpers ein magnetischer Kern befände, der auf die Magnetnadel wirkte, und der eine besondere Bewegung hätte, welche durch die Aenderung der Nadel und durch die jährliche Abweichung derselben angezeigt würde.

Es ist ausgemacht, daß die Aenderungen, die die Nadel in ihrer Richtung erleidet, ihren Grund in einer physischen Ursache haben müsse, die auf eine gleichförmige Weise wirkt, und die freylich wohl nirgends anders, als in dem Erdkörper, ihren Sitz haben kann. Indessen, die Hypothese des Halley thut nicht allen Erscheinungen Gnüge und man kann ihr also auch nicht uneingeschränkten Beyfall geben; denn wenn jener Kern auf eine gleichförmige Art wirkte, so müßte die Richtung der Nadel und ihre Abweichung in allen Gegenden der Erde dieselbe seyn; und gleichwohl ist diese Abweichung in verschiedenen Gegenden verschieden. Herr Aepinus hat sich daher genöthigt gesehen, die Hypothese des Halley etwas abzuändern; er nimmt nämlich an, daß der magnetische Kern örtlichen und unregelmäßigen Veränderungen unterworfen ist; allein selbst mit dieser Einschränkung ist die Hypothese noch nicht zur Erklärung aller Erscheinungen hinreichend. Wir haben gesehen, daß jede der beyden Hemisphären wenigstens 2 magnetische Pole hat; man müßte also in jeder Hemisphäre wenigstens 2 magnetische Kerne annehmen, deren Bewegung jedem der magnetischen Pole entspräche. Aber auch unter dieser Voraussetzung kann man noch nicht von allen Erscheinungen Rechenschaft geben; die Nadel erleidet fast überall Aenderungen von besonderer Art, man würde also für diese örtlichen Phänomene noch besondere Kerne annehmen müssen; und wie kann man wohl aus dieser Hypothese die Aenderungen erklären, welche die Nadel in den verschiedenen Jahrszeiten und in den verschiedenen Stunden des Tages erleidet?

Einige Naturforscher haben, um von jenen Phänomenen Rechenschaft geben zu können, ihre Zuflucht zu Gängen von Magnetsteine oder von anziehbarem Eisen genommen; denn sie setzten voraus, daß dergleichen Erze an beyden Polen, sowohl am nördlichen, als am südlichen, in sehr großer Menge gegenwärtig wären. Diese Erzlager sollen es seyn, welche machen, daß sich die Magnetnadel gegen die beyden Pole kehrt; aber einige von diesen Erzlagern sollen sich, wie jene Naturforscher annehmen, zerstören, andere sollen sich aufs neue erzeugen und dieser Umstand soll den Mittelpunkt der Wirksamkeit ändern und die Abweichung, die man beobachtet hat, hervorbringen.

Man

Man kann nicht in Abrede seyn, daß die Magnetstein führenden Gänge eine Kraft auf die Nadel äußern; Herr Tachard *) erzählt, daß er in der Nähe von Siam, wo eine Magnetsteingrube ist, die Bemerkung gemacht habe, daß die Nadel, sobald als er sie diesem Bergwerke näherte, falsch gieng. Es ist aber wider alle Wahrscheinlichkeit, anzunehmen, daß die Erzadern sich zerstören und wieder erzeugen könnten; auch würden diese Erfolge nicht mit der Regelmäßigkeit vor sich gehen, welche doch schlechterdings nöthig seyn würde, wenn sie die verschiedenen magnetischen Pole, die, wie wir gesehen haben, in jeder der beyden Hemisphären gegenwärtig sind, und die auf eine beynahe gleichförmige Art wirken, hervorbringen sollten.

Mehrere Gelehrte sind der Meinung, daß die magnetische Flüssigkeit mit der elektrischen Materie von einer und derselben Beschaffenheit sey, und daß alle Bewegungen der Nadel der elektrischen Flüssigkeit, die so ausgebreitet in dem Erdkörper ist, zugeschrieben werden müssen. Aber Herr van Swinden hat dargethan, daß, obschon zwischen der elektrischen und magnetischen Flüssigkeit eine große Aehnlichkeit bemerkt wird, beyde Materien doch sich von einander durch besondere Eigenschaften sehr unterscheiden, so daß man sie nicht mit einander verwechseln dürfe. — Herr Aepinus nimmt 2 magnetische, und auch 2 elektrische Flüssigkeiten an; aber er ist nicht im Stande gewesen, diese Hypothese zu beweisen. —

Die

*) Histoire des Voyages, 9. Theil, 206. S.

Die magnetische Flüssigkeit mag nun aber eine bloße Modifikation der elektrischen Materie, oder ein besonderes Wesen seyn, so ist doch, wie wir gesehen haben, so viel gewiß, daß die Elektricität Veränderungen in der Magnetnadel bewirkt.

§. 40. Wenn ich, in Hinsicht auf diesen schweren Gegenstand, ein Urtheil fällen dürfte, so würde ich sagen:

Die Dichtigkeit des innerlichen Theils der Erde ist fünftehalbmal beträchtlicher, als die des Wassers (§. 27.), und um ein Drittel beträchtlicher, als die der äußern Rinde der Erde; diese größere Dichtigkeit setzt voraus, daß der den Mittelpunkt ausmachende Theil viel metallische Substanzen enthalte; nun ist aber das Eisen unter allen Metallen das gemeinste, das sich überall findet, und man hat also Grund anzunehmen, daß es viel Eisen im Innern der Erde giebt.

Dieses Metall wird entweder magnetisch seyn, oder eine solche Beschaffenheit haben, daß es angezogen werden kann; diese Magnet- oder Eisenmassen werden, wie jeder andere Magnet, ihre Pole haben, diese werden ungefähr den Polen der Erde entsprechen und die Magnetnadel wird sich also ungefähr gegen die Pole der Erde kehren. Ich sage ungefähr, denn diese Richtung ist auf den verschiedenen Punkten der Oberfläche der Erde nicht dieselbe und diese Verschiedenheit hat Gelegenheit gegeben, daß in jeder Hemisphäre 2 oder mehrere magnetische Pole angenommen worden sind.

Um

Um es begreiflich zu finden, daß diese verschiedenen magnetischen Pole, wie ich mir sie denke, gebildet werden können, muß man annehmen, daß diese innerlichen Eisen- oder Magnetmassen ihre Lage vorzüglich längs der Are der Erde haben, und daß ihre Mittelpunkte der Wirksamkeit sich mehr nach den beyden Enden dieser Are, als gegen einige Punkte, oder gegen einen der Durchmesser des Aequators richten. Indessen werden in verschiedenen Theilen des Erdkörpers häufigere Erzlager seyn, als in andern, und überhaupt wird in diesem Betrachte kein Theil mit dem andern ganz übereinkommen. Dieser Umstand wird durch die Richtung der Nadel in allen Gegenden bemerklich werden, und er wird zuweilen so viel Einfluß auf sie haben, daß sie falsch gehen wird.

Das ist es, was sich von der Hauptursache des Magnetismus der Erde sagen läßt, welcher wohl in der Folge durch zufällige Ursachen abgeändert werden mag. Die vorzüglichste Ursache muß die Elektricität seyn, auf diese wird das Nordlicht und die vulkanische Eruption folgen. Die atmosphärische Elektricität ist im Sommer und bey Tage am stärksten, und dieser Umstand wird Gelegenheit geben, daß die Nadel sich zu dieser Jahrs- und Tageszeit gegen Norden wendet. Es scheint sich also hieraus zu ergeben, daß der magnetische Pol dieser Gegenden westlich sey, und daß die Elektricität in der Richtung des Mittagskreises wirke; und folglich müßte die Abweichung im Winter und zur Zeit der Nacht mehr westlich seyn; aber, wie ich schon gesagt habe, die atmosphärische Elektricität scheint nicht auf eine hinlänglich gleichförmige Art zu wirken,

um

um so regelmäßige Folgen, als die jährlichen und täglichen Bewegungen der Nadel sind, nach sich ziehen zu können.

Die größte Schwierigkeit aber, in Rücksicht auf die Erklärung der Erscheinungen, welche die Magnetnadel darbietet, macht die periodische Abweichung dieser Nadel, sie mag sich nun nach Westen oder nach Osten hin wenden.

Man will beobachtet haben, daß die Nordlichter in Westen häufiger seyen, als in Osten, und der Nordschein wirkt auf die Nadel. Aber dieser Schein findet sich, den darüber angestellten Beobachtungen zufolge, nur nach Zwischenräumen, ohne dabey einer gewissen Ordnung zu folgen, ein, und also können Wirkungen, die so beständig sind, nicht von dieser Ursache abhängen.

Sollte man etwa annehmen können, daß, da die Elektricität des Erdkörpers zuweilen durch die Pole entweicht, die der Atmosphäre aber sich zuweilen durch dieselben Pole dem Erdkörper mittheilt (§. 28.) *), diese Wirkung ihre Richtung mehr nach Westen, als nach Osten habe?

Die großen feuerspeyenden Berge, die sich in Island, in Kamtschatka u. s. w. befinden, können ebenfalls auf diese Erscheinungen Einfluß haben. —

Ich

---

*) Dieser wechselsweise Übergang der Elektricität aus der Atmosphäre in die Erde, und aus dieser in jene, scheint durch die Phänomene, die das Nordlicht darbietet, erwiesen zu werden.

Ich habe nicht ermangelt, auch in der Rückficht Unterfuchungen anzuftellen, um zu entdecken, ob das Licht oder die Wärme der Sonne an diefen Wirkungen einigen Antheil habe und verurfachen könne, daß die Nadel bald gegen Often, bald gegen Weften abweiche. Ich habe fchon des Einfluffes gedacht, den die Wärme des Sommers und des Tages auf die Nadel hat; die Wärme nimmt aber gegen die Pole zu ab (§. 64.), und fie muß fich gegen Often, an der Seite von Sibirien (§. 65.), mehr, als gegen Weften, an der Seite von Amerika, vermindern; denn in den zuletzt genannten Gegenden nimmt die Heftigkeit der Kälte immer mehr ab, weil das Land mehr angebauet wird und mehr austrocknet, und auch die Wälder fehr gelichtet werden (§. 53.). Diefe Urfache fcheint zu machen, daß fich die Nadel mehr gegen das nördliche Amerika, als gegen Sibirien hin wende.

Alle diefe Folgerungen find freylich nur auf fchwache Analogien gegründet, ihre Wahrfcheinlichkeit ift nur gering, und alfo zur Feftfetzung einer Meinung nicht hinreichend. Indeffen haben die Hypothefen, die man bisher angenommen hat, noch weniger Wahrfcheinlichkeit; fo fcheint z. B. die Bewegung des magnetifchen Kerns, welche Halley annimmt, nicht vertheidigt werden zu können, man müßte denn annehmen, daß die Oberfläche der Erde eine Art von holer, mehr oder weniger dicker Kappe vorftellte, und daß fich im Innern ein von diefer Kappe abgefonderter Kern fände, der eine befondere Bewegung hätte; ja man würde fogar, wie wirklich Herr Aepinus gethan hat, bey diefem Kerne verfchiedene Bewegungen annehmen;

oder

oder sich vielmehr, wie ich schon gezeigt habe, mehrere Kerne denken müssen. Aber alle solche Hypothesen haben, wie mich dünkt, keine Wahrscheinlichkeit.

Auch die Meinung, nach welcher man Magneterze annimmt, die sich zerstören und wieder erzeugen, kann die Erscheinungen, die man bey den Abweichungen der Nadel bemerkt, nicht hinlänglich erklären; denn diese Abweichung ist mit einer fast regelmäßigen Bewegung vergesellschaftet, die Zerstörung solcher Erze kann aber nur auf eine sehr unordentliche Art vor sich gehen.

Wir müssen schließen, daß wir noch nicht genug Thatsachen, noch Angaben haben, um einen Versuch, diese Erscheinungen zu erklären, machen zu können. Man muß noch Jahrhunderte hindurch fortfahren, Beobachtungen anzustellen, man wird dann sehen, bis wohin sich die Abweichung erstreckt, welche Unregelmäßigkeiten bey ihr statt haben, und welche Wirkungen die Nordscheine, die selbst große Veränderungen erleiden, ferner die vulkanischen Auswürfe, die Wärme der Gegenden, die Sonnenstrahlen, die atmosphärische Elektricität — auf sie äußern. Es wird also unsern Nachkommen vorbehalten seyn, über alle diese Gegenstände zu entscheiden; wir können nichts weiter thun, als sorgfältige Beobachtungen anstellen, wir wollen also diese Pflicht, die uns obliegt, erfüllen, und es unsern Enkeln überlassen, die Materialien, die wir ihnen überliefern, zu benutzen.

Was wir jetzt mit Sicherheit behaupten können, besteht in Folgendem: 1) Es existirt eine magnetische
Flüſ=

Flüssigkeit, sie sey nun von einer Beschaffenheit, von welcher sie wolle; und 2) diese Flüssigkeit hat bey der Krystallisation des Erdkörpers und seiner verschiedenen Theile mitwirken müssen.

Geht diese Flüssigkeit als ein Bestandtheil in die Körper ein? verbindet sie sich mit denselben? Die Analogie macht es wahrscheinlich, daß sie sich eben so, wie die elektrische Materie, mit denselben verbindet.

Steht die magnetische Flüssigkeit der Erde mit andern ähnlichen Flüssigkeiten, die sich vielleicht im Monde, in den Planeten und Kometen, in den Sonnen — befinden, in Gemeinschaft? Einige freylich nur schwache Gründe, die aus der Analogie hergenommen sind, machen diese Vermuthung wahrscheinlich.

Von der Materie des Lichts.

§. 41. Man mag sich einen Begriff von der Lichtmaterie machen, welchen man will, so muß man doch eingestehen, daß sie im ganzen Raume verbreitet ist, und daß sie alle Körper umhüllt, und in dieselben eindringt.

Ich meines Theils halte dafür, die Lichtmaterie ist, wie die elektrische und magnetische Flüssigkeit, die Luft — eine wirkliche, im Raume verbreitete Flüssigkeit, welche, durch die leuchtenden Körper bewegt, die

die Farben hervorbringt, eben so wie die Luft, durch die tönenden Körper bewegt, den Schall bewirkt. Diese Meinung hat auch Herr Euler vertheidigt.

Die Flüssigkeit des Lichtes muß auf die Kryställisation des Erdkörpers und der mineralischen Substanzen Einfluß gehabt haben. Es giebt einige Erfahrungen, welche beweisen, daß das Licht bey der Krystallisation der Salze eine Rolle spiele *), indessen sind diese Versuche nicht mit dem gehörigen Eifer fortgesetzt worden.

Diese Flüssigkeit vereinigt sich mit den Körpern, und es scheint hinlänglich erwiesen zu seyn, daß sie als Bestandtheil in die Pflanzen und Thiere eingehe; denn diese sowohl, als jene, befinden sich im Schatten nicht so gut, wie am Tageslichte **).

Man darf auch schlechterdings nicht daran zweifeln, daß diese Materie unter die Bestandtheile vieler, vielleicht gar aller Mineralien gehört. Die Eigenschaft, im Dunkeln zu leuchten, welche viele Mineralien besitzen, scheint von dem sich losreissenden Lichte herzukommen, man mag nun diese Absonderung des Lichtes erklären, wie man will. Nun leuchten aber die meisten Fossilien im Dunkeln; denn die Kalksteine, die Flußspate, die Schwerspate, unter welche auch der bologneser Stein gehört — geben unter gewissen Umständen ein lebhaftes Licht von sich. Auch mehrere metallische Erze, z. B. die Blenden, leuchten im Dunkeln,

---

*) Journal de Physique.
**) Vues physiologiques.

keln, und daß der Zucker sich eben so verhält, ist allgemein bekannt. Es giebt sogar einige Salze, die noch stärker phosphoresciren und von dieser Art ist, wie Herr Globert *) beobachtet hat, der vitriolisirte Weinstein. Wir müssen deshalb folgern, daß das Licht als ein Bestandtheil in die salzigen, steinigen und metallischen Substanzen und in die organisirten Wesen eingeht.

Von der Materie der Wärme.

§. 42. Man kann nicht zweifeln, daß die Wärmematerie eine besondere Flüssigkeit ist; aber über die wahre Beschaffenheit derselben kann man nicht viel Zuverläßiges sagen.

Diese Flüssigkeit verbindet sich mit den meisten Körpern der Natur und macht einen Bestandtheil derselben aus. Es war diese so verbundene Wärmematerie, welche Stahl brennbares Grundwesen (Phlogiston) nennte.

Alle verbrennliche Körper enthalten dergleichen gebundene Wärmematerie, sie reißt sich aber bey dem Verbrennen, unter dem Zutritte der reinen Luft davon los,

---

*) Mémoires de l'Académie de Turin. (Herr Wedgwood hat neuerlich das Verzeichniß der Körper, die unter gewissen Umständen im Dunkeln ein Licht von sich geben, oder phosphoresciren, sehr vermehrt. S. Philosophical Transactions for the Year 1792. Part I und II. Anm. des Herausgeb.)

los, (in dieser Luft ist ebenfalls solche gebundene Wärmematerie befindlich). Unter die verbrennlichen Körper muß man

1) alle organisirte Wesen, Thiere und Pflanzen, die fast nach allen ihren Theilen verbrennlich sind,

2) den Schwefel, den Phosphor und die metallischen Substanzen zählen.

Auch alle salzige Substanzen haben, doch unter einer andern Modifikation, Wärmematerie in sich, und ich halte dafür, daß diese es ist, welche ihnen die große Wirksamkeit, durch die sie sich auszeichnen, mittheilt. Unter die salzigen Substanzen gehören

1) alle Säuren, und

2) die Laugensalze, und

3) kann man hierher auch die reinen oder ätzenden Erden rechnen.

Diese Uibersicht zeigt, daß es keine Körper in der Natur giebt, die nicht Wärmematerie enthielten.

Wir müssen diese Materie für eine Flüssigkeit halten, deren einzelne Theilchen rund und mit einer sehr schnellen kreisförmigen Bewegung begabt sind. Und diese Bewegung ist es, welche ihnen die große Wirksamkeit, durch die sie sich auszeichnen, ertheilt.

Von der Wärme auf der Oberfläche und im Innern der Erde.

§. 43. Die Gestalt der Erde setzt, wie wir gesehen haben (§. 23.), voraus, daß sie bey ihrer Entstehung ganz flüssig gewesen sey, und die Krystallisation der Theile, aus welchen sie besteht, zeugt ebenfalls von einer solchen Flüssigkeit (§. 14.).

Diese Flüssigkeit hat aber nicht ohne eine gewisse Wärme hervorgebracht und erhalten werden können, es muß also ursprünglich eine Wärme statt gefunden haben, die groß genug war, um alle Elemente der Erde, und besonders das Wasser, in flüssigem Zustande zu erhalten. — Diese ursprüngliche Wärme ist es, welche der Wärme im Innern der Erde die Entstehung gab; dies ist ein zuverläßiger Grundsatz; aber wir müssen untersuchen, wie die Entwickelung der Wärme vor sich gieng.

Die erste Frage, die uns hier aufstößt, betrifft die Ursache dieser Wärme. Die Materie selbst muß seit ihrem Daseyn mit einer gewissen Wärme begabt gewesen seyn; man kann sich die Materie nicht ohne Wärme denken; denn wenn sie nicht vom Anfang an mit einiger Wärme versehen gewesen wäre, so würde sie immer in einem Zustande der Trägheit geblieben seyn. Die Theile der Materie streben ohne Unterlaß, sich unter einander zu vereinigen, und sie verbinden sich mit einander, wenn sie ihren eignen Kräften überlassen sind. Dieses Streben zur Vereinigung ist also eine Wirkung ihrer eignen Kräfte. Newton hat diesem diesen Erfolg mit dem Namen: Anziehung belegt; denn er dachte sich diese Wirkung allein und ohne ihre physische Ursache, um Berechnungen darüber anstellen zu können.

Mittelst dieses Strebens zur Vereinigung würde sich also die gesammte Materie bald unter sich verbunden haben, und jeder Theil, da er mit den übrigen, die ungefähr denselben Grad von Wirksamkeit hatten, in einem Bestreben begriffen war, würde in einem Zustande der Trägheit seyn. Allein das Feuer, dessen Wirksamkeit außerordentlich groß ist, hintertreibt diese Vereinigungen und trennt die Theilchen wieder von einander, wenn sie eine Verbindung eingegangen sind. Man darf hieraus nicht schließen, daß das Feuer nicht durch ein Bestreben äußere, sich zu verbinden; es vereinigt sich ebenfalls ohne Unterlaß mit andern Theilen, allein die runde Gestalt und die kreisförmige Bewegung der Theilchen desselben benehmen den Verbindungen, in welchen es sich befindet, alle Festigkeit, und neue Feuertheilchen zerlegen die bereits angefangenen Verbindungen wieder. Diese Kraft des Feuers ist es, mittelst welcher die Theilchen der übrigen Körper, in dem dieses Element mit Heftigkeit zwischen dieselben eindringt, von einander entfernt werden. Diese Wirkung ist unter dem Namen der Ausdehnung bekannt; das Feuer oder die Wärme dehnt also alle Körper aus.

Newton wollte die Kraft, welche bewirkt, daß sich alle Materie verbindet, durch ein einziges Wort ausdrücken, er sah aber wohl ein, daß diese Kraft oder Anziehung bald eine absolute Ruhe zuwege bringen

bringen würde; er wollte auch die entgegengesetzte Kraft, die der Verbindung ununterbrochen widersteht, mit einem eignen Worte bezeichnen, er nennte sie daher Repulſion (Zurückſtoßen). Die Körper ziehen ſich, ſagte er, ohne Unterlaß im Verhältniß ihrer Maſſe und im umgekehrten Verhältniſſe der Quadrate der Entfernungen an, aber ſo bald als ſich ihre Theilchen berühren, ſtoßen ſie ſich zurück. Man ſieht, daß Newton dieſe Worte: Anziehung und Zurückſtoßen, nur deshalb gewählt hat, um phyſiſche Wirkungen auf eine einfachere Art ausdrücken zu können.

Einige Gelehrte, zu welchen Herr Boscowich*) gehört, haben angenommen, daß ſich eigentlich die Theilchen der Körper nie wirklich berührten, daß ſie vielmehr mittelſt der zurückſtoßenden Kraft immer in einer gewiſſen Entfernung von einander erhalten würden. Allein ich glaube, daß dieſe Meinung falſch iſt; höchſtens könnte dies bey den Flüſſigkeiten der Fall ſeyn; in einem Stück geſchmolzenen Bleyes drehen ſich die Theilchen vermöge ihrer kreisförmigen Bewegung und der Wirkung der Wärme ohne Unterlaß unter einander herum; denn es kann hier wohl zwiſchen den Theilchen dieſes Metalles immer eine große Anzahl Feuertheilchen gegenwärtig ſeyn, ſo daß ſich die Bleytheilchen nicht unmittelbar berühren können, (doch

glaube

---

*) Da die zurückſtoßende Kraft unendlich vermehrt wird, ſo wie die Entfernungen unendlich vermindert werden, ſo ergiebt ſich leicht, daß kein Theil der Materie mit einem andern Theile in Berührung ſtehen kann; denn durch jene zurückſtoßende Kraft wird ſogleich ein Theil wieder von dem andern getrennt u. ſ. w. Boscovich Theoria Philoſophiae naturalis, n. 81.

glaube ich eher, daß sie an einander anstoßen und mit einander in Berührung stehen;) allein wenn dieses Metall erkaltet ist und krystallisirt, so berühren gewiß die Theilchen desselben einander, wenigstens könnten wir uns sonst keinen Begriff von der Festigkeit und Härte des gestandenen Bleyes machen. Ich gebe gern zu, daß die Theilchen des Feuers, mittelst ihrer kreisförmigen Bewegung ununterbrochen beschäftigt sind, die vor sich gegangene Verbindung aufzuheben, aber sobald als sie wirksam genug sind, um die Kraft des Zusammenhangs überwältigen zu können, so bald wird auch der Körper flüssig werden. —

Wir wollen uns hier nicht auf mehrere einzelne Umstände, deren Erörterung nur in Schriften über die allgemeine Naturlehre gehört, einlassen, sondern uns auf einige Sätze einschränken, die auf die Theorie der Erde eine Beziehung haben.

1) Wie groß war die ursprüngliche Wärme der Erde, bevor diese krystallisirte?

2) Welcher Grad der Wärme findet jetzt auf der Oberfläche der Erde statt?

3) Wie groß ist jetzt die innerliche Wärme, die dem Erdkörper eigen ist?

4) Welchen Einfluß hat die Sonne auf die Wärme des Erdkörpers, sowohl auf der Oberfläche, als im Innern desselben?

5) Wie sehr hat die Erde an Wärme abgenommen, oder wie groß ist ihre gegenwärtige Kälte?

Von der Größe der ursprünglichen Wärme der Erde vor ihrer Kryſtaliſation.

§. 44. Wir können den Grad der Hitze, der in der Erde vor ihrer Kryſtaliſation ſtatt fand, nicht angeben, weil es uns an Thatſachen, auf die wir unſere Meinung ſtützen könnten, mangelt. Wir müſſen uns alſo mit einigen allgemeinen Bemerkungen über dieſe Sache begnügen.

Die älteſten Philoſophen haben angenommen, daß die Erde urſprünglich ſehr heiß geweſen ſey; die Braminen und andere Gelehrte des Morgenlandes ſind dieſer Meinung geweſen, auch die Phönizier haben ſie angenommen, und Zoroaſter in Aſien und mehrere Gelehrte in Griechenland haben ſie einſtimmig vertheidigt. Einige ältere Naturforſcher haben ſogar behauptet, daß die Erde ehedem wirklich gebrannt habe; die Aegyptier aber und viele andere Philoſophen haben dieſer letztern Meinung ihren Beyfall verſagt.

Kann man aber wohl, wenn man annimmt, daß die Erde urſprünglich faſt eben ſo zuſammengeſetzt war, wie ſie jetzt iſt, den Grad der Wärme angeben, den ſie vor ihrer allgemeinen Kryſtaliſation haben mochte? Ich glaube nicht. Wir können nur ſo viel ſagen, daß dieſe Wärme beträchtlicher war, als ſie heutzutage iſt. Ich halte dafür, daß ſie die Wärme des kochenden Waſſers übertraf, und man wird bald ſehen, daß dieſe Schätzung nicht zu groß iſt.

Von dem Grade der Wärme, der jetzt auf der Oberfläche der Erde statt findet.

§. 45. Diese Wärme ist nach der Verschiedenheit der Breiten, der Jahrszeiten, der Berge und der Ebenen verschieden; man muß also mittlere Zahlen wählen, um so, durch eine Annäherung, die gegenwärtige Wärme auf der Oberfläche der Erde zu finden. Indessen sind die mit Wärmemaaßen angestellten Beobachtungen noch nicht so vervielfältigt worden, als wohl nöthig seyn würde, wenn diese Annäherungen hinlänglich genau seyn sollten.

Herr Mairan hat sehr viele mit Wärmemaaßen an verschiedenen Orten angestellte Beobachtungen unter einander verglichen, und daraus gefolgert, daß das mittlere Maximum der Wärme in allen Klimaten der Erde 1026° sey. Er nahm an, daß 1000° den Gefrierpunkt oder Null ausdrücke. Das Resultat dieser Beobachtungen, die von 1701 bis 1756 angestellt worden sind, scheint eine ziemliche Genauigkeit zu haben. — Man muß darauf Rücksicht nehmen, daß diese Beobachtungen in ebenen Gegenden gemacht worden sind.

Allein es ist weit schwerer, den Grad der mittlern Kälte anzugeben, weil dieser bey jeder Breite verschieden ist; die mittlere Kälte am Senegal weicht von der, welche in unsern Gegenden statt findet, sehr ab, und diese ist wieder von der, die man in Sibirien oder in Spitzbergen antrifft, sehr verschieden.

Herr

Herr Mairan hat die mittlere Kälte von Paris zu 6 oder 7° unter Null, oder 994° bestimmt; neuere Beobachtungen machen es wahrscheinlich, daß sie bis unter 7° unter Null geht. Aber die mittlere Kälte in der Lombardie z. B. ist nicht dieselbe; die in Schweden ist nicht im mindesten davon verschieden, dies bestätigen die meteorologischen Beobachtungen. Ich will hier einen Auszug aus den Beobachtungen dieser Art, die Herr Cotte im zweyten Theile seiner Meteorologie bekannt gemacht hat, mittheilen:

Tafel der Temperaturen verschiedener Oerter.

	Breite.	Maximum der Wärme.	Mittlere Wärme.	Mittlere Kälte.	Barometer.
Peru	0°13′	26°1′	20°	7,5′	28 Zoll
Surinam	5,38	25,8	20	17	27
Pondicheri	11,41	31,3	23,7		
Madras	13,45	32,	21,6	11,8	27,9
Manilla	14,36	35,	21,3	13,5	
Ins. Bourb.	20,51	26,1	22,5	22,	
Bagdad	33,38	33,5	17,7	4,	27,11
Peking	39,54	31,	10,1	10,6	27,19
New-York	40,43	31,	9,7	16,	27,2
Rom	41,53	26,4			
Bern	47,	25,6	7,7	11,	26,4
Utrecht	52,7	25,		5,8	
Francker	53,12	25,3	9,0	11,5	28,
Stockholm	59,20	24,	5,3	15,1	
Upsala	59,51	18,		20,	
St. Petersb.	59,56	23,4	3,1	21,8	28,7
Abo	60,27	27,4	4,5	23,9	27,19
London	51,31	23,4	8,6	5,6	27,19
Paris	48,50,14″	27,	9,6	7,	28,

Die

Die meisten von diesen Beobachtungen nähern sich freylich nur der Wahrheit, und sind vielleicht bey weitem nicht so richtig, als man wohl wünschen möchte; denn die Beobachter haben bey Anstellung derselben nicht immer gleiche Sorgfalt angewendet und nicht immer gleich gute und auf dieselbe Art abgetheilte Werkzeuge gebraucht; indessen muß man sich vor der Hand mit denselben begnügen. Wir wollen jetzt einige Folgerungen aus diesen Thatsachen herleiten.

Man muß hauptsächlich die Beobachtungen, die in ebenen Gegenden angestellt worden sind, von denen unterscheiden, die an erhabenen Orten gemacht werden.

1) In den Ländern, die im heißen Erdstriche liegen, fällt das Wärmemaaß nicht leicht unter 14°, wie die vorstehende Tafel zu erkennen giebt. Man hat behauptet, daß es zu Madras und Manilla, welche Länder in der wärmsten Gegend der Erde liegen, 13° 5' gestanden habe; aber es ist sehr zweifelhaft, ob diese Beobachtung richtig ist. Herr Casan hat das Wärmemaaß auf der Insel St. Lucie, vom 15. September bis zum 15. April, nie unter 16° ¼ fallen sehen; diesen Grad zeigte es im Februar; es stieg bis zum 28 und 30° *). Die mittlere Temperatur dieser Örter ist auf der Tafel 23°, 22°, 20°, bis zur Breite von 20° bestimmt; ich würde sie, vom Aequator bis zum Wendekreise oder vielmehr (um die Brüche zu vermeiden,) bis zum 24° der Breite, 20° annehmen.

2) Bey

---

*) Journal de Physique, Maymonat 1790.

2) Bey 40° friert es fast nie in ebenen Gegenden und die Hitze steigt bis 30°. Man kann also annehmen, daß in einer Ebene vom 24° bis 40° der Breite die mittlere Temperatur 15° ist.

3) Vom 40° der Breite bis zum 50° kann man die mittlere Temperatur zu 12° annehmen, weil diese Temperatur in Paris, dessen Breite 48° 50' ist, 10° beträgt. Diese Schätzung ist auch für die Ebene.

4) Vom 50° der Breite bis zum Polarkreise, oder vielmehr bis zum 66° der Breite wird die mittlere Temperatur unter 10 seyn; denn vom 60 bis zum 65° der Breite dauert der Sommer nur einige Monate; wenn wir annehmen, daß er 3 Monate dauert, so sind die übrigen 9 Monate sehr kalt, das Wärmemaaß fällt an solchen Orten bisweilen 30 und 40° unter Null und zuweilen noch tiefer. Man kann also in diesen Gegenden, und zwar in Ebenen, die mittlere Temperatur 4° unter Null annehmen.

5) Vom Polarkreise bis an die Pole hin ist die Temperatur noch weit kälter, aber man hat hierüber noch keine zuverläßigen Angaben, doch wird man nicht fürchten dürfen, daß man sich betrüge, wenn man annimmt, daß die mittlere Temperatur in ebenen Gegenden Null sey.

Wir haben also 5 verschiedene Grade der Temperatur:

1) Der heiße Erdstrich, der 48 Grade der Breite zwischen den beyden Wendekreisen in sich faßt, dessen mittlere Temperatur von 20° ist.

2) Zwey

2) Zwey Theile des gemäßigten Erdstriches, deren jeder 16°, nämlich vom 24° der Breite bis zum 40°, welche zusammen 32° betragen, ausmacht, deren mittlere Temperatur 15° ist.

3) Zwey andere Theile des gemäßigten Erdstriches, jeder von 10°, vom 40° der Breite bis zum 50°, die zusammen 20° betragen, deren mittlere Temperatur 12° ist.

4) Noch 2 Theile des gemäßigten Erdstriches vom 50° bis zum 66° der Breite, deren mittlere Temperatur 4° ist.

5) Die beyden kalten Erdstriche, die 48° betragen, deren mittlere Temperatur Null ist.

Die Flächen, durch welche sich diese 5 Portionen erstrecken, verhalten sich ungefähr folgendermaßen:

Die erste	5110 = 5,	oder 10
Die zweyte . . .	2966 = 3,	oder 6
Die dritte	1548 = 1½,	oder 3
Die vierte . . .	1862 = 2,	oder 4
Die fünfte . . .	1686 = 1,	oder 2

dies macht zusammen 12½ Portionen, oder, wenn man sie verdoppelt, 25 Theile.

Wenn man die Grade der Wärme, welche ein jeder von diesen Theilen hat, multiplicirt, so hat man 342, welche Zahl durch 25 dividirt, für die mittlere Temperatur der Ebenen aller dieser festen Länder 13° ⅔ giebt.

Die Temperatur der Berge ist weit kälter, als die der Ebenen. Man könnte wohl die mittlere Temperatur

tur der Berge in einer jeden von diesen fünf Gegenden, die wir angenommen haben, ungefähr auf gleiche Art schätzen; aber es würde doch schwer halten, richtige und genaue Annäherungen zu bekommen.

Die Temperatur der Berge ist im Verhältnisse ihrer Höhe, ihrer Masse — verschieden, wie kann man sich wohl schmeicheln, bey solchen Angaben genaue Annäherungen zu erhalten?

Die Ausdehnung der Gebirge ist ein anderer Umstand, der in Betracht gezogen werden muß; aber es ist sehr schwer, diese Ausdehnung durch eine, einigermaaßen richtige, Annäherung anzugeben.

In Amerika machen die Berge vielleicht den dritten Theil der Oberfläche des festen Landes aus; sie sind sehr hoch, an ihren niedrigern Theilen mit Waldungen bedeckt und mit stehenden Gewässern und Flüssen versehen; man könnte etwa ihre mittlere Temperatur von 3 bis 4 Grad unter der mittlern Temperatur der Ebenen annehmen.

In Afrika sind die Berge, im Verhältnisse zu den Ebenen, wenig beträchtlich, auch sind sie verhältnißmäßig weniger erhaben, weniger mit Waldungen bedeckt und weniger mit stehenden Gewässern und Flüssen versehen, als in andern Gegenden des festen Landes. Ihre mittlere Temperatur wird also nicht viel unter der der Ebenen von Amerika seyn.

Asien hat sehr viel und sehr hohe Gebirge, die ziemlich mit Holze bewachsen und mit stehenden Gewässern versehen sind. Ihre mittlere Temperatur wird daher weit unter der der Ebenen seyn. Auch Europa hat

hat viele Berge, von welchen einige sehr hoch und sehr kalt sind. Die übrigen festen Länder und die Inseln sind gleichfalls sehr bergig, und ihre Gebirge sind sehr kalt.

Ich glaube, daß man, überhaupt genommen, sagen kann, daß die mittlere Temperatur der Berge, im Verhältnisse zu der der Ebenen, eine Verminderung von ungefähr 2 Graden in der mittlern Temperatur des festen Landes hervorbringen müsse, welche also von $13°\frac{2}{3}$ auf 12 Grad zu bringen seyn wird, und wahrscheinlich ist sie noch geringer.

§. 46. Allein die mittlere Temperatur der Oberfläche der Meere und der großen Seen wird von dieser sehr verschieden seyn; sie ist immer weit unter der der festen Länder; wir haben aber nicht Beobachtungen genug, um zu einer Annäherung zu gelangen, die einigermaaßen richtig wäre; indessen kann man doch, ohne große Irrung, annehmen, daß diese Temperatur wenigstens um die Hälfte niedriger ist, als die des festen Landes, oder mit andern Worten, wenn die mittlere Temperatur des festen Landes 12 ist, so wird die der Oberfläche des Meeres und der Seen 6 seyn.

Wenn die Meere die Hälfte der Oberfläche des Erdkörpers ausmachten, so würde man in der Hälfte von $12° + 6°$ die mittlere Temperatur dieser Oberfläche haben, das heißt, sie würde 9 Grad seyn; aber diese Oberfläche der Meere ist mehr ausgebreitet, als die der festen Länder, man muß deshalb folgern, daß die mittlere Temperatur der Oberfläche des Erdkörpers, nach diesen Annäherungen, unter 9 Grad ist.

Man

Man sieht, wie viel uns noch fehlt, um genaue Angaben zu haben. Die Gelehrten, welche meteorologische Beobachtungen anstellen, werden bey ihren Bemühungen hierauf Rücksicht nehmen müssen.

Von dem Grade der Wärme, der jetzt im Innern der Erde statt findet.

§. 47. Um die Aufgabe, von der Größe der Wärme im Innern der Erde, beantworten zu können, müßte man sich bemühen, bis zu einer sehr beträchtlichen Tiefe gegen den Mittelpunkt der Erde zu gelangen; aber bis jetzt sind wir nur höchstens einige hundert Toisen tief gekommen, und die Temperatur der Tiefen, zu welchen wir bisher haben herabsteigen können, ist nicht die Temperatur der ganzen Masse. Indessen können wir doch aus den Beobachtungen, die in dergleichen Tiefen gemacht worden sind, einige Resultate ziehen.

Die wichtigste Beobachtung dieser Art, die wir haben, ist die, die seit dem Jahre 1680 in den Höhlen oder unterirdischen Behältnissen der pariser Sternwarte, ungefähr 84 Fuß tief in Kalksteinlagern, gemacht worden ist. Dieser unterirdische Platz stellt eine kleine Erhabenheit vor, die gegen Morgen das Thal des Flusses des Gobelins, gegen Norden aber das Thal der Seine zur Gränze hat; auf der einen Seite, nach dem Hospitale der Invaliden zu, ist sie niedriger und gegen Mittag ist sie mit der Ebene von Montrouge beynahe schnurgleich. Man hat die Erfahrung gemacht, daß das Wärmemaaß in diesen unterirdischen Behältnissen fast immer dieselbe Temperatur anzeigt und sich ungefähr 10 Grad über dem Gefrierpunkte, oder etwas weniger als 10 Grad erhält.

Herr Gensane glaubt bemerkt zu haben, daß die unterirdische Wärme im Verhältnisse zur Tiefe des Ortes, wo man beobachtet, zunehme. Er fuhr, als er das vogesische Gebirge bereiste, auf der Grube Giromagin an und fand, daß das Wärmemaaß, das über dem Schachte 2 Grad gezeigt hatte, bey 52 Toisen Tiefe auf $10°$, bey 106 Toisen auf $15°\frac{1}{2}$, und bey 226 Toisen auf $18°\frac{1}{4}$ stieg. Man hat indessen an andern Orten unter der Erde diese Beobachtung nicht bestätigt gefunden, Herr Gensane muß also wohl keine ganz guten Werkzeuge gehabt haben, oder es muß sonst ein Fehler bey seinen Beobachtungen vorgefallen seyn; doch könnte man auch annehmen, daß es mit jener Grube eine besondere Bewandniß habe.

Herr Guettard ist in den Salzgruben zu Wieliczka, im österreichischen Antheile von Pohlen, 250 Toisen tief gestiegen und er hat bemerkt, daß das Wärmemaaß in dieser Teufe nur auf 10 Grad stieg. Herr Monnet hat gleichfalls in den Gruben zu Joachimsthal in Böhmen, bey einer Teufe von 280 Toisen, nur 10 Grad Wärme beobachtet. Herr de Luc hat, in den Bergwerken auf dem Harze, bey einer Teufe von 169 Toisen, die Temperatur $10°\frac{1}{2}$ gefunden, doch in einem andern Schachte, bey 170 Toisen Teufe, stieg das Wärmemaaß auf 12 Grad. Herr Saussure
fand

fand die Wärme im Grunde der Höle de la Balme etwas über 9½ Grad. —

Alle Beobachtungen, die in andern unterirdischen Gegenden angestellt worden sind, kommen mit denen, welche ich jetzt angeführt habe, überein, und es scheint also aus denselben zu erhellen, daß die Temperatur an allen Orten unter der Erde bey unserer Breite, das heißt, bey einer Breite von ungefähr 40 bis 50°, fast immer 10 oder 12° ist. Die unbedeutenden Abweichungen, die man manchmal bemerkt, mögen wohl eher von der Natur der Substanzen, die sich an solchen Orten finden, als von der Tiefe, abhängen.

Wenn man Wasser unter der Erde antrifft, so ist die Temperatur kälter, in den Steinkohlengruben hingegen ist sie etwas wärmer. Herr Saussure bemerkte in den Salzgruben zu Ber, bey einer Teufe von 677 Füßen, daß das Wärmemaaß 13,9 Grad zeigte; bey einer Teufe von 664 Füßen zeigte es 12,5 Grad, und bey einer Teufe von 332 Füßen 11,5 Grad. Allein in diesen Salzwerken findet sich Schwefelleberluft und Schwefel; die erwähnte Luftart scheint durch eine vor sich gehende Zersetzung des Schwefelkieses hervorgebracht zu werden und diese Zersetzung ist immer mit Wärme vergesellschaftet*). Dieser Umstand macht

also,

---

*) Herr Scheuchzer hat bemerkt, daß beym Sprengen einer Felsenwand in diesen Gruben eine Flüssigkeit hervordrang, die sich an der Lampe eines Arbeiters entzündete, so daß durch diese Flamme der Arbeiter an verschiedenen Stellen versengt ward; diese Flüssigkeit war Schwefelleberluft. (Mémoires de l'Academie des sciences de Paris, Année 1712.) (Die Bergleute machen oft Beobachtungen, die der, von welcher Scheuch-

also, daß das Wärmemaaß steigt und eine gelindere Temperatur anzeigt. In den Steinkohlengruben geht eine ähnliche Zerstörung vor sich, und die größere Wärme, die man in diesen Gruben bemerkt, muß also auch von dieser Ursache hergeleitet werden.

Wir können aus allen diesen Thatsachen den Schluß ziehen, daß die innere Wärme der Erdlagen von 100 Füßen bis zu 400 oder 500 Toisen Teufe, bey unserer Breite von 40 zu 50°, ungefähr 10 Grad über Null ist.

§. 48. Man hat auch darüber Nachforschungen angestellt, um die Temperatur zu bestimmen, die auf dem Boden der Gewässer statt findet; aber es sind in dieser Rücksicht nur wenig Beobachtungen gemacht worden. Der berühmte Marsigli hat durch viele Versuche, die er im mittelländischen Meere unternommen hat, diese Aufgabe zu lösen gesucht; er tauchte, in den Monaten December, Jänner, Februar, März und April, ein Wärmemaaß 10, 20, 30, 120 Ellen tief unter, und er fand immer eine Temperatur von $10°\frac{1}{2}$, $10°\frac{1}{4}$; im Monat Junius aber bemerkte er nicht mehr, als

---

Scheuchzer a. a. O. redet, ähnlich sind; indessen mag wohl die Luft, die zu solchen Erscheinungen Gelegenheit giebt, nicht immer hepatisches Gas, sondern öfters gewöhnliche brennbare, aus Wasserstoffe und Wärmematerie zusammengesetzte, Luft seyn. S. J. V. Rieß praktische Abhandlung von den Eigenschaften und Zubereitungen des Alauns; nebst einer Beschreibung des bey Steinkohlenwerken oft entstehenden Feuers, der entzündbaren Luft und einschläfernden tödenden Wetter. Marburg, 1785. S. 61. ff. Anmerk. des Herausgeb.)

als 6 oder 7 Grad. Die Beobachtungen dieses Gelehrten scheinen indessen nicht mit hinlänglicher Sorgfalt angestellt worden zu seyn.

Herr Phipps führt in der Beschreibung seiner Reisen nach dem Nordpole einige genaue Beobachtungen über die Temperatur des Meerwassers an, die er gemeinschaftlich mit Herrn Irwing unter dem 79° 50' der Breite angestellt hat. Ein fahrenheitisches Wärmemaaß, das in Wasser getaucht wurde, das in einer Tiefe von 683 Klaftern geschöpft worden war, zeigte 40 Grad (3¼ nach Reaumur's Leiter *), als es aber in Wasser getaucht wurde, das von der Oberfläche des Meeres genommen worden war, zeigte es 55° (9° Reaum.) (In der freyen Luft war damals die Temperatur, ben diesem Wärmemaaße zufolge, 66° Fahr. = (14½ Reaum.).

Ich will noch eine kurze Übersicht von einigen Versuchen geben, die im Meere angestellt worden sind. Die erste Reihe folgender Tafel zeigt die Jahrszeit, die zweyte die Tiefe nach Klaftern (5½ Fuß) und die dritte die durch das Wärmemaaß bestimmte Temperatur des Meeres an; in der vierten Reihe ist die Verbesserung des Wärmemaaßes bemerkt, welche durch den Druck, den die Schwere der Wassersäule auf die-

---

*) Auf dem fahrenheitischen Wärmemaaße zeigt 32° den Gefrierpunkt an und dieser Grad entspricht also der Null auf der reaumurischen Leiter; der 212° des fahrenheitischen Maaßes ist der Grad der Wärme, bey welcher das Wasser kocht, und dieser ist dem 80° der reaumurischen Leiter gleich; jeder reaumurische Grad macht also 2¼ fahrenheitische Grade aus.

ſes Maaß äußert, nöthig gemacht wird; die fünfte Reihe giebt die Temperatur des Meeres in einer gröſsern Tiefe, ungefähr 1000 Toiſen, an, und die sechste zeigt die Temperatur der Atmoſphäre.

Jahreszeit.	Tag.	Tiefe nach Klaftern	Temperatur, die durch das Wärmemaaß angezeiget wurde,	Verbesserte Temperatur,	Temperatur in einer größern Tiefe,	Temperatur der Atmoſphäre.
Junius	20	780	15°	11°	26°	48¼
früh	30	118	30	1	31	40⅓
Abends	30	115	33	0	33	44½
August	31	673	22	10	32	59½

Man ſieht, der vierten Reihe zufolge, daß die Temperatur des Meerwaſſers in einer Tiefe von ungefähr 400 Klaftern etwa 10° Fahr. oder — 9° Reaum. war, indeß das Wärmemaaß in der Atmoſphäre ungefähr 7° Reaum. zeigte. Aber dieſe Temperatur des Waſſers iſt in einer Tiefe von 100 und einigen Klaftern kälter, und in einer Tiefe von 1000 Klaftern iſt ſie faſt Null. Dieſe Verſchiedenheit würde zu ſehr wichtigen Folgerungen Gelegenheit geben können, wenn ſie durch mehrere Erfahrungen hinlänglich bekräftigt wäre. Man könnte ſagen, daß dieſer Ueberſchuß von Wärme in einer Tiefe von 1000 Toiſen dem Waſſer vom Boden mitgetheilt werde; in einer Tiefe, die etwas weniger beträchtlich iſt, iſt das Waſſer kälter, weil es das von der Oberfläche iſt, das ſich wegen ſeiner größern Schwere geſenkt hat. Der größte Grad der Kälte findet aber in einer Tiefe von 100 und einigen Toiſen ſtatt; dieſes iſt bey dem des Waſſers der Oberfläche, das ſich geſetzt hat.

Herr

Herr Forster erzählt, daß am 15. December 1772, beym 55° südlicher Breite, ein 100 Klaftern oder 550 Füße tief eingetauchtes Wärmemaaß 34° Fahr. oder 1° Reaum. gezeigt habe, indeß ein anderes Thermometer an der Oberfläche des Wassers bey 30° Fahr. oder — 1° Reaum. stand.

Herr Ellis beobachtete bey seinen Versuchen, die er im afrikanischen Meere anstellte, ähnliche Ausschläge, „die Wärme," sagt er, „minderte sich um „so mehr, je tiefer man kam, allein als man unge„fähr in einer Tiefe von 650 Klaftern war, nahm die „Wärme zu; sie war 53° Fahr. oder $+ 9°$ Reaum. in „einer Tiefe von 1000 Toisen war sie noch die näm„liche."

Ich darf indessen nicht verschweigen, daß alle diese Erfahrungen einer Wiederholung bedürfen.

Die Herren Saussure und Pictet haben in den Seen der Schweiz ähnliche Versuche angestellt, auf welche wir uns schon mehr verlassen können. Sie tauchten am 12. Februar 1779, an welchem Tage die Temperatur der Atmosphäre $2°\frac{1}{4}$ war, einige Wärmemaaße in den Genfer See bis zu einer Tiefe von 950 Füßen ein, und nachdem sie dieselben einige Stunden lang darin gelassen hatten, zogen sie sie wieder heraus, und bemerkten dann, daß sie $4°\frac{1}{10}$ und $4°\frac{1}{10}$ zeigten. Die Temperatur des Wassers an der Oberfläche und selbst bis zu einer Tiefe von hundert und einigen Füßen war $4°\frac{1}{2}$, und die des Erdbodens in der Nähe des Sees Null. Die Temperatur des Sees war also $4°\frac{1}{2}$ weniger kalt, als die der Oberfläche der

Erde, und 5° ¼ kälter als die der Hölen der Sternwarte.

Am 17. Julius 1779 stellten diese beyden Gelehrten auch einen Versuch in dem neuenburger See an; sie tauchten an diesem Tage ein Wärmemaaß, das mit Quecksilber, und ein anderes, das mit Weingeist gefüllt war, bis zu einer Tiefe von 325 Füßen in diesen See, und sie bemerkten, als sie nach mehrern Stunden beyde Werkzeuge wieder herausgezogen hatten, daß das erstere $4°$, das andere aber $4°\frac{3}{10}$ zeigte. Die Temperatur des Wassers an der Oberfläche des Sees war $18°\frac{1}{2}$, und die der Atmosphäre $19°\frac{1}{4}$. „So war also," sagt Herr Saussure *), „am 17. Julius die Temp„ratur am Boden des neuenburger Sees dieselbe, wel„che am 12. Februar im Genfer See bemerkt wurde, „und man darf nicht glauben, daß dies eine dem „neuenburger See eigne Erscheinung sey; denn die „Versuche, die ich regelmäßig, von Monate zu Mo„nate, über die Temperatur des Genfer Sees ange„stellt habe, beweisen, daß selbst in einer Tiefe, die „nicht 150 Füße übersteigt, keine bemerkbare Verän„derung statt findet.

„Ich werde diese Erfahrungen an einem andern „Orte genauer beschreiben, ich will hier nur einer der „auffallendsten Erscheinungen, die ich dabey beobach„tet habe, gedenken. Ich senkte am 5. August, Gen„thod gegenüber, ein Wärmemaaß 150 Füße tief in „das Wasser, und ich bemerkte, als ich es wieder her„aus

---

*) Voyages dans les Alpes, Tom. I. p. 50. §. 397.

„ausgezogen hatte, daß es 4° $\frac{1}{10}$ zeigte, indeß die
„Wärme des Waſſers an der Oberfläche 17° war. Am
„17. Februar hatte ich, an demſelben Orte, die Tem-
„peratur des Bodens dieſes Sees 4° $\frac{2}{7}$ gefunden, der
„Unterſchied macht alſo nur 0, 14 Grad aus. Dieſer
„unbedeutende Unterſchied kann nicht ſowohl einer Zu-
„nahme der Wärme am Boden ſelbſt zugeſchrieben
„werden, ſondern man muß ihn vielmehr von dem
„Drucke herleiten, den die Lagen von wärmerm Waſ-
„ſer, welche das Wärmemaaß beym Emporziehen be-
„rührt, auf daſſelbe äußern."

Dieſe Verſuche beweiſen, 1) daß die Oberfläche
des Waſſers im Sommer, bey heißem Wetter, viel
wärmer iſt, als das Waſſer, welches ſich am Boden
aufhält, und daß 2) im Winter das Waſſer, welches
die Oberfläche ausmacht, kälter iſt, als das unterſte.

Allein in einer gewiſſen Tiefe hat das Waſſer immer eine kältere Temperatur, als das Innere der Erde;
dies iſt eine Thatſache, die ganz ausgemacht zu ſeyn
ſcheint. Dieſe Temperatur ſcheint bey unſerer Breite
ungefähr 4 Grad zu ſeyn, in dem Meere aber gegen
die Pole hin iſt die Temperatur kälter; denn Herr
Forſter hat beym 55° ſüdlicher Breite, in einer
Tiefe von 600 Klaftern, nur einen Grad gefunden
und Herr Phipps hat beym 80° nördlicher Breite
beobachtet, daß das Wärmemaaß mehrere Grade unter
Null ſtand.

In dem Meere zwiſchen den Wendekreiſen iſt die
Wärme beträchtlicher; denn Herr Ellis hat bemerkt,
daß das Wärmemaaß bey einer Tiefe von 650 Klaftern
53°

53° Fahrenh. oder + 9 Reaum. zeigte. Aber bey weniger Tiefe war die Temperatur kälter.

Man kann, dünkt mich, die Ursache dieser Erscheinungen, den Kenntnissen, die wir besitzen, gemäß angeben:

1) Es ist ausgemacht, daß die specifische Wärme des Wassers beträchtlich ist; diese Flüssigkeit hat folglich viel Zeit nöthig, um ihre Temperatur zu ändern. Man weiß, welchen Ausschlag der Versuch hatte, den Herr Black unternahm. Dieser Scheidekünstler mischte ein Pfund Eis, dessen Temperatur = o war, mit einem Pfunde Wasser, das eine Wärme von + 60 Graden hatte, und er bekam dann 2 Pfund Wasser, dessen Temperatur = o war.

2) Die Verdunstung bringt eine mehr oder weniger lebhafte Kälte hervor; die Wässer dunsten aber ununterbrochen aus und folglich muß ihnen dadurch immer Wärme entzogen werden.

3) Das kalte Wasser ist schwerer, als das warme; wenn man eine beträchtliche Menge kaltes Wasser zu einer großen Masse warmen Wassers gießt, so wird man gewahr, daß sich das erstere zu Boden setzt, und daß das Wärmemaaß am Boden des Gefäßes immer eine kältere Temperatur anzeigt, als in dem Wasser, das den obersten Theil des Gefäßes einnimmt. Wir können also annehmen, daß der obere Theil des Wassers im Meere und in den Seen, im heißen Erdstriche und in einem Theile der gemäßigten Zone, wärmer ist, als der obere Theil desselben Meeres und der Seen im kalten Erdstriche und in dem Theile der gemäßigten Zonen,

ven, der an den kalten Erdstrich gränzt; daß ferner dieser obere Theil des Meerwassers in dem kalten Erdstriche, überhaupt genommen, kälter ist, als die untern Lagen des Wassers, die den Meeresgrund berühren, daß folglich das zu oberst befindliche Wasser sich ohne Unterlaß niederwärts begeben und das, welches die unterste Stelle einnimmt, und leichter und wärmer ist, in die Höhe treiben muß, und daß eben dieser Erfolg auch in dem Meere der gemäßigten Zonen und des heißen Erdstrichs Statt hat; denn der obere Theil des Meerwassers in diesen Gegenden hat nie, oder fast nie eine Temperatur über 10 Grad und wir können voraussetzen, daß das Wasser auf dem Grunde des Meeres diese Temperatur annehmen würde, wenn es still stände, weil das feste Land diese Wärme hat; allein es kann diese Temperatur nicht annehmen, weil das Wasser, welches zu unterst ist, ohne Unterlaß durch das obere Wasser in die Höhe getrieben wird, weil dieses kälter und folglich auch schwerer ist.

Wir können aus diesen Thatsachen zwey Folgen ziehen: 1) daß das Wasser aus dem Eismeere, da es kälter ist, als das, welches sich im Meere der Wendekreise befindet, ununterbrochen gegen den Aequator hin fließen und das, in dessen Stelle es tritt, gegen die Pole hin treiben muß; aus dieser Ursache werden gleichsam 2 Ströme im Meere entstehen, von welchen der eine, als der obere, von den Polen nach dem Aequator, und der andere, als der untere, vom Aequator nach den Polen hin geht; ich werde mich in der Folge hierüber weitläuftiger ausbreiten; 2) daß der Boden, auf welchem das Meerwasser steht, bey unserer Breite

von

von 40 bis 50°, eine kältere Temperatur haben muß, als das feste Land bey gleicher Tiefe hat; denn wir haben gesehen, daß die innerliche Wärme unsers festen Landes bey dieser Breite überhaupt 10 Grad ist; die Wärme des Meeresgrundes aber bey der nämlichen Breite ist, den Erfahrungen zufolge, die die Herren Saussure und Pictet in einigen Seen der Schweiz angestellt haben, nur 4 Grad.

Die Wärme des festen Landes muß zwischen den Wendekreisen, bey derselben Tiefe von 80 bis 100 Füßen, weit über 10 Grad seyn; denn in diesen Gegenden, einige sehr hohe Berge ausgenommen, fällt das Wärmemaaß nie bis auf Null, es erhält sich gewöhnlich beym zehnten Grade und steigt oft noch viel höher. Wir haben die mittlere Wärme der Ebenen in diesen Gegenden zu 20 Graden bestimmt, und diese Wärme der Oberfläche muß sich den innern Lagen mittheilen, deren Temperatur also, bis zu einer gewissen Tiefe, über 10 Grad seyn muß. Die Temperatur des Meerwassers in diesen Gegenden ist unter diesem Punkte, der Grund, auf welchem dieses Wasser ruht, wird die Temperatur desselben annehmen und er wird folglich etwas kälter seyn, als das feste Land bey gleicher Tiefe ist. Wir können, den Erfahrungen des Herrn Ellis zufolge, diese Temperatur des Meeresgrundes bey dieser Breite 9° schätzen.

In den kalten Erdstrichen verhält sich die Sache anders; die mittlere Wärme ist, wie wir gesehen haben, weit unter 10° und wir haben sie, durch die Annäherung, = Null geschätzt; wenn wir nun annehmen, daß sonst die Wärme der Lagen, in einer Tiefe von 100

100 Faßen bis zu 200 oder 300 Toisen, wie bey unserer Breite, von 10° war, so müssen diese Lagen ununterbrochen etwas von ihrer Wärme den äußern Lagen mittheilen, wodurch jenen viel von ihrer Wärme entzogen werden wird. Es ist folglich gewiß, daß die innere Wärme des festen Landes in einer mäßigen Tiefe, bey dieser Breite, z. B. in Groenland, in Spitzbergen, minder groß ist, als die, welche in dem Bette des Meeres statt findet.

In Sibirien, bey der Breite von 60 Graden, thauet das Erdreich an den Ufern des Vilhoui im Sommer wohl an der Oberfläche, aber nie in einer Tiefe von 15 bis 20 Zollen auf; indessen erstreckt sich ohne Zweifel diese gefrorne Erdmasse nicht sehr weit, und in einer beträchtlichern Tiefe, die sich aber nicht bestimmen läßt, weil man hierüber noch keine Nachforschungen angestellt hat, muß die innere Temperatur dieser Gegenden beynahe der gleich seyn, die in den Gegenden, die unter dem Aequator liegen, statt findet; denn die Wärme muß sich nothwendig in der ganzen Masse des Erdkörpers ins Gleichgewicht setzen, und die der heißern Gegenden muß sich den kältern Regionen mittheilen.

Allein die Temperatur des Meeres bey dieser Breite ist nicht leicht zu bestimmen, und es scheint fast aus den Versuchen des Herrn Doktor Irwing zu erhellen, daß die Wärme des Wassers bey einer gewissen Tiefe bald über Null, bald unter Null ist; wir wollen sie also gleich Null annehmen.

Aus allen Beobachtungen, die über die Temperatur des Wassers auf dem Boden des Meeres angestellt worden

worden sind, ergiebt sich also, daß die Wärme zwischen den Wendekreisen ungefähr 8 oder 9 Grad ist; bey unserer Breite scheint sie, eben diesen Beobachtungen zufolge, 4 Grad, im Norden aber Null, oder selbst unter Null zu seyn. Wir können hieraus den Schluß machen, daß die mittlere Temperatur des Meerwassers ungefähr 6 Grad, das heißt, ungefähr zur Hälfte unter der des festen Landes ist.

Ich wiederhole, was ich schon gesagt habe, daß noch nicht Erfahrungen genug angestellt worden sind, um diese Temperatur mit Sicherheit bestimmen zu können, und daß der Grad, welchen ich angegeben habe, nur auf einer Annäherung beruht. — Die Wärme, die in den äußern Lagen des Erdkörpers bis zu einer Tiefe von ungefähr 1000 Toisen statt findet, läßt sich also, durch die Annäherung, so, wie ich gethan habe, schätzen.

Vom Einflusse der Sonne auf die Wärme des Erdkörpers, sowohl im Innern, als an der Oberfläche desselben.

§. 47. Diese Aufgabe hat in neuern Zeiten die Aufmerksamkeit der Naturforscher beschäftigt, und unsere Zeitgenossen haben, in Rücksicht auf dieselbe, sehr sorgfältige Untersuchungen angestellt. Die vergleichenden Wärmemaaße und die vervielfältigten Beobachtungen, die man täglich in verschiedenen Gegenden zu machen fortfährt, haben uns Mittel in die Hände gegeben, die man

man sonst nicht kannte, und besonders haben die von mehrern Gelehrten unternommenen Reisen unsere Kenntnisse, in diesem Betrachte, sehr vervollkommnet. Die Alten glaubten, daß die Polargegenden wegen der Kälte und der heiße Erdstrich wegen der Wärme unbewohnbar wären, weil sie beobachtet hatten, daß die Hitze um so größer sey, je mehr man sich dem Aequator näherte, der Winter aber desto hartnäckiger und anhaltender sey, je näher man den Polen kam. Dieser Wahn ist in den neuern Zeiten widerlegt worden, und unsere Vorfahren würden diesen Fehlschluß nicht gemacht haben, wenn ihre Zeitgenossen, die Reisen machten, eben so unternehmend, wie die Unsrigen, gewesen wären.

Mehrere Umstände geben Gelegenheit, daß in Rücksicht auf die Temperatur der Oberfläche des Erdkörpers so auffallende Verschiedenheiten statt finden. Es ist die Pflicht des Naturforschers, den Einfluß, den mehrere Elemente auf diese Temperatur haben, zu bestimmen, um so zu einem allgemeinen Resultate zu gelangen.

§. 48. Der erste Umstand, den man in Betrachtung ziehen muß, ist die Breite. Uiberhaupt ist der höchste Grad der Hitze unter der Linie und der kleinste an den Polen; die Temperatur der Orte, die zwischen diesen beyden Punkten sind, ist im Verhältnisse der Nähe oder Ferne der Pole verschieden; die größte Hitze, die unter der Linie beobachtet worden ist, hat man in den heißen Sandgegenden Arabiens und Indiens wahrgenommen, und man sagt, daß das Wärmemaaß in den Ebenen von Afrika 70 Grad über Null gezeigt habe. Die größte Kälte

Kälte findet in dem kalten Erdstriche statt; man hat das Wärmemaaß im Jahre 1738 zu Jeniseick in Sibirien 70° unter Null stehen sehen und man sagt, daß es zu Torneo im Jenner 1760 71° ¼ gestanden habe. In Sibirien dringt der Frost mehrere Füße tief in die Erde ein, und die Kälte ist in diesem Lande ungemein heftig.

„An den Ufern des Vilhoui, beym 66° der Breite, „thauet die Erde bis zu einer beträchtlichen Tiefe nie „auf; die Sonnenstrahlen erweichen den Boden auf „erhabenen sandigen Stellen bis zu einer Tiefe von „2 Ellen *); in den Thälern, deren Boden zur Hälfte „aus Sand, und zur Hälfte aus Thon besteht, bemerkt „man den Frost, am Ende des Sommers, noch eine „halbe Elle oder 13 Zoll unter der Oberfläche **).„ Dieser Umstand trägt zur Erhaltung des Fleisches und der Häute der Nasenhörner, die hier vergraben liegen, bey.

Die Kälte muß noch beträchtlicher seyn, je mehr man sich den Ufern des Eismeeres nähert, und in Spitzbergen, in Groenland, in Neuzembla — ist ohne Zweifel das Erdreich in einer noch größern Tiefe gefroren und die Kälte ist gewiß in diesen Ländern noch weit größer, wenigstens läßt dies die Nachricht von dem unglücklichen Schicksale des Barenz vermuthen, der den Winter 1594 in Neuzembla zuzubringen genöthigt war.

§. 49.

*) Eine russische Elle ist ungefähr 26 französischen Zollen gleich.
**) Pallas Reisen, 4. Theil.

§. 49. Der zweyte Umstand, welcher macht, daß die Temperatur auf der Oberfläche der Erde verschieden ist, beruht auf der verschiedenen Höhe der Sonne am Horizonte, und auf der längern oder kürzern Zeit, während welcher sie in einer solchen Höhe bleibt. Hiervon hängt die Verschiedenheit der Jahrszeiten ab, deren Einfluß wir bald genauer angeben werden.

§. 50. Auch die Höhe eines Ortes macht, daß die Temperatur verschieden ist. An den Orten, die über die Meeresfläche am wenigsten erhaben sind, findet, alle übrige Umstände gleich genommen, immer die größte Wärme statt, weil sie mit der Masse des Erdkörpers in einer nähern Verbindung sind; auf den höchsten Bergen hingegen bemerkt man die heftigste Kälte. In Lima ist die Hitze ungemein groß, aber auf den hohen Cordilieren, bey demselben Grade der Breite, kann man es kaum vor Kälte aushalten. — Am Fuße des Pic von Teneriffa ist es drückend heiß, indeß der Gipfel dieses Berges immer mit Schnee bedeckt ist. —

Ich muß hier einer Erscheinung gedenken, die der Aufmerksamkeit sehr werth ist: Man hat nämlich bemerkt, daß, wenn man auf die Eisschichten, womit diese hohen Berge bedeckt sind, in demselben Augenblicke, wenn sie von der Sonne beschienen werden, steigt, man eine brennende Hitze im Gesichte empfindet, obgleich das Wärmemaaß an einem solchen Orte und selbst auf den Plätzen, wo kein Eis ist, nur einige Grade über Null zeigt und in dieser Höhe bleibt. Diese Erfahrung haben alle Beobachter, die die mit Eise bedeckten Berge in der Schweiz und besonders den Montblanc in Savoyen bestiegen haben, gemacht. Die Na-

Erster Theil. J turfor-

turforscher haben sich bemüht, die Ursachen zu entdecken, welche eine so auffallende Verschiedenheit, in Ansehung der Temperatur in ebenen Gegenden und auf Bergen, zu bewirken im Stande sind, und sie haben mehrere derselben angegeben:

1) Ein Berg muß, sagen sie, wie ein Theil angesehen werden, der sich aus der Masse des Erdkörpers erhebt und nur mittelst seines Fußes mit der Erde zusammenhängt, übrigens aber frey in der Luft schwebt; er muß also mehr von seiner Wärme verlieren, als der Erdkörper selbst; diese Ursache sey, fahren sie fort, von großer Wirksamkeit, wie man daraus abnehmen könne, daß die Kälte um so beträchtlicher sey, je mehr der Berg gleichsam frey schwebe. Quito ist 1457 Toisen über die Meeresfläche erhaben, und doch ist daselbst die Temperatur sehr gemäßigt, weil dieser Berg auf einer großen Masse von Bergen liegt, ein frey stehender Pic hingegen, der dieselbe Höhe hätte, würde die größte Zeit des Jahres mit Schnee bedeckt seyn.

2) Die Lichtstrahlen, die auf ein zusammenhängendes Gebirge fallen, zerstreuen sich, indem sie aus einander gehen, in einer Ebene aber bleiben sie mehr beysammen, und werden auf tausend verschiedene Arten zurückgeworfen.

3) Die Atmosphäre ist in einer gewissen Höhe weniger dicht, als nahe an der Oberfläche der Erde; diese Dichtigkeit der atmosphärischen Luft trägt aber viel zur Vermehrung der Wärme bey; denn je dichter die Luft ist, desto mehr erhitzt sie sich und sie hält folglich auch die Wärme länger zurück. Eine feuchte Luft ist wegen des Wassers, das sie enthält, dichter, als

trockne

trockne Luft, und sie erhitzt sich auch sehr, obschon langsamer; wenn sie aber einmal erwärmt ist, so bringt sie eine viel größere Hitze hervor. Wenn also die Luft wenig dicht ist, so erhitzt sie sich auch wenig; da nun in der Höhe vielleicht die Luft nur halb so dicht ist, als an der Oberfläche der Erde, so muß sie sich aus derselben Ursache, alle übrige Umstände gleich genommen, auf einem Berge nur halb so sehr erwärmen, als in einer Ebene.

Allein bewirkt die Luft nicht vielleicht noch auf eine andere Art, daß die Wärme gleichsam in die Enge gebracht wird? Ich glaube, man kann behaupten, daß die Luft kein guter Leiter der Wärme ist; denn es giebt einige Erfahrungen, welche diese Meinung bestätigen; und wenn diese Voraussetzung Grund hat, so wird die Luft die Wärme, die sie enthält, nicht wieder fahren lassen. Die Luft wirkt, in Hinsicht der Elektricität, auf gleiche Weise; sie ist kein Leiter für dieselbe und sie macht, daß die Körper, um deren Oberfläche herum sie sich angehäuft hat, ihre Elektricität behalten.

Ich bin deshalb der Meinung, daß diese Ursache auf die Wärme, welche durch die Dichtigkeit der atmosphärischen Luft in die Enge gebracht wird, viel Einfluß hat; denn die Materie der Wärme strebt eben so, wie die elektrische Flüssigkeit, sich immer ins Gleichgewicht zu setzen.

Herr Sauffure *) führt einen Versuch an, welcher uns, in Rücksicht auf die an der Oberfläche

---

*) Reisen, §. 932.

der Erde angehäufte Wärme, einige Aufklärung geben kann. Er machte sich einen hölzernen Kasten, der innerlich mit doppelten Korkwänden, die schwarz gemacht worden waren und die Dicke eines Zolles hatten, gefüttert war; er verschloß diesen Kasten mit 3 Eisscheiben, die sehr durchsichtig und so über einander angebracht waren, daß zwischen denselben ein Raum von 1½ Zollen übrig blieb, er trug dann diese Vorrichtung am 16. Julius 1774 auf den Gipfel des Cramont, dessen Höhe 1403 Toisen beträgt; die Wärme concentrirte sich bis zu dem Punkte, daß das Wärmemaaß am Boden dieses Kastens bis auf 70 Grad stieg, obschon die äußere Temperatur nur 5 Grad betrug. Herr Ducarla hat diesen Versuch mehrere Male wiederholt, er brachte verschiedene zylinderförmige Glocken, deren Gipfel rund war, über einander, und die Wärme, die auf diese Art entstand, war so groß, daß er mittelst derselben Wachs schmelzen konnte.

Die Schichten der atmosphärischen Luft können also eben die Wirkung, welche die Gläser äußern, hervorbringen, und können eben so gut, wie diese, eine Verdichtung der Wärme zuwege bringen.

§. 51. Die Wirkung der Salze kann gleichfalls Gelegenheit zu einer Veränderung der äußerlichen Wärme des Bodens geben. Musschenbroek hat viel auf diese Ursache gerechnet; er nahm kaltmachende Theilchen an, welche, seiner Meinung nach, von salziger Natur waren; die Neuern haben die Hypothese von einer kaltmachenden Materie verworfen, aber sie läugnen nicht, daß eine Mischung von Salzen und Eise, das man zerstoßen hat, oder Schnee, oder selbst nur

nur kaltem Waſſer, die Kälte vermehrt. Nun kennen wir aber viel Gegenden, die eine große Menge ſalziger Subſtanzen, beſonders Salpeter, Kochſalz, Bitterſalz u. ſ. w. enthalten, und dieſe Salze vermiſchen ſich mit dem Schnee und ſchmelzenden Eiſe und ſie müſſen alſo die Kälte ſehr anſehnlich vermehren.

Es iſt wahr, dieſe Urſache ſchränkt ſich nur auf einige Gegenden ein; ſie kann auf die Kälte, die in Sibirien herrſcht, Einfluß haben; denn in dieſem Lande trifft man mehrere Arten von Salzen, beſonders Meerſalz und Bitterſalz, an, und die Temperatur iſt daſelbſt kälter, als ſie der Breite nach ſeyn ſollte; (die Breite von Tobolsk und Jeniſeick iſt weniger nördlich, als die von Stockholm und Petersburg, und doch iſt in jenen Städten die Kälte größer, als in dieſen,) es iſt alſo wohl möglich, daß dieſe größere Kälte zum Theil eine Wirkung der ſalzigen Subſtanzen ſeyn kann, die ſich an verſchiedenen Orten in Sibirien finden, und welche, indem ſie ſich mit dem Waſſer, mit dem Schnee u. ſ. w. vermiſchen, die Kälte auf eine außerordentliche Art vermehren; eine Erſcheinung, die, wie man weiß, auch in unſern Laboratorien hervorgebracht werden kann.

§. 52. Die Verdunſtung iſt eine von den Urſachen, die eine ungemein große Kälte bewirken kann. Man weiß, daß ein Wärmemaaß, wenn man es in eine ſehr flüchtige Flüſſigkeit, z. B. in Vitriolnaphthe, bringt, mehrere Grade unter Null fällt. In Indien verſchafft man ſich durch die Verdunſtung Eis, und man verfährt hierbey zu Allahabad, beym $25\frac{1}{2}°$ der Breite, auf folgende Weiſe: Man macht Gruben, die 30 Quadratfüße

füße groß und 2 Füße tief sind, man bedeckt den Boden derselben ungefähr Zoll hoch mit einer Lage von Zuckerrohr, oder mit getrockneten Stängeln von indianischem Getraide, man setzt dann auf diese Unterlage kleine flache Schalen, die mit Wasser gefüllt sind, das man vorher hatte aufwallen lassen. (Die Schalen, die nicht glasurt seyn dürfen, sind nur $1\frac{1}{2}$ Zoll tief und $\frac{1}{4}$ Zoll dick.) Die Erde dieser Schalen ist so locker, daß das Wasser durch die Wände derselben hindurchdringt. Man setzt diese Gefäße beym Eintritte der Nacht in die Grube, und den Morgen darauf, vor Aufgang der Sonne, findet man das in denselben befindliche Wasser in Eis verwandelt *).

Es bedarf keines Beweises, daß dieses Gefrieren eine Wirkung der Verdunstung des Wassers ist, das durch die Schalen dringt und von den trocknen Pflanzenkörpern, auf welchen dieselben stehen, eingesaugt wird. — Der Regen bringt auch an sehr warmen Sommertagen Kälte hervor und ein sehr mäßiger Regen kühlt schon die Luft merklich ab. In den warmen Ländern, unter den Wendekreisen, ist die Zeit, wenn es anhaltend regnet, die kalte Jahrszeit; indessen zeigt doch im Winter, wenn es sehr kalt ist, der Regen an, daß die Temperatur gelinder zu werden anfängt; denn sonst würde sich der Regen in Schnee verwandeln.

§. 53. Die Beschaffenheit des Erdbodens hat nicht weniger Einfluß auf die äußere Temperatur. Wir haben gesehen, daß, überhaupt genommen, das Wasser

---

*) Barker Journal de Physique, März 1777. S. 226.

ser wie den nämlichen Grad der Wärme annimmt, welchen das feste Land hat, und daß das Wasser des Meeres und der Seen kälter ist, als der Erdboden; man kann hieraus folgern, daß ein Land um so kälter seyn muß, je reichlicher es mit Wasser versehen ist und je mehr es Seen hat oder von Flüssen durchschnitten wird. — Auch muß eine Gegend, die sehr waldig, oder mit Gebüschen reichlich versehen ist, aus derselben Ursache kälter seyn, als eine Gegend, die nicht viel Holz hat; denn jene wird feuchter seyn, als diese; eben dies gilt auch von einem Lande, das sehr viel Wiesen hat; es wird immer kälter seyn, als ein Land, dessen Boden nicht bewachsen ist, er mag übrigens aus Dammerde bestehen, oder sandig, oder mit Felsenstücken bedeckt seyn. In allen diesen Fällen wird die mehr oder weniger starke Verdunstung des Wassers, die durch die vielen Gewässer, oder durch die Waldungen oder Wiesen hervorgebracht wird, eine beträchtliche Vermehrung der Kälte zuwege bringen.

Noch muß ich bemerken, daß, die Winterszeit ausgenommen, die Temperatur der äußern Lagen der Oberfläche des Meeres und der Seen, überhaupt genommen, kälter ist, als die des angränzenden festen Landes. Indessen werden diejenigen Arten von Erdboden, die die Strahlen verschlucken, am stärksten durch die Wirkung des Lichtes erwärmt; von dieser Beschaffenheit ist der schwarze Boden; es ist bekannt, daß der Schnee, der auf solches Erdreich gefallen ist, schneller schmelzt, als an andern Orten. Die Ackersleute in einigen Gegenden von Savoyen tragen daher im Frühlinge schwarze Erde auf diejenigen von ihren Feldern,

dern, die sie frühzeitig bestellen wollen, und breiten sie über denselben aus, der Schnee zergeht dann 14 oder 20 Tage früher, als auf andern Feldern.

§. 54. Die Lage eines Ortes hat ebenfalls Einfluß auf die Temperatur; eine Gegend, die am Fuße von Hügeln oder Bergen, die die Sonnenstrahlen zurückwerfen, gegen Mittag liegt, wird sehr heiß seyn, indeß die andere Seite des Berges, die gegen Norden gekehrt ist, sehr kalt seyn wird, ob sie gleich nicht höher liegt, als jene.

§. 55. Ferner gehören die Winde unter die Ursachen, welche eine Aenderung in der äußern Temperatur bewirken können. Ein Wind wird nach Beschaffenheit der Oerter, durch welche er gegangen ist, mehr oder weniger warm, mehr oder weniger kalt seyn; die Winde, die durch warme Länder gegangen sind, haben eine große Wärme angenommen, und daraus läßt sich begreifen, warum, in unserer Hemisphäre, die Südwinde überhaupt warm, und die Nordwinde kalt sind. Indessen werden die Südwinde für eine Gegend, die an der Mittagsseite hoher und mit Schnee bedeckter Berge liegt, kalt seyn. — Die Landwinde sind überhaupt wärmer, als die, welche von der See kommen, weil diese durch das Wasser abgekühlt worden sind; je wärmer das feste Land ist, durch welches ein Wind gegangen ist, um desto wärmer wird er selbst seyn. Die Ostwinde an der Küste von Senegal sind drückend heiß, weil sie durch ganz Afrika gegangen sind; in Amerika aber sind eben diese Winde kalt, weil sie vom ganzen atlantischen Meere herkommen.

In Frankreich sind die Westwinde kalt und führen Regen mit sich, weil sie über das eben genannte Meer gegangen sind; die Südwinde sind warm und ziemlich oft mit Regenwetter vergesellschaftet, weil sie aus Afrika kommen und ihren Weg über das mittelländische Meer genommen haben; die Ostwinde sind mäßig warm und trocken; denn sie kommen aus Asien und aus einem Theile Europa's, die Nordwinde aber, die aus den kalten Erdstrichen herstammen, sind kalt.

Die Luft nimmt indessen ordentlicher Weise die Temperatur der Oberfläche der Erde nicht an; Herr Pictet hat dies durch vergleichende Erfahrungen erwiesen, er hat ein Wärmemaaß in die Erde gesteckt, ein anderes nahe an der Oberfläche der Erde, und noch andere in verschiedenen Höhen über dieser Oberfläche angebracht, und er hat gefunden, daß sie niemals denselben Grad der Temperatur angezeigt haben. Das Maaß, das in einer Höhe von 50 Füßen über der Oberfläche der Erde hieng, stieg bey Tage weniger und fiel auch in der Nacht weniger, als das, das nur 5 Füße hoch über der Oberfläche der Erde befestigt war; dieses letztere Wärmemaaß erlitt beträchtliche Veränderungen, es stieg, als die Wärme bey Tage am größten war, schnell sehr hoch, und eine Stunde nach Untergang der Sonne zeigte es fast denselben Grad, den das zeigte, das 50 Füße hoch hieng, es fiel hierauf viel tiefer, und stieg nach Aufgang der Sonne wieder. Das Wärmemaaß endlich, dessen Kugel Herr Pictet in die Erde vergraben hatte, stieg den Tag über bis auf 45 Grad und erhielt sich die Nacht hindurch in einer beträchtlichen Höhe. Diese Beobachtung beweist,

daß

daß die Oberfläche der Erde ihre Wärme während der Nacht behält, indeß die Wärme in einer geringen Höhe über dieser Oberfläche weit mehr abnimmt, als in einer Höhe von 50 Füßen; dieser Erfolg ist ohne Zweifel eine Wirkung der Verdunstung.

Ich habe selbst einsmals zur Winterszeit ähnliche Versuche angestellt; ich brachte an einem sehr kalten Tage ein Wärmemaaß so in die Erde, daß die Röhre desselben sichtbar war, und ein anderes hieng ich in einer Höhe von 3 Füßen über der Oberfläche der Erde auf; das erstere fiel weit mehr, als das letztere; die Erde nimmt, wegen ihrer Dichtigkeit, einen weit größern Grad von Kälte an, als die Luft.

Es scheint aber sehr sonderbar zu seyn, daß die Luft, die ungefähr 900 Mal leichter ist, als das Wasser, und 2600 Mal leichter, als die Substanzen, aus welchen das feste Land besteht, im Stande ist, so feine Veränderungen in der äußern Temperatur zuwege zu bringen, als wirklich die Nord- und die Südwinde bewirken. Indessen muß man darauf Rücksicht nehmen, daß diese Winde von einer Luftmasse gebildet werden, die zwey- oder dreytausend Füße hoch, und vielleicht noch höher ist, sie können also leicht das Eis und den Schnee schmelzen und machen, daß die Oberfläche der Erde bis zu einer Tiefe von einigen Zollen aufthauet.

Die Temperatur der obersten Lagen der Erde wird also durch diese Ursachen auf eine sehr auffallende Art abgeändert; denn diese Lagen können an warmen Sommertagen bis zum 45, 50 und selbst bis zum 70 Grade

erhitzt

erhitzt werden, im Winter aber können sie eine Kälte annehmen, die bis zum 30, 40 und vielleicht bis zum 100 Grade reicht, indeß sich in einer Tiefe von einigen Füßen diese Temperatur wenig ändert. Bey unserer Breite z. B. ändert sie sich in einer Tiefe von 80 Füßen nicht, allein unter der Linie und gegen die Pole zu muß sich diese Aenderung auf größere Tiefen erstrecken.

Dies ist das Resultat der verschiedenen Beobachtungen, die man über die Wärme sowohl im Innern, als auf der Oberfläche des Erdkörpers angestellt hat. Wir wollen nun die Ursachen der angeführten Erscheinungen aufsuchen.

§. 56. Die Sonne trägt ohne Zweifel viel zu der Wärme bey, die man auf der Oberfläche der Erde bemerkt; allein in Rücksicht auf die Wärme, die im Innern der Erde statt findet, ist dies nicht der Fall. Wir haben gesehen, daß die Wärme, in einer geringen Tiefe, im Winter wie im Sommer dieselbe ist, und diese Erscheinung hat die Naturforscher genöthigt, eine andere Ursache aufzusuchen.

§. 57. Der Vater Kircher ist, seit der Wiederherstellung der Wissenschaften, einer von den Ersten gewesen, welche eine dem Erdkörper eigene Wärme angenommen, und diese für die Ursache der gleichförmigen Temperatur, die in dem Schooße der Erde statt findet, gehalten haben. Nach ihm haben mehrere Naturforscher diese Meinung vertheidigt, Mairan aber ist zuerst bemüht gewesen, sie mit überzeugenden Gründen zu unterstützen; er hat den Weg eingeschlagen, den man

man wählen mußte, wenn man die Wahrheit entdecken wollte, und er hat die verschiedenen Ursachen, die auf diese Erscheinung Einfluß haben, sorgfältig von einander unterschieden *). Er betrachtet zuförderst die Wirkung, welche durch die Kraft der Sonne auf der Oberfläche der Erde hervorgebracht wird, und er nimmt mit Newton **) an, daß diese Kraft der Sonne, welche sie äußert, um ein Klima zu erwärmen, sich wie ihr Licht verhält, und daß dieses mit der Dichtigkeit oder Menge ihrer Strahlen im Verhältnisse steht. Es ist einleuchtend, daß, je größer die Menge des Lichtes ist, das auf einen Körper fällt, um so größer auch die Wärme ist, welche es hervorbringt. — Herr Mairan bemüht sich dann, diese Menge des Lichtes in verschiedenen Klimaten, im Verhältnisse ihrer Breiten, zu bestimmen, und er hat gefunden, daß man 4 Umstände in Betrachtung ziehen müsse.

§. 58. Zuerst muß man auf das Licht der Sonne am Horizonte Rücksicht nehmen. Je mehr sich dieses Gestirn dem Scheitelpunkte eines Ortes nähert, um desto mehr haben die Strahlen desselben eine perpendikulaire Richtung, und um desto mehr Kraft hat ihre Wärme. Halley glaubte, daß man das einfache Verhältniß der Sinus der Höhen nehmen müsse, Fatio hingegen behauptete, daß das Verhältniß der Quadrate das wahre sey. Mairan fragte die Erfahrung um Rath; er nahm mehrere Spiegel, die einan-

---

*) Mémoires de l'academie des sciences de Paris, 1719 und 1765.
**) Principia mathemat. Lib. III. Propos. 8. Coroll. 4. und Propos. 41.

einander vollkommen gleich waren, und ließ die durch
dieselben zurückgeworfenen Strahlen auf die Kugel
eines Wärmemaaßes fallen; ein Spiegel bewirkte, daß
die Flüssigkeit in der Röhre dieses Werkzeuges 3 Grad
stieg, zwey Spiegel aber trieben sie um 6 Grad und
3 Spiegel um 9 Grad in die Höhe; er schloß aus diesen
Erfolgen, daß die Wärme, welche die Sonnenstrahlen hervorbringen, dem einfachen Verhältnisse der Höhen folge.

§. 59. Der zweyte Umstand beruht auf der Stärke,
welche das Licht behält, nachdem es durch die Atmosphäre hindurch gegangen ist; denn es geht, im Verhältnisse der Sinus der Höhen, eine mehr oder weniger große Menge Lichtstrahlen verloren, die man durch
Berechnung kaum bestimmen kann. Herr Bouguer
hat eine Tafel bekannt gemacht, auf welcher diese
Stärke für alle verschiedene Höhen der Sonne angegeben ist; er nimmt die Kraft des Lichtes, indem es von
der Sonne ausgeht, = 10,000 an, und er findet
dann, daß, wenn dieses Gestirn im Scheitelpunkte,
oder in einer Höhe von 90 Graden ist, diese Kraft,
wenn das Licht auf der Erde ankömmt, = 8136 seyn
wird. Wenn die Sonne eine Höhe von 50 Graden
hat, so wird diese Kraft = 7624 seyn, bey einer
Höhe von 25 Graden aber = 6136. Unter dem Horizonte von Paris, zur Zeit der Sommersonnenwende,
wird sie $7944\frac{94}{100}$ seyn, zur Zeit der Wintersonnenwende aber $5094\frac{35}{100}$.

§. 60. Der dritte Umstand betrifft die Entfernung
der Sonne von der Erde. Diese Entfernung beträgt
im Winter 33780210 französische Meilen, im Sommer
aber

aber 34934726 solche Meilen. Im Winter hält sie sich aber eine kürzere Zeit über unserm Horizonte auf; Herr Mairan hat, indem er diese Wirkungen gegen einander verglichen hat, gefunden, daß die Kraft der Sonne zur Zeit der Sommersonnenwende sich zu der, welche sie zur Zeit der Wintersonnenwende hat, verhält wie 841 zu 900, oder beynahe wie 14 zu 15.

§. 61. Der vierte Umstand beruht auf der Länge der Tage, oder der halbtägigen Bogen. Je länger die Sonne über dem Horizonte bleibt, von desto längerer Dauer ist ihre Wirkung. Mairan nimmt sie im Verhältnisse des Quadrats der Zeit an, und da in Paris zur Zeit der Sommersonnenwende die Tage 2 Mal länger sind, als zur Zeit der Wintersonnenwende, so muß diese Ursache im Sommer vierfach seyn. Indessen giebt uns die Theorie nur das gerade Verhältniß der Zeiten an; denn eine und dieselbe Ursache, die zwey Stunden hindurch wirkt, kann nur einen Erfolg nach sich ziehen, der doppelt so groß ist, als der, welchen sie veranlaßt, wenn sie eine Stunde lang wirkt, daher nimmt man sie als gleich an. Indessen werden wir in der Folge sehen, daß, der Erfahrung gemäß, ihre Wirkung ein noch größeres Verhältniß hat, als das der Quadrate; man nennt dies die Beschleunigung der Wärme.

Diese Ursache erhält durch die Wirkung des Zurückwerfens einen Zuwachs; denn durch das Zurückwerfen der Strahlen wird der Aufenthalt der Sonne über dem Horizonte eine längere oder kürzere Zeit, im Verhältnisse zu den Breiten, verlängert; am Pole z. B. wird nur ein einziger Punkt seyn, wo man, zur

Zeit

Zeit der Nachtgleichen, die Sonne nicht wird untergehen sehen, und in den Gegenden jenseits des Polarkreises wird man sie, zur Zeit der Sommersonnenwende, den ganzen Tag sehen können; indessen bewirkt das Zurückwerfen der Strahlen, daß sich die angegebene Erscheinung über eine weit größere Breite erstreckt. Diese größere Breite, über welche sich diese Erscheinungen ausdehnen, bestimmt den Ort, den die Sternkundigen den Kreis nennen, der dem Lichte und dem Schatten die Gränze setzt.

§. 62. Mairan ist auch bemüht gewesen, die Wirksamkeit dieser 4 Umstände zur Zeit der Sommer- und Wintersonnenwende für die Breite von Paris zu bestimmen. Er hat hierbey auf die nöthigen Reductionen Rücksicht genommen, und folgende Angaben festgesetzt:

1) Höhe, nach gemachter Reduction,
    Im Sommer 64°, 38', 37".
    Im Winter 17°, 41', 30".

2) Stärke des Lichtes,
    Im Sommer $7944 \frac{94}{100}$.
    Im Winter $5094 \frac{38}{100}$.

3) Die Kraft des Lichtes verhält sich umgekehrt, wie die Entfernung von der Sonne,
    Im Sommer $9833\frac{1}{2}$.
    Im Winter $10166\frac{1}{2}$.

4) Die halbtägigen Bogen sind im Sommer 483' und im Winter 245', hiervon muß man die Quadrate nehmen.

Mairan

Mairan nimmt hierauf die Logarithmen aller dieser Zahlen, und er findet so:
1) Höhe H im Sommer 9,9560057, im Winter 9,4839354.
2) Stärke des Lichts I im Sommer 3,9009050, im Winter 3,7070913.
3) Dichtigkeit D2 im Sommer 7,3678942, im Winter 8,0243428.
4) Bogen R2 im Som. 5,3678942, im W. 4,7783322.
   27,2094066   25,9837017.

Zieht man die kleinere Summe von der größern ab, so bleibt 1,225,7049, welche Zahl der Logarithmus von $16\frac{82}{100}$ ist.

Dies wird das Verhältniß des Sonnensommers E zum Sonnenwinter H bey der Breite von Paris seyn, und man wird also E, H :: $16\frac{82}{100}$. 1 haben. Die Sonnenwärme wird folglich in Paris, für einen bestimmten Augenblick, (z. B. für den Mittag der Tage der Winter= und der Sommersonnenwende,) im Sommer 16 mal größer, als im Winter, seyn. Mairan vermehrt, um diese Wärme in trigonometrischen Theilen zu haben, den Logarithmus der Formel E, H :: $16\frac{82}{100}$. 1 mit der Zahl 23, und er findet in trigonometrischen Theilen $16\frac{82}{100} = \frac{16\,96\frac{11}{100}}{963\frac{17}{100}}$, dessen Differenz 15232 ist, das heißt, die Differenz des Sonnensommers zum Wintersommer ist in Paris von 15232 trigonometrischen Theilen. Er untersucht ferner, welche wirkliche Verschiedenheit zwischen dem wahren Sommer und dem wahren Winter statt finde; Amontons hatte,

hatte, seinen Beobachtungen gemäß, behauptet, sie verhalte sich wie $51\frac{1}{2}$ zu 60, oder wie 6 zu 7; Mairan verglich deßhalb alle von 1701 bis 1756 für Paris gemachte thermometrische Beobachtungen, und er fand, daß die größte mittlere Wärme von 1026 Graden, und die größte mittlere Kälte von 994 Graden war (er nahm 1000 als den Gefrierpunkt an). Hieraus ergiebt sich, daß 32 trigonometrische Theile die Differenz zwischen dem wirklichen Sommer und dem wirklichen Winter ausmachen, welche sich zu einander verhalten wie 32 zu 31.

Noch hat Mairan darüber Nachforschungen angestellt, um den Grad der größten mittlern Wärme in allen Klimaten im Sommer zu finden, und er hat ihn zu 1026 Graden bestimmt. Die vier Umstände, auf die obige Art abgeleitet von der Wirkung des Lichtes, können, sagt er, dieses Resultat nicht geben, und man muß daher schließen, daß es noch eine Ursache giebt, die keine andere, als die Wärme im Innern des Erdkörpers, seyn kann.

In Paris ist die Sonnenwärme im Sommer $= 32{,}02$ und im Winter $= 1{,}02$, die Ausflüsse des Zentralfeuers müssen also $99{,}198$ betragen. Diese Ausflüsse werden sich daher zur Sonnenwärme verhalten, im Sommer, wie $29{,}16$ zu 1, im Winter wie 491 zu 1; der wahre Winter und der wahre Sommer werden unter einander im Verhältnisse wie 31 zu 32, und der Sonnenwinter und der Sonnensommer wie 1 zu $16\frac{80}{100}$ stehen, sie sind folglich um mehr als 15 Ganze von einander unterschieden.

Erster Theil.   K   Dies

Dies ist ein kurzer Abriß von der Arbeit des Mairan; alle Angaben desselben von der Stärke der Wirkung des Sonnenlichtes stützen sich auf unwidersprechliche Grundsätze; es ist ausgemacht, daß, je höher die Sonne steht, auch ihre Strahlen sich desto mehr der perpendiculären Richtung nähern, und desto weniger von ihnen, beym Durchgange durch die Atmosphäre, verloren geht. — Die Berechnungen des Bouguer über die Stärke der Wirkung des Sonnenlichtes sind genau; je näher dieser Himmelskörper der Erde ist, je länger er sich am Horizonte aufhält, um desto größer muß auch seine Wärme seyn.

Indessen kann man doch nicht läugnen, daß die Erfahrung den Folgerungen des Mairan zuwider ist, und sie könnte nur für 2 abgesonderte Tage, wovon der eine zur Zeit der Wintersonnenwende, und der andere zur Zeit der Sommersonnenwende fällt, mit denselben übereinstimmen; er beweist keineswegs, daß die Sonnenwärme beym Anfange des Winters nur $\frac{1}{700}$, und beym Anfange des Sommers nur $\frac{1}{15}$ der Zentralwärme ist. — Er hatte, in seiner ersten Abhandlung, sehr gut bemerkt, daß bey der Sonnenwärme eine beträchtliche Beschleunigung statt findet, die von sehr großer Wirkung ist; der größte Grad der Wärme am Tage hat nicht zur Mittagszeit, sondern 2 oder 3 Stunden nach derselben statt; die wärmsten Sommertage sind nicht zur Zeit der Sonnenwende, sondern ungefähr 40 Tage nach dieser Periode; im Verhältnisse wie die Sonne sich diesem Zeitpunkte nähert und sich von demselben entfernt, findet an jedem Tage eine geringe Beschleunigung der Wärme statt, und diese Beschleunigungen zusammen geben dann die großen Grade der Wärme, die wir beobachten. Ohne diese Beschleunigung würde, wie Mairan sehr richtig sagt, der Mittag im Winter bey heiterm Sonnenscheine, den genauesten Berechnungen zufolge, wärmer seyn, als der Morgen und der Abend eines Sommertages ist.

§. 63. Diese Berechnungen geben uns also nicht das wahre Verhältniß an, das zwischen der innern Wärme der Erde und der, welche die Sonne an der Oberfläche derselben hervorbringt, statt findet, sie geben die letztere, in Vergleichung mit der erstern, viel zu schwach an. Mairan hat diese Beschleunigung in Rechnung zu bringen vergessen.

Die Temperatur der tiefen Keller des Observatoriums zu Paris wechselt gar nicht, sie ist 1010°, und sie würde folglich die der Oberfläche der Erde bey dieser Breite seyn, wenn sie nicht durch äußerliche Ursachen abgeändert würde. Ein Körper, der einen gewissen Grad von Wärme hat, kühlt sich ununterbrochen ab, und die Erkaltung wird um so schneller vor sich gehen, je besser dieser Körper die Wärme leitet. Der Erdkörper, der einen Grad der Wärme besitzt, er mag nun seyn, welcher er will, würde also auch, wie die übrigen Körper, mehr oder weniger schnell erkalten.

Die Verdunstung der Flüssigkeiten ist, wie wir gesehen haben, eins der besten Mittel, um die Wärme zu zerstreuen; die verschiedenen Theile der Oberfläche der Erde werden sich also um so schneller abkühlen, je mehr sie mit Flüssigkeiten, die immer ausdunsten, z. B.

K 2 mit

mit Waſſer, bedeckt ſind. Herr Romé de Liſle *)
hat vielleicht zu viel auf dieſe Urſache gerechnet, indem
er behauptet, daß ſie vorzüglich an der Erkaltung der
Erde Schuld ſey. Dieſe Verdunſtung iſt im Sommer
und bey Tage weit beträchtlicher, als im Winter und
zur Nachtzeit, aber jene Perioden ſind nicht die, zu
welchen die größte Kälte ſtatt findet. Es muß alſo
noch andere Urſachen geben, welche darzu beytragen,
die große Verſchiedenheit hervorzubringen, die man in
der äußern Temperatur bemerkt. Die Regengüſſe wer=
den hieran mehr Antheil haben; denn wir haben oben
(§. 52.) geſehen, daß das Regenwetter die Luft der
wärmſten Gegenden ſo ſehr abkühlt, daß man die
Jahrszeit, in welcher es ſtark und anhaltend regnet,
die den Winter nennt.

Obſchon das Sonnenlicht an ſehr erhabenen Orten
keinen gewiſſen Grad von Wärme zu haben, und über=
haupt vielleicht gar keine wirkliche Wärme zu beſitzen
ſcheint, ſo iſt es doch gewiß, daß es, wenn es an der
Oberfläche der Erde angelangt iſt, die daſelbſt befind=
lichen Körper und die Luft, die dieſelben umgiebt, er=
wärmt, es mag nun dieſe Wirkung in ſo fern äußern,
in wie fern es die Feuertheilchen in Bewegung ſetzt,
oder in wie fern es auf eine andere Art, über die wir
hier keine Nachforſchungen anſtellen wollen, eine Ver=
änderung zuwege bringt. Aber dieſe Luft und dieſe
Körper werden wieder erkalten, ſo bald als die Urſa=
che ihrer Wärme wirkſam zu ſeyn aufgehört hat, das
heißt,

---

*) Action du feu central demontrée nulle à la ſurface
du globe.

heißt, so bald als die Sonne verschwunden ist. Wenn also die Sonne lange verweilt, ehe sie wieder an unserm Horizonte zum Vorscheine kommt, so wird sich bey ihrer Rückkehr alle Wärme, die sie auf der Erde hervorgebracht hatte, zerstreuet haben; wenn sie aber nur eine kurze Zeit abwesend ist, so wird, bey ihrer Rückkehr, ein Theil der durch sie hervorgebrachten Wärme noch übrig seyn und dieser Umstand wird eine Beschleunigung der Wärme nach sich ziehen. In den langen Tagen von 16 Stunden, bey unserer Breite, ist die Sonne nur 8 Stunden lang abwesend; ihre Wärme hat, ehe sie wieder zurückkehrt, nicht Zeit genug, um sich zerstreuen zu können; aber im Winter verhält sich die Sache anders; denn in dieser Jahrszeit, wenn die Nächte 16 Stunden lang sind, ist die Wärme fast ganz zerstreuet, und daher kommt es, daß man die Kälte vor Aufgang der Sonne sehr lebhaft fühlt.

Im heißen Erdstriche, wenn die Nächte 12 Stunden lang sind, hat die Wärme nicht hinlänglich Zeit, um sich in diesem Zwischenraume zerstreuen zu können, es ist daher noch eine ansehnliche Menge derselben bey der Rückkehr der Sonne gegenwärtig; indessen mangelt es doch in diesen Gegenden nicht an Ursachen, zu welchen der häufige Thau, der in diesen heißen Ländern fällt, und der süße Saft, den die Pflanzen ausschwitzen, gehören, welche die Wärme mehr und mehr vermindern und die Nächte sehr kühl machen. Die Beschleunigung der Wärme ist also hier beträchtlicher; nichts desto weniger giebt es doch jeden Tag eine solche Beschleunigung und die Wärme würde mit der Zeit zu einer außerordentlichen Heftigkeit kommen, wenn diesem

sem Zuwachse nicht durch die Regenzeit, durch starke Winde, und durch andere Ursachen Gränzen gesetzt würden.

Man muß auch in Erwägung ziehen, daß die Erde unter dem Aequator eine Erhöhung von 10000 Toisen hat, und folglich muß der Boden in diesem Theile der Erde, wenn alle übrige Umstände gleich sind, seine innere Wärme mehr erhalten, als an andern Orten.

§. 64. Die Beschleunigung der durch die Sonnenstrahlen hervorgebrachten Wärme ist also, in Ansehung der Wärme, die man an der Oberfläche der Erde wahrnimmt, weit wirksamer, als irgend eine andere Ursache. Der Fehler in den Berechnungen des Mairan kommt daher, daß dieser Naturforscher diese Beschleunigung nicht mit in Anschlag gebracht hat. Zu Torneo z. B. fallen die Strahlen der Sonne zur Zeit der Sommersonnenwende, oder nach derselben, eben so schief auf den Boden, als bey unserer Breite um die Zeiten der Nachtgleichen, eine große Zahl derselben muß sich also in der Atmosphäre verlieren und sie müssen den Boden in einer sehr schrägen Richtung berühren; sie werden folglich nicht mit der Kraft an die Körper anprallen, welche sich dann äußert, wenn die Strahlen eine mehr perpendiculäre Richtung haben. Indessen bringen sie doch denselben Grad der Wärme hervor, welchen sie im heißen Erdstriche verursachen, und dieser Erfolg kann also nur durch ihre fortdauernde Wirkung veranlaßt werden. Die Sonne bleibt fast immer über dem Horizonte, und die Wärme, die sie der Erde an jedem Tage mittheilt, verliert sich daher nie,

nie, sie häuft sich an, und so schwach sie auch an jedem einzelnen Tage zu seyn scheint, so steigt sie doch, in einem Zeitraume, zu demselben Grade, der in den heißesten Klimaten statt findet.

Allein von der Zeit an, da sich die Sonne von der Seite des Aequators, oder gegen den entgegengesetzten Wendekreis zurückzieht, fangen die Nächte an länger zu werden; die Wärme vermindert sich allmälig und die Kälte nimmt bis zu einem hohen Grade zu.

Wir haben gesehen, daß das Erdreich an den Ufern des Wilhout, beym 66° nördlicher Breite, von einer Tiefe von ungefähr 2 Fußen unter der Oberfläche an bis zu einer uns noch unbekannten Tiefe nicht mehr aufthauet; und doch hat man in dieser Gegend einen Sommer, die Erde thauet hier an der Oberfläche bis zu einer Tiefe von 15 oder 20 Zollen auf und ernährt die Pflanzen. Diese Wärme kann also nicht eine Wirkung des Zentralfeuers seyn, (weil dieselbe Erde in einer Tiefe von 20 Zollen gefroren ist und von hier an bis zu einer beträchtlichen Tiefe nie aufthauet,) sondern sie muß einzig von der Wirkung der Sonnenstrahlen hergeleitet werden.

Dieselbe Erscheinung stellt sich uns, so weit als die kalten Erdstriche reichen, dar. Indessen kann man doch nicht in Abrede seyn, daß die innere Wärme des Erdkörpers einen Einfluß auf die äußere Temperatur hat, wenigstens ist so viel gewiß, daß die entgegengesetzte Meinung große Schwierigkeiten hat; denn die innern Lagen der Erde könnten z. B. bey unserer Breite keine Wärme von 10 Graden haben, ohne davon etwas ununterbrochen den äußern Lagen mitzutheilen; die Kälte würde daher an der Oberfläche der Erde weit beträchtlicher seyn, wenn die Heftigkeit derselben nicht immer durch die innere Wärme gemäßigt würde. Wollten wir z. B. annehmen, daß die innern Lagen der Erde, in den kalten Erdstrichen, bey einer gewissen Tiefe gar keine Wärme hätten, sondern so kalt wären, daß sie ein Wärmemaaß bis Null zu fallen nöthigten, so würden die äußern Lagen weit kälter seyn, als sie heutzutage sind, und die Sonnenstrahlen würden sie im Sommer nur einige Zoll oder Linien tief, wie dies wirklich auf den Eisbergen der Fall ist, aufthauen können; aber wir sehen, daß sich diese wohlthätige Wirkung der Sonne bis auf 15 oder 20 Zoll erstreckt. — Der Schnee stellt uns, in diesem Betrachte, ein auffallendes Beyspiel dar; die äußern Lagen der Erde gefrieren bey uns nie, wenn häufiger Schnee gefallen ist; die Kälte dringt weit weniger in die Keller und in andere unterirdische Behältnisse ein, weil diese dicke Lage von Schnee verhindert, daß die Kälte nicht bis zu den Erdlagen gelangen kann, welche also die Wärme, die sie besitzen, beybehalten. Der Schnee wirkt in diesem Falle so, wie jeder andere Körper, der die Oberfläche der Erde in einer gewissen Dicke bedeckte, wirken würde. Die größte Kälte, die wir, bey unserer Breite, in ebenen Gegenden haben, macht die Erde nur bis zu einer Tiefe von 15, 18 oder 20 Zollen gefrieren, und eine 20 Zoll hohe Schneelage wird also verhindern, daß der Frost nicht bis zur Erde gelangt. Allein im Norden und auf hohen Bergen breitet sich der Frost bis zu einer viel größern Tiefe aus, und es müßte also daselbst weit mehr Schnee fallen, wenn er den Frost von den

äußern

äußern Lagen der Erde abhalten sollte. Die Eislagen, die sich auf hohen Bergen erzeugen, gewähren eine Erscheinung, die uns von der Richtigkeit dessen, was ich so eben gesagt habe, überzeugt. An den Stellen, wo diese Eismassen am wenigsten dick sind, zerschmelzt der Theil derselben, der die Oberfläche der Erde berührt, nicht, indeß die weit dickern Eisblöcke da, wo sie die Erde berühren, zerschmelzen, so daß unter denselben sich immer Wasser befindet, welches ununterbrochen abfließt und zur Entstehung sehr ansehnlicher Flüsse Gelegenheit giebt. Von der äußern Fläche dieser Eisblöcke aber schmelzt nur wenig und kaum nimmt den Tag über das Eis an dieser Fläche um einige Linien ab.

Was ich bisher über die Ursachen der äußern Temperatur gesagt habe, besteht also kürzlich in Folgendem:

Die innerliche Wärme, welche bey unserer Breite 10° zu seyn scheint, theilt sich den äußern Lagen der Erde mit; diese würden folglich dieselbe Temperatur von 10° annehmen und behalten, wenn nicht äußere Ursachen darauf Einfluß hätten und große Verschiedenheiten, in Rücksicht auf dieselbe, zuwege brächten. Unter diese äußern Ursachen gehören die Gewässer, die Winde, die Verdunstung, der Regen, die Beschaffenheit des Bodens, seine Erhebung u. s. w., welche diese Wärme mehr oder weniger vermindern, und, von einer andern Seite, die Wirkung der Sonnenstrahlen, welche die Wärme auf eine mehr oder weniger beträchtliche Art verstärkt.

Die mittlere Kälte ist, bey unserer Breite, 7 Grad unter Null, und die Wärme ist = 26 Grad, dies

macht

macht im Ganzen einen Unterschied von 33 Graden, aber die Sonnenstrahlen, die zur Zeit der Wintersonnenwende 1 Grad geben, geben zur Zeit der Sommersonnenwende 16,80; um volle 33 Grade zu haben, fehlen also noch 16,20; aber diese 16,20° können nur mittelst der Beschleunigung der Wärme hervorgebracht werden, welche eine Wirkung der Sonnenstrahlen ist, und die sich jeden Tag anhäuft; denn die innere Wärme des Erdkörpers kann vom Anfange des Winters an bis zum Anfange des Sommers nicht auf eine merkbare Art zunehmen. Ohne diese innere Wärme aber würden die Sonnenstrahlen weder zur Zeit der Wintersonnenwende eine Wärme von einem Grade, noch zur Zeit des Anfangs des Sommers eine Wärme von 16,80° hervorbringen können; die innere Wärme der Erde wird also auf die äußere Temperatur sowohl im Winter, als im Sommer, einen wirklichen Einfluß haben.

Man hat die Frage aufgeworfen: welchen Grad von Wärme die Sonne auf der Oberfläche der Erde,

1) zur Zeit der Nachtgleichen,
2) beym Anfange des Winters, und
3) beym Anfange des Sommers

hervorbringen würde, wenn man die Temperatur des ganzen Innern des Erdkörpers = Null annähme?

Ich antworte: man kann diese Voraussetzung nicht gelten lassen, weil die Temperatur der Lagen an der Oberfläche und in der Nähe der Pole immer kälter ist, als die, welche die tiefern und nahe am Aequator liegenden Erdschichten haben.

§. 65.

§. 65. Man kann nun, auf diese Grundsätze gestützt, alle Erscheinungen, welche die äußere Temperatur des Erdkörpers gewährt, recht leicht erklären:

1) Die Wärme, die im Innern der Erde, bey unserer Breite, statt findet, erleidet, wenigstens in einer gewissen Tiefe von 24 Füßen, keine Veränderung, weil die Sonne der Erde ungefähr eben so viel Wärme wieder giebt, als sie durch die Erkaltung verliert. Indessen scheint es, daß das Wärmemaaß im heißen Erdstriche, bey derselben Tiefe von 24 Füßen, Veränderungen zu erkennen giebt, welche anzeigen, daß hier eine Zunahme der Wärme statt findet, indeß bey der nämlichen Tiefe im kalten Erdstriche die mittlere Temperatur vermindert ist und das Wärmemaaß unter 1010 Grad steht. — Bey größern Tiefen wird aber wahrscheinlich bey allen Breiten die innere Temperatur die nämliche seyn; denn im Innern der Erde muß die Wärme sich ins Gleichgewicht zu setzen suchen, wie sie das in allen Körpern thut; die Gegenden unter der Linie werden also von ihrer Wärme ohne Unterlaß den Lagen mittheilen, welche sich näher an den Polen befinden, und eine solche Mittheilung muß immer vor sich gehen, so daß die innern Lagen des Erdkörpers in großer Tiefe fast die nämliche Temperatur haben werden. Wenn dies nicht der Fall wäre, so würden auch die innern Lagen, die sich bey unserer Breite finden, nicht immer eine und dieselbe Temperatur haben.

2) Man muß in der That auf die Erdlagen, die unter dem Meere sind, und die nicht die nämliche Temperatur haben, Rücksicht nehmen. Wir haben gesehen, daß die mittlere Temperatur der Wassermasse, die

die das Meer ausmacht, mit Wahrscheinlichkeit ungefähr auf 6° geschätzt werden kann; der Boden, auf dem dieselbe ruht, muß ihr also ununterbrochen etwas Wärme mittheilen, und seine eigne Wärme muß folglich abnehmen. Der Meeresgrund wird daher kälter seyn, als der Theil des festen Landes, der sich im heißen Erdstriche, und in den gemäßigten Zonen befindet, aber wärmer, als das feste Land, das die Polarzonen ausmacht; und da es Theile des Meeres giebt, die sehr tief, vielleicht eine französische Meile tief sind, so kann sich die Temperatur unter allen äußern Lagen des Erdkörpers vielleicht nur in einer Tiefe von 2 oder 3 französischen Meilen ins Gleichgewicht setzen.

3) Auf hohen Bergen ist die Kälte immer größer, als in ebenen Gegenden, weil sich 1) die Wärme in den Letztern weniger zerstreut; weil 2) die Lichtstrahlen hier mehr beysammen bleiben und weniger davon verloren geht, indeß sie auf dem Gipfel eines Berges sich aus einander begeben, und weil 3) die Atmosphäre in einer Ebene dichter ist, als auf Bergen; auch verlieren die Berge täglich etwas von ihrer Wärme; denn

4) die Kälte scheint auf hohen Bergen täglich zuzunehmen; die Eislagen auf den schweizer Gebirgen werden immer größer. Herr Gruner erzählt, daß man heutzutage Wiesen und ganze Waldungen von Lerchenbäumen mitten zwischen Eismassen, die nicht mehr zerschmelzen, gewahr wird; auch berichtet dieser Naturforscher, daß man irgendwo die Spitze eines Kirchthurms sehen kann, der zu einem Dorfe gehört, das ganz mit Schnee bedeckt war. — Man bemerkt, daß sich der Schnee und das Eis auf allen diesen hohen Bergen

gen vermehrt, und daß viele Wege, auf welchen man
ehedem reisen konnte, jetzt nicht mehr betreten werden
können. Die Einwohner von Valais konnten sonst durch
den Grindelwald in den Kanton Bern reisen, aber jetzt
ist dieser Weg nicht mehr gangbar; auch die ungeheure
Eismasse, die alle untere Theile des Montblanc bedeckt, nimmt täglich an Größe zu. Uiberdem kommen
alle Bewohner dieser gebirgigen Gegenden darin unter
einander überein, daß die Eisblöcke täglich neuen Zuwachs erhalten, und besonders versichern dies die Jä-
ger; denn mehrere Wege, auf welchen sie sonst ihren
Berufsarbeiten nachgehen konnten, sind jetzt des Eises
wegen nicht mehr gangbar.

In den Polargegenden scheint sich das Eis ebenfalls zu vermehren; denn den Seefahrern, die in diese
Gegenden reisen, setzt jetzt das Eis mehr Hindernisse
entgegen, als ehedem, und in der Meeresenge von
Weigatz, durch die Barenz im Jahre 1594 fuhr,
ist die Landung jetzt mit großen Schwierigkeiten verbunden.

5) Die mit Waldungen bedeckten, von großen
Flüssen und stehenden Gewässern durchschnittenen, oder
mit Morästen und Sümpfen reichlich versehenen Länder
sind kälter, als andere Länder bey derselben Breite;
aus dieser Ursache ist das nördliche Amerika weit kälter,
als das länger bekannte feste Land, das mit jenem eine
und dieselbe Breite hat; die weit beträchtlichere Verdunstung, die in Amerika statt hat, ist hieran vorzüglich Schuld. — Die Gegenden aber, die mit Sande
bedeckt sind, wohin mehrere Ebenen in Afrika, einige
große Plätze in Asien u. s. w. gehören, zeichnen sich
durch

durch ihre Hitze weit mehr, als andere Länder, aus. — Rom, und der ganze Theil von Italien, der diese Stadt umgiebt, war sonst kälter, als er jetzt ist, weil sonst viel Waldung daselbst war; dies ist auch bey den mittägigen Gegenden von Deutschland, Frankreich u. s. w. der Fall.

Von der Erkaltung des Erdkörpers.

§. 66. Die Thatsachen, die wir so eben erzählt haben, lassen uns nicht zweifeln, daß der Erdkörper viel von seiner ursprünglichen Wärme verloren habe; auch stimmen alle Geologen, sie mögen in andern Rücksichten noch so sehr von einander abweichen, in diesem Betrachte mit einander überein.

Die Erde strebt so, wie alle andere warme Körper, deren Wärme nicht durch eine wirksame Ursache erneuert wird, sich ununterbrochen abzukühlen. Wir kennen aber keine dem Erdkörper eigne Ursache, welche den erlittenen Verlust wieder ersetzen könnte; die unterirdischen Feuer bringen in diesem Betrachte so wenig Wirkung hervor, daß die äußere Temperatur der Berge, die innerlich brennen, kaum merklich erhöht ist; wie man auch daraus abnehmen kann, daß es auf dem Aetna, auf dem Pic von Teneriffa, auf dem Coto-Paxi Stellen giebt, wo der Schnee fast nie schmelzt.

Man kann auch nicht leicht eine große Masse Feuer im Mittelpunkte der Erde annehmen, wenigstens giebt es keine einzige Thatsache, durch welche eine solche Hypothese

pothese bestätigt werden könnte. Es ist also einzig und allein die durch die Sonne mitgetheilte Wärme, welche der gänzlichen Erkaltung der Erde Gränzen setzt.

Die Erkaltung eines kugelförmigen Körpers verhält sich wie seine Dichtigkeit. Wenn man angeben könnte, welchen Grad der Wärme die Erde ursprünglich hatte, und wenn man überdem genau die Wärme zu berechnen im Stande wäre, welche ihr von der Sonne mitgetheilt wird, so würde man auch die Zeit bestimmen können, welche vergehen mußte, ehe sie die gegenwärtige Temperatur erhalten konnte. Allein wir haben, in diesem Betrachte, gar keine zuverläßigen Angaben, und wir müssen uns also mit den Thatsachen, die wir kennen, begnügen, und zu entdecken suchen, ob jetzt die Erde an Wärme ab= oder zunimmt.

Bey unserer Breite (48°, 50') bemerkt man in den tiefen Höhlen unter der pariser Sternwarte gar keine Aenderung in Ansehung der dasigen Temperatur, man kann diesen Grad also als die Centralwärme ansehen; er ist (wenn man die Leiter am Wärmemaaße in 1000 Theilchen abgetheilt hat,) 1010°. Die mittlere Wärme unserer Sommer ist in ebenen Gegenden 1010 + 16 = 1026, und die mittlere Kälte unserer Winter ist 1010 — 16 = 994°.

Im Laufe eines Jahres scheint die Wärme wenigstens eben so oft über 1010 zu seyn, als sie unter diesem Grade ist; es scheint also auch, daß der Theil des festen Landes in ebenen Gegenden bey unserer Breite, während des Sommers, durch die Wirkung der Sonnenstrahlen eben so viel Wärme erhält, als er im Winter,

ter, während der Abwesenheit der Sonne, verlieren
kann. In den Ländern, die von dieser Breite an bis
zur Linie liegen, muß der Theil, der das feste Land
ausmacht, weit mehr Wärme erhalten, als er wieder
verlieren kann; denn in dem größten Theile dieser Ge=
genden fällt das Wärmemaaß nie bis zur Null herun=
ter, und in einem andern, ebenfalls beträchtlichen
Theile derselben erhält es sich mehrere Grade über Null
und steigt oft bis auf 30 und 32 Grad; auch ist die
mittlere Wärme dieser Gegenden weit über 10 Grad.

In dem Erdstriche, der von unserer Breite an bis
an die Pole liegt, muß der Theil, der das feste Land
ausmacht, mehr von seiner Wärme verlieren, als er
durch die Wirkung der Sonne wieder erhalten kann.
Die Winter dauern sehr lange und die Kälte ist unge=
mein heftig. Man ist auch davon überzeugt, daß es
jetzt in Island weit kälter ist, als vor wenigen Jahr=
hunderten; es waren sonst sehr schöne Waldungen da=
selbst, und jetzt kommt blos kleines Gesträuch und Ge=
büsch daselbst fort. Scythien, dieses ehemalige Va=
terland starker und großer Männer, muß ehedem eine
mildere Temperatur gehabt haben, als die ist, welche
unser Sibirien und unsere Tatarey hat. Eben diese
Bewandniß hat es mit allen hohen Bergen, die, wie
ich schon oben von den schweizer Gebirgen angeführt
habe, ununterbrochen kälter werden. Allein diese letz=
tern Erdstriche, mit Inbegriff der hohen Berge der
übrigen Gegenden, machen kaum ein Viertel, in Ver=
gleichung mit dem Erdstriche, wo eine Vermehrung
der Wärme statt findet, aus, und folglich wird das
ganze feste Land des Erdkörpers mehr Wärme erhalten,

als

als es verliert. Indeſſen, in Anſehung der Gegenden, die ſehr reichlich mit Waſſer verſehen ſind, muß man von andern Vorderſätzen ausgehen, weil dieſe Gegenden nicht mit dem Erdboden einen und denſelben Grad von Wärme annehmen. Die mittlere Wärme des Meeres zwiſchen den Wendekreiſen iſt vielleicht nur 9° und wahrſcheinlich iſt ſie noch unter dieſem Grade; in dem Meere der gemäßigten Erdſtriche iſt die mittlere Wärme des Waſſers vielleicht nur 4° über Null und in dem Meere der kalten Zonen iſt ſie vielleicht nur ein oder 2 Grad über Null; das Meer iſt hier ſehr oft in der Nähe des feſten Landes und der Inſeln mit Eis bedeckt. Man muß alſo eine Mittelzahl annehmen, um den Grad der Wärme der ganzen Ausdehnung des Meeres zu beſtimmen; indeſſen haben wir nicht Beobachtungen genug, um hierüber etwas auf eine zuverläßige Art feſtſetzen zu können, doch iſt es gewiß, daß dieſe Wärme weit unter 10° ſeyn muß. Wir haben ſie auf 6° geſchätzt, die mittlere Wärme des feſten Landes aber haben wir $= 12°$ angenommen.

Mehrere aufgeklärte europäiſche Nationen haben heutzutage in allen Gegenden der Erde und unter allen Breiten Beſitzungen, und es wäre daher ſehr zu wünſchen, daß ſie die Veranſtaltung träfen, daß folgende Beobachtungen gemacht würden. Ich wünſchte, daß man zu Torneo, zu Abo, zu Archangel, in der Hudſons-Bay, in Island, und überhaupt in den kälteſten Gegenden unſerer Hemiſphäre, 80 bis 100 Füße tiefe Gruben in die Erde machte und in dieſer Tiefe Gewölber anlegte, in welchen, ſo wie in den Behältniſſen unter der pariſer Sternwarte, thermometriſche Beobachtungen angeſtellt würden; ich wünſchte ferner,

Erſter Theil. L daß

daß man bey allen Breiten, und besonders in der Nähe von großen Städten, z. B. bey Upsal, Stockholm, Petersburg, Tobolsk, Kopenhagen, Wien, London, Berlin, Turin, Madrid, Philadelphia, Boston u. s. w. und in warmen Ländern z. B. zu Madras, Pondicheri, Batavia, Lima, Carthagena, Senegal, auf dem Vorgebirge der guten Hoffnung, u. s. w. solche Beobachtungen machte, und daß man auch im Meere bey verschiedenen Tiefen, unter verschiedenen Breiten und zu verschiedenen Jahrszeiten, Versuche mit Wärmemaaßen anstellte und sie öfters wiederholte, damit man endlich gewisse Resultate erhielte; denn auf diese Art würde man, nach einigen Jahrhunderten, eine schöne Sammlung von genauen Beobachtungen über die innere Wärme des Erdkörpers haben, und man würde wissen, ob diese Wärme bey verschiedenen Breiten Abänderungen erleidet, ob sie zunimmt oder sich vermindert. Jetzt sind wir, in Rücksicht auf diese Gegenstände, noch nicht im Stande, mit Zuverläßigkeit ein Urtheil zu fällen, indessen, wenn man von den Thatsachen, die wir haben, ausgeht, so kann man doch, dünkt mich, behaupten, daß die Wärme des festen Landes, das zwischen den Wendekreisen liegt, in einer gewissen Tiefe zunimmt, die des festen Landes aber, das in einem Theile der gemäßigten Erdstriche liegt, keine sehr bedeutende Veränderung erleidet; daß sich ferner die Wärme des festen Landes in der Nähe der Pole und auf hohen Bergen in einer gewissen Tiefe ansehnlich vermindert, und die der Gegenden, die ihre Lage unter dem Meere haben, täglich abnimmt, und daß überhaupt die Wärme des Erdkörpers täglich eine Verminderung erleidet.

§. 67.

§. 67. Ich habe angenomnien, daß die innere Wärme des Erdkörpers in den frühesten Zeiten, und vor der allgemeinen Kryſtalliſation deſſelben, wenigſtens der des ſiedenden Waſſers gleich und ſelbſt noch größer war, und es wird mir jetzt nicht ſchwer werden, zu beweiſen, daß meine Annahme gar nicht übertrieben iſt.

1) Es iſt, wie wir ſo eben geſehen haben, erwieſen, daß der Erdkörper ununterbrochen kälter wird;

2) Der Erdkörper beſitzt die Geſtalt, die er jetzt hat, ſchon ſeit einer Reihe von Jahrhunderten, die wir weder beſtimmt, noch muthmaaßlich angeben können; allein dieſe Dauer muß gewiß weit beträchtlicher ſeyn, als wir ſie glauben können. Wir wollen nur den Zeitpunkt annehmen, wo ſich die Staaten zu organiſiren anfiengen; wie viel Tauſende von Jahrhunderten müſſen nicht vor demſelben vorhergegangen ſeyn, damit ſich eine ſo große Menge von verſteinertem Holze, von Muſchelſchaalen, und von Thieren, als damals ſchon exiſtirten, hatte erzeugen, und damit alle Lagen von der zweyten Entſtehung hatten hervorgebracht werden können? Und wie viel Tauſende von Jahrhunderten mögen wohl von der erſten Kryſtalliſation des Erdkörpers an bis zur Entſtehung der organiſirten Weſen vergangen ſeyn? Wir können über dieſe Dauer nichts Beſtimmtes ſagen, weil es uns hierzu gänzlich an Angaben mangelt, aber das können wir behaupten, daß vor unſerer Periode eine ſo große Reihe von Jahrhunderten vorhergegangen iſt, daß wir uns keine Vorſtellung davon machen können.

Wenn es nun, wie wir geſagt haben, erwieſen iſt, daß der Erdkörper täglich etwas von ſeiner Wärme verliert,

liert, dieser Verlust mag auch für ein Jahr, für ein Jahrhundert, noch so klein angenommen werden, so kann man fragen, wie groß muß wohl dieser Verlust in der zahllosen Reihe von Jahrhunderten, die seit der Bildung des Erdkörpers verflossen sind, gewesen seyn, zumal da man voraussetzen kann, daß dieser Verlust ehedem um so größer gewesen seyn muß, je größer die Wärme war, da diese durch die Wirkung der Sonnenstrahlen um so weniger wieder ersetzt werden konnte? Denn in der That mußte im Anfange diese Wärme, die, mehrern Thatsachen zufolge, sehr beträchtlich gewesen ist, verhältnißmäßig mehr abnehmen, als jetzt. —

Man kann aus allen diesen Thatsachen die Folgerung herleiten, daß die erste Wärme des Erdkörpers, die Zentralwärme desselben, in der Zeit, die gleich auf die Krystallisation folgte, weit größer gewesen seyn muß, als die jetzige ist, und wenn man annimmt, daß sie größer gewesen ist, als die des siedenden Wassers, so wird man diese Schätzung nicht übertrieben finden; ich glaube vielmehr, daß sie bey weitem zu klein angenommen ist; denn der Analogie zufolge muß diese Wärme mehrere Grade über der des kochenden Wassers gewesen seyn.

§. 68. Allein wird wohl diese Verminderung der Wärme täglich zunehmen? oder mag es einen Zeitpunkt geben, nach dessen Verlauf diese Wärme nicht mehr abnehmen wird? oder ist es möglich, daß dereinst eine Zeit kommen kann, zu welcher sich diese Wärme vermehrt? Wir wissen nichts von alle dem, was sich mit unserm Erdkörper zugetragen hat, und was sich noch mit ihm ereignen wird. Indessen, wenn man von bekannten Thatsachen ausgeht und der Analogie folgt, so kann man sich folgendermaaßen hierüber äußern:

Die Gegenwart der Sonnenstrahlen ist eins von den Elementen der Wärme an der Oberfläche der Erde, diese Strahlen sind aber mehr oder weniger wirksam, je mehr oder weniger nahe die Sonne der Erde ist.

1) Newton und andere Mathematiker nehmen an, daß sich die Erde in einer Zeit von mehrern Jahrhunderten der Sonne nähern könne; dies wäre die erste Ursache, welche die Wärme auf der Oberfläche der Erde vermehren könnte.

2) Eine andere Ursache wird auf die Temperatur der Sommer und der Winter Einfluß haben. Die Zeit, wenn die Sonne am höchsten ist, fällt jetzt in den ersten Tagen des Julius, und die Zeit, wenn sie der Erde am nächsten ist, in den ersten Tagen des Jenners, allein nach einer Periode von 40 bis 50000 Jahren wird sie zur Zeit der Wintersonnenwende am höchsten stehen, und zur Zeit der Sommersonnenwende der Erde am nächsten seyn. Der Sommer wird also in dieser Periode, wenn alle übrige Umstände gleich sind, wärmer, und der Winter kälter seyn, als jetzt.

3) Ein anderer Umstand, der auf die Wärme Einfluß hat, ist die Beschaffenheit der Oberfläche der Erde; der Erdboden, der feucht, oder mit Holze bewachsen, oder vom Meere, oder mit stehenden Gewässern bedeckt ist, ist überhaupt kälter, als ein kahler, aus Erde, Sand, Steinen u. s. w. gebildeter Boden; die Berge sind kälter, als die Ebenen. — Aber jetzt ist die Oberfläche

der

der Erde mehr angebauet; man ist beschäftigt, die Wälder zu lichten, die Sümpfe auszutrocknen und dem Wasser einen Ablauf zu verschaffen; das Meer und die stehenden Gewässer nehmen ab und die Berge werden von Tage zu Tage niedriger. — Alle diese Ursachen müssen also die äußere Temperatur des Erdkörpers weniger kalt machen.

4) Auch die Dichtigkeit der Atmosphäre ist ein Element der Wärme an der Oberfläche der Erde; diese Atmosphäre aber ist jetzt weniger mit Dünsten beladen, als ehedem, (weil sich täglich die Menge des feuchten Bodens vermindert, und die Wälder, die Gewässer, die Seen täglich abnehmen,) und ihre Dichtigkeit muß immer schwächer werden, (weil sich alle diese Ursachen, welche ich so eben genennt habe, täglich mindern.)

5) Diese Dichtigkeit des Dunstkreises nimmt auch noch aus einer andern Ursache, deren Wirkung mehr allgemein ist, ab; denn mehrere Umstände nöthigen uns, zu glauben, daß die Höhe der Atmosphäre nach der Bildung des Erdkörpers weit beträchtlicher war, als sie jetzt ist, weil sich eine große Menge Luft mit den Substanzen, die die neuen Erdlagen bilden, vereinigt hat und noch täglich zu vereinigen fortfährt. Es giebt also, wie wir gesehen haben, sehr viel Ursachen, die einen Einfluß auf die Temperatur unsers Erdkörpers haben müssen, aber es wird nicht leicht seyn, die Wirkungen einer jeden derselben genau zu berechnen, weil wir den Grad der Wärme, den jede einzeln genommen hervorbringt, nicht anzugeben im Stande sind. Es fragt sich aber, ob es nicht eine innerliche und dem Erdkörper eigne Ursache geben könne, welche seine

Wärme

Wärme zu erhöhen vermöge? Wir kennen, außer der von selbst erfolgenden Entzündung verschiedener, in der Erde befindlicher, brennbarer Körper, z. B. der Steinkohlen, des gegrabenen Holzes, des Torfs, des Schwefelkieses u. s. w. keine andere Ursache von dieser Art; die jetzt genannten Körper aber entzünden sich und ihre Flamme theilt sich andern Substanzen mit. Giebt es wohl eine so große Menge von solchen brennbaren Substanzen, daß der ganze Erdkörper sich entzünden und in Flammen ausbrechen könne? Ich werde an einem andern Orte auf diese Frage antworten.

Von den verschiedenen Lüften.

§. 69. Man kennt jetzt sehr viele, von einander unterschiedene, Luftarten, die entweder mit verschiedenen Substanzen des Mineralreichs vereinigt sind, oder sich ungebunden und frey entweder im Dunstkreise, oder in verschiedenen Höhlen des Erdkörpers aufhalten. Wir werden bey den Nachrichten von den Bestandtheilen der mineralischen Substanzen, die ich mittheilen werde, Gelegenheit haben, diese Lüfte genauer kennen zu lernen, jetzt will ich daher nur die vorzüglichsten Arten, die uns bekannt sind, kürzlich beschreiben:

1) Die reine Luft; sie befindet sich in Menge in allen Wässern, die an der Oberfläche, oder im Innern des Erdkörpers herumfließen; sie ist auch in den Kalken der Metalle, z. B. in dem des Braunsteins, des Quecksilbers, des Bleyes, des Kupfers u. s. w. enthalten

halten und sie macht einen Bestandtheil der Säuren und vielleicht mehrerer anderer Körper aus; man kann also annehmen, daß sie eher war, als die Krystallisation der Erdlagen von der ersten Entstehung vor sich gieng.

2) Die unreine oder phlogistisirte Luft (Stickluft); sie ist in großer Menge in allen Wässern befindlich; auch scheint sie in mehrern metallischen Kalken gegenwärtig zu seyn und macht den größern Theil des Dunstkreises aus; man kann sie also ebenfalls als ein Wesen ansehen, das schon vor der Krystallisation der ursprünglichen Erdlagen da war.

3) Die zündbare Luft (Wasserstoffgas); diese Luft hält sich in vielen unterirdischen Hölen und Klüften, auch in Bergwerken auf; die Bergleute und andere Arbeiter kennen sie unter dem Namen: entzündlicher Schwaden; sie entzündet sich am Lichte ihrer Lampen und verpufft mit einem großen Geräusche, das besonders in den Bergwerken an den Firsten bemerkbar ist, weil dieser Schwaden wegen seiner Leichtigkeit empor steigt; man trifft ihn besonders in den Steinkohlengruben häufig an; auch das Wasser der Sümpfe ist damit versehen. — Da es Erzgänge in den Erdlagen von der ersten Entstehung giebt, so kann sich die zündbare Luft daselbst ebenfalls aufhalten. —

4) Die Schwefelleberluft oder brennbare Schwefelluft (geschwefeltes Wasserstoffgas). Diese Luft findet sich in mehrern Bergwerken und ich selbst habe sie in den unterirdischen Gängen der Salzwerke zu Ber angetroffen; auch macht sie einen Bestandtheil mehrerer

ter Mineralwäſſer aus, und ſie mag ſich wohl auch in den Erzgängen der urſprünglichen Erdlager finden.

5) Die brennbare Phosphorluft (phosphorirtes Waſſerſtoffgas). Ich vermuthe, daß dieſe Gasart in einem Bleybergwerke in England befindlich iſt, wo eine Verpuffung ſtatt findet, ſo bald als ſich die Arbeiter dem Orte nähern, wo ſich der Schwaden aufhält. Dieſe Luft iſt es auch, welche die brennenden Springbrunnen, z. B. die zu Pietra-Mala, in der Dauphine' u. ſ. w. unterhält. Die Phosphorſäure findet ſich in den urſprünglichen Erdlagen, es iſt daher ſehr wahrſcheinlich, daß es in dieſen Lagen auch nicht an jener Luftart mangeln wird.

6) Die fire Luft oder Luftſäure (Kohlenſäure); dieſe Luft findet ſich ſehr häufig im Mineralreiche; man kann ſie aus allen Kalkerden und Kalkſteinen abſcheiden, und ich glaube, daß ſie auch im Quarze gegenwärtig iſt; ſie macht einen Beſtandtheil mehrerer Metallkalke aus, die meiſten Wäſſer enthalten eine größere oder geringere Menge davon und man trifft ſie auch in verſchiedenen unterirdiſchen Hölen, wie in der Hundehöle bey Neapel, an.

Dieſe Luftart war eher da, als die Kryſtalliſation der Erdlagen von der erſten Entſtehung vor ſich gieng; denn man findet in dieſen Lagen viel Quarz, Kalkſpath, Kalkſteine, metalliſche Kalke u. ſ. w. welche dergleichen Luft in ſich haben.

Alle dieſe Lüfte waren alſo ſchon vor der Kryſtalliſation des Erdkörpers gegenwärtig und ſie machten Beſtandtheile der verſchiedenen Subſtanzen aus, welche die urſprünglichen Erdlagen gebildet haben.

Von der Bildung des Dunſtkreiſes.

§. 70. Nicht alle Luft, die wirklich gegenwärtig war, hat ſich mit den verſchiedenen urſprünglichen Subſtanzen des Mineralreichs, bey ihrer Entſtehung, vereinigt, ein Theil derſelben iſt frey geblieben, und dieſer hat ſich, wegen ſeiner großen Leichtigkeit, über die übrigen Subſtanzen erhoben und den Dunſtkreis gebildet.

Die Atmoſphäre wird alſo aus denſelben Luftarten, die ſich in den Körpern des Mineralreichs befinden, das heißt, aus reiner, phlogiſtiſirter, brennbarer und fixer Luft, zuſammengeſetzt ſeyn. Die letztere Art oder die Luftſäure iſt im Waſſer ſehr auflöslich, und der in der Atmoſphäre ſich bildende Regen wird ſie alſo in ſich nehmen und ſie ſo dem Waſſer in dem Meere und in den Seen mittheilen. Uiberdem kann ſich auch dieſe Luft wegen ihrer großen Schwere *) nicht lange im Dunſtkreiſe erhalten, ſie ſetzt ſich ununterbrochen auf die Erde ab und alle Wäſſer enthalten deshalb eine gewiſſe Menge derſelben.

Die zündbare Luft, die ſehr leicht iſt, nimmt die höhern Gegenden des Dunſtkreiſes ein, und dieſer Umſtand

*) Die Schwere eines Würfelfußes atmoſphäriſcher Luft beträgt 720, indeß eine gleich große Menge fixer Luft 1080 wiegt.

stand macht, daß die Luft in einer gewissen Höhe, z. B. von 1200 bis 1500 Toisen, weniger rein ist, als in einer mittlern Höhe. Zur Bildung des untern Theils des Dunstkreises bleibt folglich nur die reine und die phlogistifirte Luft übrig, und diese beyden Lüfte machen auch wirklich die Mischung dieses Theils aus. Die genauesten Versuche, die man angestellt hat, um das Verhältniß dieser Luftarten zu einander zu entdecken, scheinen zu erweisen, daß die reine Luft 0,26, die phlogistifirte aber 0,74 betrage.

Die Schwere einer Luftsäule des Dunstkreises ist der Schwere einer Quecksilbersäule von 28 Zollen, oder einer Wassersäule von 32 Füßen gleich.

Die Höhe des Dunstkreises ist noch nicht ganz genau bekannt; vielleicht ist sie auch nicht immer dieselbe, da, wie man weiß, die Luft durch die Gegenwart der Sonne verdünnt wird, indeß sie, wenn die Sonne zu scheinen aufgehört hat, wieder eine dichtere Beschaffenheit erhält. Es wäre sehr gut, wenn man, in diesem Betrachte, eine richtige Kenntniß erlangen könnte. Man hat sich bemüht, die Tiefe des Dunstkreises mittelst des Barometers zu bestimmen; an den Ufern des Meeres erhält es sich bey 28 Zollen; es fällt, in den ersten Augenblicken der Erhöhung, bey 63 Füßen um eine Linie. Da aber die Luft eine elastische Flüßigkeit ist, die sich sehr zusammendrücken läßt, so werden die untern Lagen derselben einen Druck erleiden, den man noch nicht genau kennt, und der Grad der Ausdehnung, der bey den obern Lagen derselben statt findet, ist noch weniger bekannt, man kann folglich nicht mit Zuverläßigkeit berechnen, wie sich die Abnahme der

Dich-

Dichtigkeit des Dunstkreises verhält. Man nahm an, daß man zu der ersten Linie des Raums, welchen das Queckſilber im Barometer gefallen iſt, einen Fuß, zur zweyten Linie 2 Füße, zur dritten 3 Füße u. ſ. w. hinzufügen müſſe, allein dieſe Vorausſetzungen ſind nicht richtig befunden worden; denn auf dem Pitchinka bey Quito, in einer Höhe von 2430 Toiſen, fällt das Queckſilber 15 Zoll 11 Linien, auf dem Chouſſai, der 1952 Toiſen hoch iſt, erhält ſich das Queckſilber bey 17 Zollen 2 Linien, und man hat hieraus gefolgert, daß in ſolchen Höhen eine Linie des Fallens des Queckſilbers 15 oder 16 Toiſen Erhöhung entſpreche. Auf dem Gipfel des Montblanc, in einer Höhe von 2453 Toiſen, hielt ſich das Queckſilber nur bey $16\frac{4}{7}\frac{4}{8}$ Zoll, und ſo würde es ſich folglich bey einer Höhe von 2800 Toiſen nur bey 14 Zoll erhalten. Wenn man annimmt, daß ſich die Dichtigkeit der Luft des Dunſtkreiſes in dieſer Progreſſion vermindert, ſo wird die durch das Barometer angezeigte Höhe deſſelben nur einige franzöſiſche Meilen (ungefähr 4 oder 5) betragen. Allein alle andere Erſcheinungen zeigen an, daß dieſe Höhe weit beträchtlicher iſt; die aſtronomiſchen Brechungen geben die Höhe des Dunſtkreiſes zu 18 bis 20 franzöſiſchen Meilen an, man kann aber ſelbſt bey dieſer Annahme noch nicht ſtehen bleiben; denn nahe am Monde findet keine merkliche Refraction ſtatt, und doch darf man nicht zweifeln, daß unſer Trabant eine Atmoſphäre hat, weil man feuerſpeyende Berge in demſelben gewahr worden iſt; es kann alſo wohl ſeyn, daß ſich die Atmoſphäre der Erde viel weiter erſtreckt, als ſie die aſtronomiſchen Refractionen angeben. Die Erſcheinungen, welche das Nordlicht gewährt, haben
den

den Herrn Mairan veranlaßt, zu glauben, daß die Erdatmosphäre eine Tiefe von 200 oder 300 französischen Meilen habe. Man muß also eingestehen, daß die durch das Barometer angezeigte Schwere der atmosphärischen Luft, so wie sich diese von der Erde entfernt, einer weit beträchtlichern Progression folgt, als man, den Berechnungen gemäß, die sich auf die in geringen Höhen gemachten Beobachtungen stützen, annimmt.

Es dünkt mir wahrscheinlich, daß die Ausdehnung der atmosphärischen Luft in den obern Lagen weit beträchtlicher ist, als man sie gemeiniglich annimmt; ob es gleich beym ersten Anblick scheinen könnte, daß sie, der ungemein heftigen Kälte wegen, die in diesen Regionen statt findet, weniger beträchtlich seyn müsse. Wir bemerken augenscheinlich, daß es nicht möglich ist, eine fast unmerkliche Leere unter der Glocke einer Luftpumpe hervorzubringen, weil die Luft sich so sehr ausdehnen läßt, daß sie, wenn wir die Verdünnung derselben so weit, als möglich, getrieben haben, einen Raum einnimmt, von dem wir keine Kenntniß haben. Sie muß also in den entferntesten Lagen der Erdatmosphäre eine ähnliche Ausdehnbarkeit besitzen, und dieser Umstand muß machen, daß sich der Dunstkreis viel weiter erstreckt, als man gemeiniglich, einigen Erscheinungen zufolge, annimmt. Vielleicht erstreckt sie sich mehrere tausend Meilen weit, indessen muß sie in dieser Höhe außerordentlich dünn seyn *).

§. 71.

---

*) Caſſini wagt ſogar zu behaupten, daß ſich die Luft im Dunſtkreiſe, bey verſchiedenen Graden der Höhe, in einem größern Verhältniſſe, als das Quadrat der Schwere

§. 71. Die Atmosphäre der Erde muß mit der Sonnenatmosphäre, die dieselbe überall umgiebt, in Berührung stehen; denn die Erscheinungen des Thierkreislichtes beweisen, daß die Sonnenatmosphäre sich bis jenseit der Bahn der Erde erstreckt und daselbst sichtbar ist; sie scheint sich bis zur Bahn des Mars, und vermuthlich noch viel weiter, zu verlängern.

Die Erdatmosphäre muß ein Sphäroid seyn, das unter dem Aequator sehr erhaben ist, weil 1) die Schwungkraft ununterbrochen wirksam ist und weil 2) die Strahlen der Sonne an diesem Orte eine große Verdünnung verursachen. ——

Ich muß hier eines Phänomens gedenken, daß der Aufmerksamkeit des Geologen sehr werth ist; die Erdatmosphäre mußte nach der Bildung der ursprünglichen Erdlagen weit beträchtlicher seyn, als sie heutzutage ist. Denn seit diesem Zeitraume hat sich eine außerordentlich große Menge der verschiednen Lüfte, woraus sie besteht, davon abgeschieden, und diese Lüfte haben sich verdichtet und so die neuern Lagen der Erde gebildet. Eben diese Lüfte haben auch 1) zur Entstehung und Bildung der Pflanzen und Thiere, deren Überreste einen Bestandtheil der Kalklagen, der Erdharze und der gegrabenen Hölzer ausmachen, und 2) zur

Bildung

Schwere ist, die sie besitzt, ausdehne; hieraus folgt, daß die Höhe der Atmosphäre weit beträchtlicher ist, als man bisher geglaubt hat; denn da die Luft nur die Schwere einer Linie von Quecksilber hat, so erhellt, wenn diese Angabe richtig ist, daß die derselben entsprechende Ausdehnung von 1185450 Toisen oder von mehr als 500 französischen Meilen ist.

Bildung der verschiedenen salzigen Substanzen, der Säuren und Alkalien, die sich in diesen neuern Erdlagen finden, beygetragen, besonders hat die Luftsäure, die so häufig in diesen Lagen angetroffen wird, an der Entstehung dieser salzigen Körper viel Antheil; 3) auch der Schwefel, der Phosphor und die metallischen Substanzen, in welche wahrscheinlich verschiedene Luftarten übergehen, und 4) die neuen Erden, die durch die Lebenskräfte der organisirten Wesen hervorgebracht werden, mit welchen es ebenfalls, aller Wahrscheinlichkeit nach, dieselbe Bewandniß hat, verdanken der Atmosphäre ihre Entstehung, und die Luftmasse, aus der sie besteht, muß also nach und nach sehr abgenommen haben. Die Kalkerde, die Bittersalzerde, die Erden des Thones und des Quarzes, vielleicht auch die Schwerspaterde, sind die Erden, welche aus den organisirten Reichen abstammen. —

Da die Erdatmosphäre im Anfange eine weit beträchtlichere Höhe hatte, als jetzt, so mußten ihre untern Lagen damals dichter seyn, als sie jetzt sind, da sie durch eine weit höhere Luftsäule zusammengedrückt wurden. Wir haben gesehen (§. 50.), daß diese größere Dichtigkeit zu der größern Wärme beygetragen hat, die zu jener Zeit auf der Oberfläche der Erde statt fand.

Von den Winden.

§. 72. Die Winde wirken mit einer solchen Kraft auf das Wasser des Meeres, und die Ströme des Letztern haben einen solchen Einfluß auf die Oberfläche der Erde,

Erde, daß der Geolog, bey Betrachtung seines Hauptgegenstandes, nicht umhin kann, sowohl der Erstern, als der Letztern, zu erwähnen.

Die Erdatmosphäre stellt eine ungeheure Masse Flüssigkeit dar, die einen Raum von 9000 französischen Meilen im Umkreise nahe an der Oberfläche der Erde einnimmt, und eine beträchtliche Höhe hat, deren Gränzen wir, wie vorher gesagt worden ist, noch gar nicht kennen. Das Gleichgewicht dieser Atmosphäre wird beständig in Unordnung gebracht, und es bilden sich in derselben, wie in jeder andern Flüssigkeit, Ströme, deren Theile aufhören, gleich schwer zu seyn. — Man muß diese Luftmasse in so fern betrachten, in wie fern sie einen Theil des Erdkörpers ausmacht; ihre untere Portion folgt beynahe den Bewegungen desselben, aber je mehr sie sich von demselben entfernt, um so weniger bleibt diese Bewegung dieselbe.

Wenn man annimmt, daß sich der Dunstkreis bis an den Mond erstreckt, so würde man auch annehmen müssen, daß die Lage desselben, die dem Monde am nächsten ist, sich nicht geschwinder bewegen könne, als der Mond selbst, das heißt, die tägliche Umwälzung derselben würde nicht in 24 Stunden vor sich gehen, sondern einen ganzen Mondmonat von 27 Tagen, 7 Stunden, 43 Minuten und $4\frac{6}{18}$ Secunden nöthig haben. Die Luftlagen, die sich zwischen diesen, von welchen ich jetzt geredet habe, und denen, die zunächst an der Oberfläche der Erde sind, befinden, werden sich mehr oder weniger langsam, im Verhältnisse ihrer verschiedenen Höhen, oder des Quadrates der Entfernung, umwälzen. So würde z. B. die Lage, die halb so hoch,

als

als der Mond wäre, vier Mal weniger Zeit zu ihrer Umdrehung nöthig haben, als die, welche dem Monde am nächsten ist. Die Lage, die sich über den höchsten Bergen befindet, würde sich langsamer, als diese Berge selbst, bewegen; es hat folglich das Ansehen, als ob diese Lage eine Bewegung habe, die der Bewegung der Erde entgegengesetzt ist, (oder von Morgen nach Abend.)

Es ist also ausgemacht, daß es in einer gewissen Höhe über den höchsten Bergen einen sehr schnell sich bewegenden Luftstrom giebt, der seine Richtung von Morgen nach Abend nimmt. Dies wird ein Ostwind seyn, der weit geschwinder geht, als der, dem wir an der Oberfläche der Erde ausgesetzt sind, und je höher man kommen würde, um desto beschleunigter würde man die Bewegung dieses Windes finden.

Wenn man bedenkt, daß ein Punkt der Oberfläche der Erde unter dem Aequator 9000 französische Meilen in 24 Stunden, oder 360 solche Meilen in einer Stunde, oder 6 Meilen in einer Minute, oder 240 Toisen in einer Secunde durchläuft, oder, mit andern Worten, daß sich dieser Punkt eben so schnell, wie eine Stückkugel von 24 Pfunden, (welche, den darüber angestellten Beobachtungen zufolge, 250 Toisen in der Secunde durchläuft,) bewegt, so kann man beurtheilen, wie groß die Schnelligkeit der Bewegung des Dunstkreises seyn müsse *).

Wie

*) Man kann, bey Beurtheilung dieser Geschwindigkeit, auch einen Versuch zu Hülfe nehmen, den Herr Laplace angestellt hat. Dieser Naturforscher hat bewiesen,

Wir wollen uns aber hier nicht um die sehr hohen Luftlagen der Atmosphäre bekümmern, wir wollen nur diejenigen betrachten, die weniger hoch, als die höchsten Berge, sind. Diese Lagen werden aus der Ursache, weil die Luft so leicht ist, eine weniger schnelle Bewegung, als der Erdkörper, haben, und dieser theilt ihnen eine scheinbare Bewegung von Morgen nach Abend mit. Auf diese Art entsteht der Ostwind, der einer der Hauptwinde ist; wir haben jetzt die erste Ursache dieses regelmäßigen Windes angegeben.

§. 73. Eine zweyte Ursache dieses Hauptwindes hat uns Herr d'Alembert bekannt gemacht. Dieser Naturforscher hat bewiesen, daß die Sonne und der Mond auf die Atmosphäre, wie auf das Weltmeer, wirken, und in derselben, so wie in diesem, eine ähnliche Bewegung gegen Abend, das heißt, die Ebbe und Fluth, hervorbringen. Diese Ursache wird also einen Hauptostwind unterhalten.

§. 74. Eine dritte Ursache desselben Ostwindes liegt in der Wärme der Sonne. Man hat bewiesen, daß sich die Luft vom Gefrierpunkte an bis zum 25 Grade (Reaum.) um $\frac{1}{7}$, und bis zum Punkte des siedenden Wassers um $\frac{1}{3}$ ausdehnt. Nun aber steigt die Wärme unter der Linie bey Tage bis auf 30 und 40 Grad, indeß

sen, daß ein Körper, der mit einer Geschwindigkeit, die 16 Mal größer wäre, als die, mit welcher sich ein Punkt des Berges an der Oberfläche desselben, oder eine Kanonenkugel, bewegt, weggeschleudert würde, nicht wieder auf die Erde zurückfallen, sondern sich um dieselbe, wie ein Trabant, herumbewegen würde, wenn man annimmt, daß die Luft keinen Widerstand äußert.

deß die Nächte ziemlich kühl sind, wenn also die Sonne am Horizonte erscheint, so muß sie eine große Ausdehnung in dieser während der Nacht abgekühlten Luft hervorbringen, und diese Veränderung wird zur Entstehung eines Windes Gelegenheit geben, der vor der aufgehenden Sonne vorausgehen wird. Auch spürt man wirklich den Ostwind zur Zeit der Morgenröthe am meisten und er ist immer ziemlich kalt. Diese dritte Ursache ist im Sommer wirksamer, als im Winter. —

§. 75. Die Sonne hat aber, so wie der Mond, nicht immer, in Rücksicht auf die Erde, dieselbe Stellung. Die Sonne entfernt sich um 23°, 27′, 2″ von jeder Seite des Himmelsäquators, das heißt, die Are derselben ist um so viel geneigt, und der Mond entfernt sich manchmal von jeder Seite des Erdäquators um mehr als 30°. Die verschiedenen Stellungen dieser Gestirne werden also in der Erdatmosphäre neue Veränderungen zuwege bringen, wie sie dergleichen auch im Meere verursachen, wohin die Ebbe und Fluth gehört. In der That haben wir auch zur Zeit der Nachtgleichen, der Sonnenwenden und der verschiedenen Mondsviertel mehr oder weniger heftige Winde.

Die größten Veränderungen aber, die bey den Winden statt finden, werden vorzüglich durch die verschiedenen Grade der Wärme hervorgebracht werden, die die Gegenwart oder die Abwesenheit der Sonne wechselsweise in den beyden Halbkugeln der Erde bewirkt. Dies sind die regelmäßigen und beständigen Winde.

Wenn die Sonne einem der Wendekreise der Erde correspondirt, so erleuchtet und erwärmt sie diese ganze

Halbkugel; es giebt dann an diesem Pole einen Tag, der mehrere Monate dauert, die Hitze nimmt daselbst sehr beträchtlich zu und steigt bis zum 28 und 30 Grade; der Schnee und das Eis zerschmelzt u. s. w. Zu der nämlichen Zeit ist der entgegengesetzte Pol in dicke Finsterniß gehüllt, man spürt hier die strengste Kälte, der Schnee sammelt sich zu einer Höhe von mehrern Füßen an und fast immer bemerkt man Reif und Nebel; das Wasser verliert seine Durchsichtigkeit und man wird Eisblöcke gewahr, die eine Dicke von mehrern hundert Füßen haben. ——

Man sieht, wie sehr die Luft durch eine Kälte, die wir bis auf 70 Grad haben steigen sehen, und die ohne Zweifel noch weit mehr zunehmen kann, verdichtet werden muß. Wenn die Verdichtung derselben durch die Kälte mit ihrer Ausdehnung durch die Wärme im Verhältnisse steht, so wird sie ungefähr $\frac{1}{4}$ so dicht seyn, als sie bey dem Gefrierpunkte ist. Wenn nun die Sonne wieder zurückkehrt, um diese Hemisphäre aufs neue zu erwärmen, so wird sie diese Luft bis zum 25, 30 und selbst bis zum 40sten Grade über Null ausdehnen. Welche Verdünnung wird sie also nicht erleiden? sie wird die Hälfte ihres Inbegriffs betragen *).

Wenn man einen Körper erwärmt, so begiebt sich die Luft an die Oberfläche, sie dehnt sich aus und steigt empor,

---

*) Es ist erwiesen, sagt Herr Daniel Bernoulli (du flux et reflux §. XIV.), daß das absolute Gewicht der verticalen Luftsäule unter dem Aequator, während der größten Hitze im Sommer, nicht halb so groß ist, als das einer ähnlichen Säule unter dem Polarkreise im Winter; das Gleichgewicht wird nur durch die Elasticität der Luft wieder hergestellt.

empor, eine andere Portion Luft tritt dann in ihre Stelle ein und hierdurch entsteht ein Luftstrom, der gegen den erhitzten Körper seine Richtung nimmt. — Wenn die Sonne im April, May und Junius von der Seite des Nordpols kommt, so wird die Luft, aus der nämlichen Ursache, von der Seite des Wendekreises des Krebses, welche zuerst erwärmt wird, herkommen, und es wird sich also in diesen Gegenden, nahe an der Oberfläche der Erde, ein Nordwind bilden. Allein diese Luft, die so ihre Stelle verläßt, muß durch andere Luft wieder ersetzt werden, und diese kann nirgends anders woher, als aus dem obern Theile des Dunstkreises, kommen, welcher nicht erwärmt worden ist, weil er fern von der Oberfläche der Erde war. Es wird also im Frühjahre ein Luftstrom an der Oberfläche der Erde entstehen, welcher seine Richtung von Norden nach Mittag nehmen wird, und dieser Strom wird, wenn er zu einem gewissen Grade der Breite gekommen ist, dem großen Luftstrome, der vom Morgen herkommt, oder dem Ostwinde, begegnen, es wird so eine zusammengesetzte Bewegung entstehen, welche einen Nordostwind geben wird; dieser wird sich nun in den obern Theil des Dunstkreises begeben und, wenn er zu einer gewissen Höhe gekommen ist, nach dem Nordpol zurückkehren. Es wird also einen doppelten Luftstrom in diesem Theile des Dunstkreises geben, einen untern, der seine Richtung vom Pole zum Wendekreise des Krebses nimmt, und einen obern, der von demselben Wendekreise nach demselben Pole hingeht.

Wenn die Sonne eine solche Höhe erreicht hat, daß sie den längsten Tag macht, so wird sie diese ganze

Halbkugel erwärmen, und es wird im Junius, Julius und August kein Luftstrom oder Hauptwind entstehen, sondern es wird nur örtliche Winde geben, wie die Abendwinde sind, die von der See und vom festen Lande, von ebenen und gebirgigen Gegenden und von den Bergen in Ebenen kommen. So wie aber dieses Gestirn wieder rückwärts geht, so wird auch dieser Pol wieder kalt werden, die Luft wird sich verdichten, und, weil sie kälter ist, sich dahin begeben, wo eine wärmere Luft ist; sie wird also ihre Richtung nach dem gemäßigten Erdstriche nehmen, und es wird auf diese Art noch ein Nordwind entstehen. Dieser Wind wird sich um so mehr verstärken, je mehr sich die Sonne dem andern Wendekreise, dem des Steinbocks, nähern wird. — Auch in dieser Hemisphäre werden sich Südwinde bilden, die ihren Gang vom Südpole gegen den Aequator, an der Oberfläche der Erde, haben werden.

Man sieht also, daß die Erdatmosphäre 2 große Hauptbewegungen erleidet; diese sind

1) der Hauptstrom von Osten nach Westen, oder der Hauptostwind, und

2) zwey fortdauernde Ströme, die von beyden Polen gegen den Aequator gehen, im untern Theile der Atmosphäre, indeß diese letztern Ströme im obern Theile derselben entgegengesetzte Bewegungen der Luft, von den Wendekreisen gegen die Pole veranlassen werden. — Von dieser Beschaffenheit würden die in der Atmosphäre entstandenen Luftströme seyn, wenn die Oberfläche der Erde eben wäre, oder keine Berge hätte und aus einer gleichartigen Materie bestünde, oder überall mit Wasser

Wasser bedeckt, oder aus einer und derselben Art von Erden oder Steinen zusammengesetzt wäre.

§. 76. Allein die Oberfläche der Erde ist bey weitem nicht gleichartig und eben; an dem einen Orte sind hohe, immer kalte und eine große Zeit des Jahres hindurch mit Schnee bedeckte Berge, und die Luft kann hier nicht so, wie in einer ebenen Gegend, wo immer ein mehr oder weniger beträchtlicher Grad von Wärme statt findet, ausgedehnt werden; an einem andern Orte hingegen ist der Boden kahl, oder mit brennendem Sande bedeckt u. s. w. an noch andern Orten sind Waldungen, Wiesen, Saatfelder; und andere Gegenden sind mit viel Wasser, mit Sümpfen, Flüssen, Seen, versehen oder gränzen an das Meer, und diese Gegenden nehmen nie, wie wir gesehen haben, dieselbe Temperatur an, welche das feste Land hat. Diese Wässer sind auf verschiedene Art vom festen Boden eingeschlossen, sie treten an einem Orte mehr oder weniger aus und bilden tiefe Busen, an einem andern Orte aber ist das Erdreich in das Wasser vorgedrungen und stellt die sogenannten Vorgebirge dar. Es werden also in ebenen und gebirgigen Gegenden, so wie auf Gewässern und in den Gegenden, die mit Waldungen bedeckt sind, oder einen sandigen Boden haben, sehr verschiedene Verdünnungen und Verdichtungen der Luft vor sich gehen, und diese werden die Land- und Seewinde, die Winde von ebenen und gebirgigen Gegenden u. s. w. zu Folgen haben. Alle diese Ursachen werden im Sommer und im Winter, bey Tage und bey Nacht, auf verschiedene Art wirken und die Hauptwinde ununterbrochen abändern.

Diese Winde äußern sich übrigens nicht in einer großen Höhe über der Oberfläche der Erde, und man kann also folgern, daß eine große Masse von Bergen, die eine Lage haben, die der Richtung des Windes entgegengesetzt ist, den Gang desselben verändern wird, wie sich dies auch mit den Strömen der Flüsse zuträgt. Die große Kette des Cordilierengebirges hält den Ostwind an den östlichen Küsten von Amerika auf, und nöthigt ihn, auf beyden Seiten seinen Weg gegen die Pole zu nehmen; dieser Umstand giebt zur Entstehung zwey neuer Küstenwinde Gelegenheit, die vom Aequator nach den Polen gehen. Den großen regelmäßigen Wind bemerkt man in dem Südmeere nur in einer ansehnlichen Entfernung von den Küsten.

§. 77. Es giebt noch mehrere Ursachen, die ebenfalls von einer Ausdehnung oder Verdichtung der Luft abhängen, welche die Hauptwinde zu verändern und eine Menge von besondern und örtlichen Winden hervorzubringen im Stande sind. Die Wolken halten die Sonnenstrahlen auf und manchmal verdichten sie dieselben; der Regen kühlt die Luft immer ab und macht sie dichter — diese Meteoren werden das Gleichgewicht der Atmosphäre aufheben und Winde erzeugen; daß dies wirklich der Fall ist, wird man besonders in warmen Ländern gewahr, wo die Regenzeit mehrere Monate lang anhält.

Die Pflanzen schlucken im Frühlinge und im Sommer viel Luft ein, indeß im Herbste und im Winter, wenn die jährigen Pflanzen und die Blätter der ausdauernden Gewächse verwelken und sich nach und nach auflösen, wieder viel Luft aus diesen Körpern in den

Dunst-

Dunſtkreis übergeht. Auch die unterirdiſchen Dünſte, die Gasarten, die erſtickenden Wetter ziehen Luft aus dem Dunſtkreiſe an, und bey der Verbrennung der Körper, bey den Auswürfen der feuerſpeyenden Berge, bey dem Athmen und bey der Ausdünſtung der Thiere und Pflanzen, bey der Entſtehung und Zerlegung aller natürlichen Körper geht eine Einſaugung von Luft vor ſich, welche ſich in der Folge wieder entwickelt und in den Dunſtkreis übergeht; alle dieſe Urſachen werden das Gleichgewicht deſſelben unterbrechen. So werden auch große Bewegungen in den Wäſſern, Flüſſen, und Strömen, und im Meere eine Wirkung auf eine Maſſe von Luft äußern und ſo zur Entſtehung von Winden Gelegenheit geben, und nicht weniger ſcheint auch die Luftelektricität das Gleichgewicht im Dunſtkreiſe in Unordnung bringen zu können; mit Donnerſchlägen ſind gemeiniglich heftige Sturmwinde vergeſellſchaftet und auf ſtarken Donner und Blitz folgt gemeiniglich Regen. Man kann annehmen, daß zuweilen eine Entzündung einer gewiſſen Menge brennbarer und reiner Luft vor ſich geht, welcher Erfolg eine augenblickliche Leere verurſacht, welche die umgebende Luft einnehmen wird. Die Kälte, welche den Hagel hervorbringt, hat darauf ebenfalls Einfluß. — Oder, trägt vielleicht die Elektricität dazu bey, daß die Dünſte ſchwebend erhalten werden, die ſich, wenn ſich die Elektricität zerſtreut, unter der Geſtalt des Regens niederſchlagen und bringt vielleicht dieſer Regen, indem er die Temperatur der Luft verändert, Winde hervor? — Das Nordlicht iſt, wie wir geſehen haben, eine elektriſche Erſcheinung und es kann alſo dieſelben Wirkungen nach ſich ziehen. Endlich entſpringen auch zuweilen Luftſtröme

ströme aus gewissen Theilen des Erdbodens, wie dies bey dem Luftvulkan Macaluba, von dem ich an einem andern Orte mehr sagen werde, der Fall ist; ferner gehört hierher die Luft, die sich aus allen Mineralwässern, aus unterirdischen Behältern, und aus Schächten, die mit Stickluft und bösen Wettern angefüllt sind, entbindet. Die Verfasser der Leipziger Gedenkschriften (Acta Eruditorum) erwähnen eines Sees nahe bey Boleslaw in Böhmen, aus welchem Winde mit Heftigkeit emporsteigen.

Wir haben jetzt die vorzüglichsten Ursachen der Winde angegeben, wir wollen uns nun auch bemühen, die Art der Entstehung der bis jetzt bekannten Hauptwinde aus diesen Ursachen zu erläutern °).

§. 78. Ein Hauptwind, der nur wenig Abänderungen erleidet, wird ein ordentlicher Wind genannt. Solche Winde finden nur auf großen Meeren statt, wo sie durch keine örtlichen Ursachen in ihrem Gange aufgehalten, oder sonst verändert werden können; wirklich beobachtet man sie auch nur auf dem atlantischen und indianischen Meere und in der Südsee, sie wehen hier beständig, es sey nun nach Osten, nach Norden oder nach Süden.

Wenn man von Europa nach den afrikanischen Küsten segelt, so begegnet man zwischen dem 28 und 30° der Breite einem ordentlichen Winde; er ist in dieser Gegend der See, wenn die Sonne im Mittage der Linie ist, Ost=nord=ost, aber in den Monaten May, Junius

°) S. Dampierre.

Junius und Julius verwandelt er sich in einen Ost=süd=
ostwind. Diese Winde, sie mögen von Osten nach Nor=
den oder nach Süden gehen, wehen mäßig stark, aber in
der Folge, so wie sie sich dem Wendekreise nähern, erhal=
ten sie mehr Kraft, und sie wehen dann mit dieser ver=
stärkten Heftigkeit bis zum 14 oder 12° der Breite hin;
sie wehen von nun an als Ost= nord= ost= oder Ostwinde.
Gegen das Ende des Julius und den ganzen August=
monat hindurch erstrecken sich die Südwinde, die vom
entgegengesetzten Pole kommen, bis zum 11° nördli=
cher Breite, und setzen sich dann zwischen Süd= ost und
Süd=west fest. In den Monaten December und Ja=
nuar wehet der wahre Ostwind zwischen dem dritten
und vierten Grade; so wie die Sonne ihren Gang ge=
gen Norden wieder antritt, vermehren sich die Süd=
winde und gehen oft bis jenseit der Linie. In den
Zwischenmonaten sind mehr oder weniger gefährliche
Windstillen. Wenn man an den afrikanischen Küsten
weiter nach Westen hinfährt, so trifft man viel bestän=
digere Südostwinde an, und gute Seefahrer nehmen,
bey der Rückkehr aus Indien, immer ihren Weg an
den amerikanischen Küsten hin, bey der Reise nach In=
dien aber halten sie sich gleich weit von Afrika und
Amerika entfernt.

Die Winde im indianischen Meere und im Süd=
meere sind auch regelmäßige Winde. Sie sind östlich
und nehmen ihre Richtung nach Süden; sehr oft kom=
men sie von der Südseite und machen den Ost=süd=ost=
wind, und von der Nordseite, da sie denn den Ost=
nord=ostwind darstellen. Die Südwinde indessen er=
strecken sich oft bis jenseit der Linie; diese Winde sind
auf

auf dem großen Südmeere sehr regelmäßig und sie wehen bis an die afrikanische Küste hin, von der Seite von Madagaskar; allein vom indianischen Archipel bis an dieselben Küsten von Afrika, nordseits der Linie, verändern sie sich alle 6 Monate und erhalten den Namen Mousson oder Passatwind.

An der afrikanischen Küste, von der Seite von Angola, und an der Küste von Peru wehen Küstenwinde, die zwischen Süd=west und Süd sind; sie erstrecken sich mehr oder weniger weit über die offenbare See, zu Peru breiten sie sich 150 bis 200 französische Meilen über das Meer aus, und man trifft hier einen wahren ordentlichen Wind an, der Süd=ost ist. An den Küsten von Meriko und Guinea sind die Seitenwinde fast beständig westlich, aber über Guinea hinaus bis an das Vorgebirge St. Johanna bey dem 6° nördlicher Breite, sind sie süd=westlich, und vom grünen Vorgebirge an bis an das Vorgebirge von Bojador, bey dem 27° der Breite, ist der Wind zwischen Süd=ost und Ost.

Wir wollen nun zu den Gegenden übergehen, wo die ordentlichen Winde am meisten veränderlich sind; dies ist besonders auf dem Meere vom Vorgebirge der guten Hoffnung bis nach China hin, wenn man die Küsten von Afrika und Asien verlassen hat, der Fall. Wenn man vom Vorgebirge der guten Hoffnung bis an das Vorgebirge des Courans reist, so findet man, daß die Winde zwischen dem May und October, bis in eine Entfernung von 30 französischen Meilen von den Küsten, beständig West= oder Nord=westwinde sind; in mehrerer Höhe, bis an das rothe Meer, sind

sie

sie vom October bis in die Mitte des Januar veränderlich, doch halten sie sich am öftersten gegen Norden; vom Januar bis in den May sind sie Nord=ost, und in der Folge werden sie Süd=ost, Süd=süd=ost. Im rothen Meere wehen vom May bis in den October Südwestwinde, die ziemlich stürmisch sind; sie kehren sich dann nach und nach gegen Norden und setzen sich bis in den April in Nord=ost fest, wenn aber der April vergangen ist, so gehen sie wieder nach Norden zurück.

Vom Vorgebirge Gardafu bis an das Vorgebirge Comorin, längs der Küsten, und von da bis nach China und Japan hin, hat man vom April bis in den September einen Westwind, den man Westmousson nennt, und vom September bis in den April einen entgegengesetzten Wind, der Ostmousson heißt. Diese Winde verändern sich aber nicht auf einmal, sondern nach und nach, und in den Zwischenzeiten entstehen große Stürme und Ungewitter. Zu der Zeit, wenn der Westmousson weht, oder im Sommer, stellt sich fast an dieser ganzen Küste das Regenwetter ein, und der Regen, der häufig herabfällt, hält lange an, die meisten Flüsse treten aus und verursachen ansehnliche Uiberschwemmungen. Doch macht hierin die Lage der Küsten, wie bey Malabar und Coromandel, einige Ausnahmen. Wenn aber der Westmousson am Norden der Linie herrscht, so erhebt sich ein Süd=süd=westwind an der Mittagsseite derselben, und im September, wenn sich der Ostmousson am Norden der Linie einstellt, so herrscht ein Nord=nord=ostwind an der Südseite. Außer diesen beständigen Moussons giebt es noch kleine Seltenwinde längs des festen Landes hin,

hin, und diese scheinen von den See- und Landwinden, von welchen vorher geredet worden ist, abzuhängen.

§. 79. Wir wollen uns bemühen, die physischen Ursachen dieser scheinbaren Unregelmäßigkeiten aufzusuchen. Alle ordentliche Winde scheinen vorzüglich Ostwinde zu seyn, die wechselsweise durch die Nord- und Südwinde umgeändert werden; wir haben oben die Ursachen von diesen und von jenen angegeben. Die Südwinde erstrecken sich ordentlicher Weise bis jenseit der Linie, weil, da der Südpol gewöhnlich kälter ist, als der Nordpol, die Ausdehnung zu der Zeit, wenn sich die Sonne daselbst einfindet, beträchtlicher seyn muß. Indessen trifft man doch in vielen Gegenden zur See, 2 oder 3 Grade von jeder Seite der Linie, nur einen Ostwind an, oder man bemerkt, daß immer der Nord-ost- und Süd-ostwind abwechseln. Wenn man von diesen Erfahrungen ausgeht, so könnte es scheinen, als ob die Süd- und Nordwinde nicht zu derselben Zeit an beyden Polen herrschen könnten; denn wenn es die Sonne ist, welche, wenn sie diesseits der Linie steht, die Luft daselbst verdünnt, so sollte auf dieser Seite nur ein Nordwind und ein Südwind herrschen, wenn sie sich jenseit derselben befindet, und doch halten beyde zu derselben Zeit an, nur mit dem Unterschiede, daß an dem erwärmten Pole der Wind, der von daher kommt, heftiger ist, als der, der vom andern Pole kommt. Wir haben gesehen, daß, wenn die Sonne sich in unserer Halbkugel aufhält, der Nordwind stärker ist, als der Südwind, und so wechselsweise; auch haben wir gesagt, daß diese Erscheinungen darthun, daß die Luft, die erfordert wird, um

den

den Raum derjenigen, die verdichtet worden ist, einzunehmen, hauptsächlich aus dem obern Theile des Dunstkreises kommt. Man kann indessen die Ursache dieser beständigen Luftströme, sie mögen von Süden, oder von Norden kommen, angeben, wenn auch die Sonne sich in der entgegengesetzten Halbkugel befindet. In den Gegenden, die zunächst am Aequator liegen, wie vom 30sten und selbst vom 40sten Grade an, ist die Luft den Tag über, durch die Wirkung der Sonnenwärme, immer beständig sehr verdünnt, die Kühle der Nacht aber, die in diesen Gegenden sehr ansehnlich ist, verdichtet sie wieder; die Luft muß also vom Pole dahin ihren Gang nehmen, und hierdurch wird ein beständiger Strom vom Pole nach dem Aequator hin entstehen, der den Tag über anhalten, und durch die Heftigkeit, mit welcher sich die obere Luft nach dem Pole hin bewegt, noch mehr unterhalten werden wird; die große Kälte, der er ausgesetzt ist, theilet ihm eine Federkraft mit und verdichtet ihn so sehr, daß er leicht das kleine Hinderniß überwältigen kann, welches ihm der Strom, der seine Richtung gegen den Aequator hat, entgegensetzt. — Eben diese Ursache bringt auch bey sehr erhitzten Körpern Luftströme zuwege; die Luft wird an der Oberfläche derselben verdünnt, und die, welche entfernter von derselben ist, tritt an jener ihre Stelle, die weniger kalt ist, und dies geht ununterbrochen so fort, da die Wirkung des Feuers sich besonders am obern Theile des Körpers äußert und dasselbe wird sich wieder mit der neuen Luft ereignen, die dem entzündeten Körper nahe gekommen ist. Wenn man mitten auf einem Felde ein großes Feuer macht, so wird sich die Luft, wenn kein Wind geht, von allen Seiten

nach

nach dieser Stelle hin begeben, weil die Luft, welche mit dem brennenden Körper in Berührung war, durch die angeführten Ursachen in die Höhe getrieben worden ist. Eben dieser Erfolg trägt sich im Großen mit der Luft zu, die sich zwischen den Wendekreisen aufhält, und die einer ununterbrochenen Abwechselung ausgesetzt ist; denn sie wird bey Tage ausgedehnt und zur Nachtzeit verdichtet; die Luft der Pole stößt diese zurück und auf solche Art entstehen die beyden Ströme von Süden und Norden, welche in der Folge durch den großen östlichen Strom verändert werden, so daß daraus die ordentlichen Nord=ost= und Süd=ostwinde ihre Entstehung haben. Ein Theil aber dieser so zurückgetriebenen Luft muß in den obern Theil des Dunstkreises treten, und von da nimmt sie dann ihren Weg wieder gegen die Pole, um die Leere, die daselbst entsteht, auszufüllen; aus dieser Ursache entspringt ein immerwährender Strom, nahe an der Oberfläche der Erde, von den Polen zum Aequator, und ein anderer Strom, in dem obern Theile des Dunstkreises, in der entgegengesetzten Richtung vom Aequator zu den Polen. —

Diese allgemeinen Ursachen sind indessen manchen großen Veränderungen unterworfen, welche oft entgegengesetzte Winde hervor bringen. Wir wollen diejenigen derselben, welche am beständigsten sind, aus einander setzen; sie lassen sich auf 2 Hauptursachen zurückbringen; denn erstens geben die Berge zu Abänderungen in der Richtung der Winde Gelegenheit, und dann kann auch die Sonne, je nachdem sie abwesend oder gegenwärtig ist, eine ähnliche Wirkung nach sich ziehen.

ziehen. Die Berge werfen die Winde zurück, (denn die meisten Winde scheinen sich eben nicht sehr hoch über die Oberfläche der Erde zu erheben,) und die Gegenwart oder die Abwesenheit der Sonne giebt zu einer mehr oder weniger beträchtlichen Ausdehnung oder Verdichtung der Luft auf der Erde und über dem Meere Gelegenheit.

Wir haben von den regelmäßigen Winden, die zwischen den Wendekreisen, bey dem 28 bis 30° der Breite, herrschen, Nachricht gegeben. Dießeits dieser Breite aber sind, anstatt der Nord=ost= und Süd=ostwinde, veränderliche Winde, die bey einer größern Breite, bis jenseit des 40°, öfters aus Westen kommen. Wenn man z. B. aus Amerika zurückreisen will und man kommt nordwärts bis zum 30 und 40° der Breite, so trifft man da den Westwind an; auch wenn man von den philippinischen Inseln nach Acapulco fährt, so sucht man die Höhe von Californien zu nehmen, und man vermeidet die Breite des ordentlichen Windes u. s. w. Diese Winde sind zwar nicht so regelmäßig, als die großen ordentlichen Winde, indessen sind sie doch auch ziemlich beständig. Die Ursache derselben ist noch sehr dunkel. Man sagt, daß sie durch ein Hinderniß hervorgebracht werden, welches sich dem Strome entgegensetzt und Gelegenheit giebt, daß ein Theil desselben nicht so geschwind gehen kann, als der andere; eine solche Ursache kann aber nicht in obigem Falle angenommen werden, ich bin mehr geneigt, zu glauben, daß jene Westwinde durch die zurückprallenden regelmäßigen Winde hervorgebracht werden. Wir haben gesehen, daß im mexikanischen Meerbusen ein

West- oder Nord=westwind bläßt, der bis nach Europa kommt, er wird aber durch den Nordwind umgeändert, und daraus entsteht der Nord=westwind, von dem ich bald reden werde; dies ist der ordentliche Wind, welcher, da er an das Gebirge Andes kam, von demselben zurückgeworfen wurde, und da er nicht nach Süden, wegen des von der Seite herkommenden Südwestwindes, ausweichen konnte, seinen Weg nach Norden nehmen mußte; hierzu trägt auch noch die beträchtliche Verdünnung bey, welche die Luft in diesem Busen erleiden muß, so daß der ordentliche Wind von der Seite der Linie, welcher ein Nord=ost ist, eine Art von Wirbel zu machen und einen großen Kreis zu beschreiben genöthigt ist. Indem er nämlich von dem Pole ausgeht, steigt er als ein Nordwind längs den Küsten von Europa und Afrika herab, so wie er aber den großen ordentlichen Wind berührt, wird er zu einem Nord=ostwinde, und nimmt nun eine Mittelrichtung an; zuweilen erstreckt er sich bis an den Aequator und wird dann von den Cordillieren zurückgeworfen, er verwandelt sich nun in einen Nord=westwind, dann, jenseits des 30° der Breite, in einen Westwind und geht in dieser Richtung nach Europa.

Eben diese Bewandniß wird es auch mit dem Winde am Norden des Südmeeres haben. Der ordentliche Wind wird an die Küsten von China, Japan und Indien und besonders an die großen Berge in der Tatarey anprallen und, indem er sich nach Westen wendet, an die Küsten von Californien kommen; hierdurch wird noch eine Art von Wirbel entstehen, welcher macht, daß der Wind einen großen Zirkel beschreiben

ben muß. Diese Erscheinung beobachtet man auch in den südlichen Meeren, aber der Westwind ist daselbst nicht so heftig, weil die Hervorragungen des festen Landes am Cap Horn und am Vorgebirge der guten Hoffnung sich nicht weit genug gegen den Südpol hin ausbreiten.

Es giebt also, wie wir gesehen haben, eine doppelte Bewegung, die der untere Theil unsers Dunstkreises erfährt; diese Portion der Luft wird Anfangs von den Polen nach dem Aequator hingetrieben, ein Theil derselben wird veranlaßt, in die obern Gegenden der Atmosphäre überzugehen, um aufs neue seinen Weg gegen den Pol zu nehmen, der andere Theil bleibt einige Zeit, unter den Namen Ost=Nordost= und Südostwind, in der Richtung des Aequators, späterhin aber, nachdem er vom festen Lande zurückgeworfen worden ist, ändert sich seine Richtung binnen einiger Zeit und er bildet Seitenwinde, er geht nun nach Westen und kehrt dahin zurück, wo er hergekommen war, und wenn er in der Folge den Winden der Pole begegnet, so wird er auf der einen Seite zu einem Nordwest= dann zu einem Nord= und endlich zu einem Nordostwinde, auf der andern aber zu einem Süd= und Südostwinde.

Alle diese Winde werden durch die See= und Landwinde noch auf besondere Art verändert werden; die Luft erleidet über dem Meere nicht dieselben Grade von Ausdehnung und Verdichtung, die sie auf dem festen Lande erleidet, und dieser Umstand giebt in der Nähe großer Striche festen Landes zu verschiedenen Strömen Gelegenheit, aus welchen die sogenannten Küstenwinde

winde entspringen. Wir wollen hier die vorzüglichsten derselben anführen.

An der ganzen afrikanischen Küste, von der Seite des atlantischen Meeres, geht der Küstenwind nicht nach Osten, sondern auf dieser Seite der Linie nach Süden, und jenseits der Linie nach Norden; doch am öftersten weht er, nämlich auf dem Lande und besonders zur Regenzeit, nach Westen, weil in dieser Zeit die Luft über der Erde, die vorher außerordentlich erhitzt worden war, sich verdichtet, indeß die Luft über der See diese Veränderung nicht erleidet, diese letztere wird also dadurch veranlaßt, sich nach dem festen Lande hin zu bewegen. Jenseits der Linie herrscht, wenn die Sonne diesseits derselben ist, Südwestwind, weil dann am Cap und in allen diesen Gegenden die kalte Jahrszeit ist, und umgekehrt herrscht diesseits, wenn die Sonne in den mittäglichen Zeichen steht, Nordwestwind. An der östlichen Küste von Afrika sind aus derselben Ursache die Küstenwinde überhaupt Südost und Nordost, und der Hauptostwind trägt gleichfalls zur Entstehung dieser Winde bey. — An den Küsten von Chili und Paraguai wird der Ostwind durch die Cordillieren in seinem Laufe aufgehalten und es ist der Südwind, der hier herrscht; auch am merikanischen Meerbusen wird der Ostwind durch große Berge aufgehalten, aber die Verdünnung der Luft in diesem Busen, der sehr heiß ist, bringt einen Westwind hervor. Es sollte scheinen, daß an den Küsten von Chili gleichfalls ein Südwestwind wehen müßte, allein man findet ihn weit niedriger; ohne Zweifel ist der große Einschnitt, welchen dieser Busen in das feste Land macht,

Ursa-

Urſache, daß der Weſtwind bey dieſer Breite dahin ſeine Richtung nimmt.

Auf der andern Seite der Cordillieren, auf dem Südmeere, erhält der, in ſeinem Laufe durch das Gebirge unterbrochene, Oſtwind ſeine Richtung nur erſt nach einer Strecke von beynahe 200 franzöſiſchen Meilen im Meere wieder, und an den Küſten herrſchen Süd= und Nordwinde, die einander nicht hinderlich ſind.

Die Entſtehung der Mouſſonwinde, die aus dem großen Indien kommen, iſt weit ſchwerer zu erklären. Die, welche vom September bis in den May herrſchen und Nordoſtwinde ſind, entſtehen von den regelmäßigen Winden, aber die Nordweſtwinde haben eine andere Urſache; die Hundstagswinde, die zu den Nordwinden gehören, brechen ſich im April an den abyſſiniſchen Bergen, ſie wenden ſich am perſiſchen Meerbuſen von der öſtlichen Seite, und dieſer Erfolg giebt zur Entſtehung eines Nord=weſtwindes Gelegenheit. Indeſſen iſt es die Sonne, welche macht, daß der Strom eher von der Seite von Afrika, als von dem Meere, das jenſeit Indien iſt, herkommt; denn in derſelben Zeit, da die Sonne in unſerm Geſichtskreiſe iſt, erwärmt ſie auf eine außerordentliche Art den ganzen Theil von Afrika, der dieſſeits des Aequators liegt, Aethyopien, Abyſſinien, Aegypten u. ſ. w. und ſie muß alſo jene Wirkung hervorbringen; denn die Luft iſt daſelbſt weit dünner, als die, welche über dem indianiſchen Meere iſt; ſie muß alſo von dieſer Seite entweichen, ſo wie ſie über dem atlantiſchen Meere von der Seite des Cap Verr und des Cap des Canaries ihre

Stelle

Stelle verläßt, welcher Umstand Gelegenheit giebt, daß der Ostwind mehrere Stärke erhält; zu derselben Zeit treibt sie die Dünste des rothen Meeres, des persischen Meerbusens und selbst einen Theil der Dünste des mittelländischen Meeres gegen die Gebirgskette an den Küsten, besonders bey Malabar, und hierdurch entstehen starke und anhaltende Regengüsse, die sich in allen diesen Klimaten einfinden, und Uiberschwemmungen, die denen des Nil ähnlich sind. Diese Regen kühlen die Luft ab, und verdichten sie noch stärker, so daß der Strom um so mehr genöthigt wird, seine Richtung nach Westen zu nehmen. Die Gipfel der abyssinischen Berge, die mehr nach Osten, als nach Westen gekehrt sind, tragen auch etwas zur Richtung des Laufs der Hundstagswinde bey, und diese verschiedenen Ursachen sind es, welche den Westmousson auf dem indianischen Meere zu der Zeit, wenn wir Sommer haben, hervorbringen. Im Winter finden diese Ursachen nicht statt, der Ostmousson oder der ordentliche Wind erhält daher seine gewöhnliche Richtung wieder und führt die Regenzeit nach Coromandel hin, weil die Dünste des indianischen Oceans verdichtet und nach der östlichen Kette des Gebirges Gates getrieben werden.

In Europa muß die auf dem festen Lande in Asien und Europa sehr verdünnte Luft zu der Zeit, wenn wir Sommer haben, über das atlantische Meer hin austreten und einen Ostwind hervorbringen, dessen Richtung durch den Nordwind verändert werden wird. In der That haben wir auch fast den ganzen Sommer hindurch Nordostwind, indeß an den Küsten von China und

und Japan Nordwestwinde herrschen; eben dieser Nordwest trifft man auch an den Küsten der vereinigten Staaten von Nordamerika und von Kanada an, indeß dieser Wind in Californien Nordost ist. Der Südost- oder Südwestwind wird auf gleiche Art an den östlichen oder westlichen Küsten auf der Südseite der Linie herrschen. Zur Winterszeit hingegen haben wir in Europa anhaltende Nordwestwinde, weil sich die Luft in dieser Jahreszeit auf unserm festen Lande mehr verdichtet, als auf dem Meere, und dieser Umstand wird machen, daß ein Strom nach dem Lande hin entsteht. Der Nordwestwind wird gleichfalls in Californien herrschen, indeß in China, in Japan, Kamtschatka, Kanada und in den vereinigten nordamerikanischen Staaten Nordostwind wehen wird.

Auf allen Inseln bemerkt man täglich dieselben Winde von der Küste und vom Meere, die ihre Entstehung von den nämlichen Ursachen haben; diese Winde wechseln ebenfalls während des Winters und des Sommers ab, und ihre Richtungen sind nach der Lage der Küsten verschieden. Im Winter z. B. kommen vom mittelländischen Meere Winde, welche für die mittägigen Gegenden von Spanien, Frankreich, Italien, Dalmatien Südwinde, und für die Küste von Afrika Nordwinde sind. Diese Winde, die sich über Europa verbreiten, sind daselbst wärmer, als die Luft zu derselben Zeit ist, und sie machen, daß der Schnee schmelzt, auch sind sie mit Regen vergesellschaftet; im Sommer hingegen tritt die Luft von denselben Küsten über das nämliche Meer aus und verursacht daselbst Nordwinde von der Seite von Europa, und Südwinde von der Seite von Afrika her.

Alle

Alle Theile des mittelländischen Meeres, alle Meerengen, ferner die Seen, und großen Gewässer, die hohen Berge, besonders die, welche mit Schnee bedeckt sind, auf welche die Sonne nicht so stark, wie auf die Ebenen, wirken kann, werden ebenfalls Winde hervorbringen, welche nach der verschiedenen Lage der Berge u. s. w. abwechseln werden; dies sind die sogenannten See= und Landwinde und die Winde von Bergen und Ebenen. Auch die Wolken, die Nebel, die Regengüsse bewirken, indem sie die Sonnenstrahlen aufhalten und die Luft abkühlen, eine Verdichtung der Letztern und geben so zur Entstehung von Winden Gelegenheit, die aus den wärmern Klimaten herkommen; eben so gehören heftige Stürme, Windsbräute, Wasserhosen und Nordscheine unter die Ursachen dieser Meteoren; denn alle diese elektrischen Erscheinungen bringen Winde hervor. Sie geben zu einer beträchtlichen Verdunstung Gelegenheit, welche eine große Kälte, und also eine Verdichtung der Luft und heftige Winde zu Folgen hat. Auf diese Art entstehen Wirbelwinde zur See und zu Lande, weil die Kälte sich plötzlich einstellt, und also auch schnell eine Verdichtung der Luft vor sich geht; die umgebende Luft tritt daher von allen Seiten hinzu, es entstehen Ströme nach allen Richtungen und diese bringen Wirbelwinde hervor.

Es giebt auch örtliche Winde, zu welchen der sogenannte Mistral in der Provence, der Harmattan an den Küsten von Guinea, und einige Winde in Aegypten und Persien gehören, die einen solchen Grad von Wärme haben, daß die Menschen und Thiere, die sich denselben aussetzen, schnell ersticken. Es ist wahr, diese

diese Winde führen gemeiniglich eine große Menge heißen Sand mit sich und bewirken eine Verdichtung der Luft. Herr Lamanon hat Untersuchungen über die Entstehung des Mistral, der ein Nordwind ist, angestellt; er hat bewiesen, daß dieser Wind nur in der großen Vertiefung herrscht, die auf der einen Seite von den Alpen und auf der andern von den Bergen in Vivarais und Languedok gebildet wird. Indem nämlich die Sonne diese so eingeschlossene Luftmasse stark erhitzt, so dehnt sie sich schnell aus und entweicht mit Heftigkeit durch den einzigen Ausweg, der ihr übrig geblieben ist, über das mittelländische Meer hin. Alle übrige örtliche Winde entstehen ohne Zweifel aus ähnlichen Ursachen, die man leicht, wenn man eine genaue Kenntniß der Gegenden besitzt, anzugeben im Stande seyn wird.

Alle diese Winde werden, nach Beschaffenheit der Orte, von welchen sie kommen und über welche sie weggegangen sind, warm oder kalt, trocken oder feucht seyn. Ist aber wohl immer ein Wind kalt, der aus einer kalten Gegend kommt? In der That sind alle Winde, die von den Polen, von hohen mit Schnee bedeckten Bergen und von der See herkommen, kalt, indeß die, die von der Seite der Linie ausgehen, zumal wenn sie ihren Weg über festes Land genommen haben, das ununterbrochen den perpendikulären Strahlen der Sonne ausgesetzt war, und die, die von ebenen Gegenden kommen, warm und brennend heiß sind; so ist der Ostwind an der ganzen westlichen Küste von Afrika ungemein warm, auf der östlichen Küste von Amerika aber ist er kühl. Die Westwinde sind in Europa

ropa kalt, und eben dies gilt auch zur Winterszeit vom Oſtwinde, der hingegen im Sommer warm iſt; der Südwind iſt es noch mehr, ob er gleich einen Theil der Wärme, die er beſaß, als er von Afrika ausgieng, über dem mittelländiſchen Meere abgeſetzt hat. Indeſſen kann der Südwind für die Länder, die an der Nordſeite großer Gebirge liegen, kalt ſeyn; denn wenn z. B. die Alpen mit Schnee umkleidet ſind, ſo wird dieſer Wind in die Gegenden, die ihre Lage an der Nordſeite derſelben haben, Kälte bringen. — Auch in Hinſicht der Orte, durch welche die Winde ihren Gang genommen haben, werden ſie trocken oder naß ſeyn; überhaupt ſind die, die über große Striche feſten Landes gegangen ſind, trocken, indeß die, die über das Meer herkommen, regnich ſind. So ſind z. B. für Frankreich die Südwinde, die über das mittelländiſche Meer gehen, und die Weſtwinde, die ihren Weg über das atlantiſche Meer genommen haben, naß, die Oſt- und Nordoſtwinde hingegen, die über große Striche feſten Landes gegangen ſind, ſind ſehr trocken.

Von den Wäſſern.

§. 80. Aus dem, was vorher von der allgemeinen Kryſtalliſation des Erdkörpers geſagt worden iſt, erſieht man deutlich, daß die Wäſſer eine ſehr bedeutende Rolle dabey geſpielt haben. Denn der Erdkörper iſt, wie wir mit den Aſtronomen angenommen haben, durchaus flüſſig geweſen, und die Wäſſer haben alſo alle Materien, welche nicht nur die Oberfläche, ſondern
über-

überhaupt die ganze Masse desselben ausmachen, aufgelöst enthalten. Und als alle diese aufgelösten Stoffe sich zu krystallisiren anfiengen, so schieden sie sich von der Flüssigkeit und setzten sich, weil sie schwerer, als diese waren, in derselben zu Boden. Sie bildeten auf diese Art sogleich den Kern des Erdkörpers und in der Folge die ganze Masse desselben. Diese Substanzen haben eine Portion Anschußwasser bey sich behalten, das man bey der Zergliederung derselben zum Theil von ihnen abscheiden und rein darstellen kann, das überschüssige Wasser aber, das diese Materien aufgelöst enthielt, sammelte sich über den zu Boden gefallenen Theilen an und schwamm über denselben. Dieses Wasser hat die höchsten Berge bedeckt; denn diese sind aus Granit, aus Porphyr und aus andern ebenfalls krystallisirten Substanzen gebildet. Dies ist der Ursprung der Wässer, welche sich an der Oberfläche der Erde befinden.

Man wird vielleicht die Frage aufwerfen, ob diese Wässer sehr hoch über den Gipfeln der höchsten Berge gestanden haben? allein man wird, wenn man über diese Sache nachdenkt, bald einsehen, daß keine bestimmte Antwort darauf gegeben werden kann. Indessen ist so viel gewiß, daß die Wassermasse sehr beträchtlich gewesen seyn muß, da sie den ganzen Erdkörper in einem flüssigen Zustande erhielt; denn alle Materien des Mineralreichs lösen sich nur mit viel Schwierigkeit auf und sie erfordern eine große Menge Auflösungswasser, wenn sie sich darin aufgelöst erhalten sollen. Uiberdem muß man bedenken, daß die Berge, die jetzt unter die höchsten gehören, (und diese

haben

haben ungefähr eine Höhe von 3000 Toisen, doch sind einige durch Vulkane hervorgebrachte Berge, die aber hier nicht in Betrachtung kommen können, noch höher,) ehedem noch viel höher gewesen seyn müssen, weil das Wasser ununterbrochen etwas davon abspült, und so ihre Höhe vermindert. Diese Abnahme muß sehr beträchtlich seyn, und ob wir gleich nicht im Stande sind, sie genau zu berechnen, so können wir doch folgern, daß die Wässer zu dieser Zeit vielleicht mehrere hundert Toisen höher, als jetzt unsere höchsten Berge sind, gestanden haben müssen. —

Man wird auch fragen, von welcher Beschaffenheit dieses Wasser war? So viel ist gewiß, daß es kein reines Wasser gewesen seyn kann und daß es auch von dem Wasser, das jetzt unsere Meere enthalten, unterschieden gewesen seyn muß; denn ich werde an einem andern Orte beweisen, daß es zu der Zeit, als der Erdkörper noch aufgelöst war, weder Kochsalzsäure, noch Laugensalze gab; folglich konnte jenes Wasser weder mit Meersalze, noch mit Wundersalze, (welche beyde Salze heutzutage das Meerwasser aufgelöst enthält,) geschwängert seyn. Vielmehr war jenes Wasser zu der Zeit, von welcher ich rede, mit ganz andern Stoffen versehen, welche ihm eine solche Wirksamkeit mittheilten, daß es die verschiedenen Substanzen, aus welchen sich die ursprünglichen Erdlagen bildeten, aufgelöst enthalten konnte. Wir kennen von diesen wirksamen Stoffen folgende:

1) Die Materie der Wärme;
2) Die reine Luft;
3) Die phlogistisirte Luft;

4) Die

4) Die Luft= oder Kohlensäure (fire Luft,);
5) Die Vitriol= oder Schwefelsäure;
6) Die Flußspatsäure;
7) Die metallischen Säuren;
8) Die 18 metallischen Kalke;
9) Die Schwefelleber;
10) Die brennbare Schwefelluft oder Schwefelleberluft;
11) Die Phosphorleber;
12) Die entzündliche Phosphorluft;
13) Die Arsenikleber;
14) Die Kalkerde;
15) Die Bittersalzerde;
16) Die Schwerspaterde;
17) Die Kieselerde und
18) Die Thonerde.

Alle diese verschiedenen Substanzen, und ohne Zweifel noch viele andere, die wir nicht kennen, waren in jener unermeßlichen Menge Wassers aufgelöst, und die Auflösungen derselben wurden durch die Wärme dieses Wassers, die gewiß ehedem beträchtlicher war, als sie jetzt ist, begünstigt. — Mit diesen Substanzen waren die Lichtmaterie, die elektrische Flüssigkeit, die magnetische Materie, die Wärmematerie — vermischt, und man kann also annehmen, daß ungefähr 40 verschiedene Substanzen in jenem Wasser aufgelöst oder mit demselben vermischt waren. Indessen verminderte sich endlich, aus irgend einer Ursache, die auflösende Kraft des Wassers, und die allgemeine Krystallisation des Erdkörpers gieng nun auf eine Art, die wir zu erklären uns bemühen wollen, vor sich.

Die

Die Wässer, die nach dieser Krystallisation übrig blieben, können wie Arten von Mutterlaugen angesehen werden, die noch verschiedene von den Substanzen, die sich daraus abgesetzt hatten, aufgelöst enthielten. Diese sind die Wässer, die unsern Meeren den ersten Ursprung gaben; sie unterhielten die große Krystallisation des Erdkörpers und verstatteten, daß die Substanzen, die sie noch aufgelöst enthielten, anschießen konnten. Auf diese Art entstanden die ursprünglichen Erdlagen von späterer Entstehung (terreins secondaires primitifs.)

Vom Schwefel.

§. 81. Diese Substanz findet sich, theils in der Gestalt eines wahren Schwefels, theils in der Gestalt einer Vitriol= oder Schwefelsäure, und theils auch als Schwefelleber, sehr häufig im Mineralreiche. Sie vererzt eine große Anzahl metallischer Materien, und sie macht besonders einen Hauptbestandtheil der Kiese, der Bleyglanze und der Blenden aus. —

Es giebt auch gegrabenen Schwefel; man findet ihn besonders nahe bey feuerspeyenden Bergen, indessen scheint es, daß er seine Entstehung von zersetzten Schwefelkiesen habe; er steigt, durch die unterirdische Wärme hierzu veranlaßt, empor, und setzt sich, wenn die Umstände günstig sind und die Entzündung und Verbrennung desselben hindern, unter der Gestalt eines festen Körpers an die kalten Flächen an, die sich ihm darbieten.

Man

Man findet auch Schwefel in der Verbindung mit Schwerspate, und besonders ist Sicilien reichlich mit diesem brennbaren Körper versehen, der daselbst in schön krystallisirtem Schwerspate vorkommt. Auch beym Gypse findet sich Schwefel und bisweilen sieht man schöne Gypskrystallen, die auf Schwefel aufsitzen. Dieser Schwefel ist entweder aus der Vitriolsäure des Gypses entstanden, oder er hat selbst zur Entstehung dieser Säure Gelegenheit gegeben, aus welcher dann, durch ihre Vereinigung mit der Kalkerde, die sich ihr darbot, die Gypskrystallen entstanden sind. — An den Ufern der Wolga ist ein Gypsberg, in welchem sich viel Schwefel findet, den man auf bergmännische Art gewinnt; man nennt daher auch diesen Berg den Schwefelberg. — In der Franche-Comté giebt es wirkliche, zerstörte Kieselsteine, die innerlich gegrabenen Schwefel enthalten; dieser Schwefel kann nicht von außen in die Steine gekommen seyn; denn die meisten dieser Kiesel sind ganz und besitzen äußerlich noch ihre eigenthümliche Festigkeit; man kann annehmen, daß diese Steine ursprünglich thierische oder vegetabilische Körper waren, daß sich der Schwefel darin gebildet hat, und daß endlich diese Körper in Kieselsteine verwandelt worden sind.

In den Pflanzen und in den Thieren trifft man ebenfalls Schwefel an; der verstorbene Scheele hat dergleichen aus thierischen Substanzen abgeschieden, und Herr Deyeur hat sich durch verschiedene Versuche vom Daseyn desselben in mehrern Pflanzen, z. B. in der Grindwurzel, im wilden Meerrettig u. s. w. überzeugt. — Auch bildet sich Schwefel in den Behältern,

tern, in welchen man Exkremente und andere thierische Unreinigkeiten sammelt, ferner in den Schornsteinen u. s. w. —

Die Vitriolsäure findet sich im Mineralreiche noch viel häufiger, als der Schwefel; sie macht einen Bestandtheil der Gypse, der Schwerspate, und anderer Fossilien aus, deren Grundbestandtheile durch diese Säure vererzt sind; sie ist ferner in mehrern Mittelsalzen zugegen. — Die Schwefelsäure trifft man gemeiniglich nur bey feuerspeyenden Bergen an, und dieser Umstand beweist, daß sie ihre Entstehung von brennendem Schwefel habe; sie greift, wenn sie diese Beschaffenheit hat, die härtesten Substanzen, die Granite, die Porphyre u. s. w. leicht an und befördert so die Zerstörung derselben. Indessen ändert sich die Schwefelsäure bald um und verwandelt sich, indem sie reine Luft einsaugt, in Vitriolsäure; daher kommt es, daß man sie nicht mehr als Schwefelsäure, sondern als Vitriolsäure, antrifft.

Der Schwefel war eher da, als die Krystallisation der ursprünglichen Erblagen vor sich gieng; denn ich habe in den Graniten von Beaujeolois bey Propieres Bleyglanz gefunden; auch habe ich Schwefelkies in Granit, der von den Alpen war, gesehen, und Herr von Saussure hat dergleichen Kies in der Nähe des Montblanc entdeckt (§. 911.). Indessen entsteht auch noch täglich Schwefel und der, den man aus Pflanzen und Thieren zum Vorscheine bringt, ist zuverläßig ein neues Produkt.

Dieser Schwefel und die Säure desselben scheinen aus denselben Grundstoffen, aus welchen die übrigen

salzigen

salzigen Substanzen entstehen, nämlich aus verschiedenen Lüften, aus Wasser, aus der Materie des Feuers, des Lichtes u. s. w. hervorgebracht zu werden, und eben diese Grundstoffe werden auch, vor der allgemeinen Krystallisation des Erdkörpers, den Schwefel gebildet haben, der sich in den ursprünglichen Erdlagen findet. Dieser Schwefel wird, zu der Zeit, ehe diese Krystallisation erfolgte, in dem Wasser unter der Gestalt einer Schwefelleber aufgelöst gewesen seyn; denn in dieser Gestalt ist der Schwefel im Wasser sehr auflöslich.

Vom Phosphor.

§. 82. Man hat eine ansehnliche Zeitlang geglaubt, daß der Phosphor einzig und allein im Thierreiche erzeugt werde; allein man fand späterhin diesen Körper auch in vegetabilischen Substanzen und man weiß jetzt, daß die Säure desselben im Mineralreiche eben so, wie in den andern Naturreichen, angetroffen wird; denn mehrere chemische Zerlegungen haben uns belehrt, daß diese Säure einen Bestandtheil von vielen mineralischen Substanzen ausmacht. Herr Gahn z. B. hat diese Säure in Bleyerzen entdeckt, und ich selbst habe aus freybergischem (oder zschopauischem) grünem Bleyerze Phosphor gemacht. Auch hat Herr Laumont aus Bleyerzen von Poullaouen Phosphorsäure abgeschieden. — Herr Mayer hat in dem von ihm sogenannten Wassereisen eben diese Säure angetroffen und andere Scheidekünstler haben sie in beträchtlicher Menge aus den Rasen- oder Sumpfeisensteinen erhalten. Die

Erster Theil. O Erze,

Erze, welche kaltbrüchiges Eisen geben, enthalten ebenfalls viel von dieser Säure, und sie macht auch, den Versuchen des Herrn Sage zufolge, einen Bestandtheil der Kupfererze, die bey Nevers brechen, aus. Herr Klaproth hat aus dem Apatit eine große Menge von dieser Säure erhalten und Herr Proust hat sie auch aus einem nicht kryſtalliſirten Apatit, welcher ganze Berge von ansehnlicher Größe in Estremadura ausmacht, erhalten. Selbſt natürlichen Phosphor trifft man im Schooße der Erde an, doch iſt dieses Fossil sehr selten, und man hat es bisher nur in einem Eisenerze von Poullaouen, das Herr Laumont beschrieben hat, entdeckt. — Uibrigens scheint es, daß auch Phosphor in der entzündlichen Phosphorluft der brennenden Quellwäſſer enthalten ſey. —

Man sieht aus den angeführten Beyspielen, daß sich faſt alle diese Phosphorsäure und dieser Phosphor in den Bergen, die von späterer Entstehung sind, finden; denn ſelbſt die Erze von Poullaouen kommen so, wie auch alle Sumpferze, in Erdlagen vor, die sich später, als die ursprünglichen, gebildet haben. Nur die Apatiten von Ehrenfriedersdorf in Sachsen und von Schlackenwalde in Böhmen finden sich in urſprünglichen Erdlagen. Der Phosphor war also schon vor der Kryſtalliſation des Erdkörpers da, und die Wäſſer enthielten ihn unter der Gestalt einer Phosphorleber aufgelöſt; es ſcheint aber, daß er nur in geringer Menge gegenwärtig war, da er so selten vorkommt. Indessen in den Erdlagen von ſpäterer Entſtehung iſt er ſehr gemein, und es ſcheint, daß aller Phosphor, der sich in dieſen Lagen findet, ſeinen Urſprung aus den

Uiber-

Überresten zerstörter vegetabilischer und thierischer Körper habe.

Man kann behaupten, daß der Phosphor und seine Säure aus eben den Grundstoffen, aus welchen die übrigen salzigen Substanzen bestehen, nämlich aus verschiedenen Gasarten, aus Wasser, aus den Materien des Feuers, des Lichtes u. s. w. hervorgebracht worden sind.

Von den metallischen Substanzen.

§. 83. Die metallischen Substanzen sind sehr ausgebreitet im Mineralreiche, und es giebt vielleicht keine einzige Erd- oder Steinart, die nicht etwas Metallisches enthalten sollte. Besonders findet sich fast überall im Mineralreiche Eisen, und da dieses Metall sehr oft gemeinschaftlich mit Braunsteine, mit Zinke, mit Golde und mit andern Metallen vorkommt, so kann man auch von allen diesen Substanzen sagen, daß sie sehr gemein sind. Indessen sind es nicht die Mineralien allein, welche Metalle enthalten, auch alle Pflanzen und alle Thiere haben etwas Metallisches in sich. So kann man z. B. aus der Asche, welche nach dem Verbrennen thierischer und vegetabilischer Körper zurückbleibt, eine große Menge Eisen absondern u. s. w. Herr Scheele hat in dieser Asche auch Braunstein entdeckt und Becher will Gold daraus erhalten haben. Noch andere Chemisten, die später, als Becher, gelebt haben, versichern, daß die Asche der Weinreben Gold enthalte,

und

und daß man eine ansehnliche Menge von diesem edeln Metalle daraus absondern könne *).

Man kennt heutzutage folgende 18 Metalle: 1) das Gold, 2) das Silber, 3) die Platina, 4) das Quecksilber, 5) das Kupfer, 6) das Bley, 7) das Zinn, 8) das Eisen, 9) den Zink, 10) den Wißmuth, 11) den Kobolt, 12) das Spießglas, 13) den Arsenik, 14) den Nickel, 15) das Braunsteinmetall, 16) das Wolframmetall, 17) das Wasserbley und 18) den Uranit.

Man muß die Metalle für ursprüngliche Substanzen halten, die eher da waren, als die Kryſtallisation des Erdkörpers vor sich gieng; denn man findet z. B. in allen Gemengtheilen des Granits Eisen; der Quarz enthält immer eine Portion Eisenrost, und der Feldspat hat noch mehr Eisen in sich, als jene Steinart. Auch der Schörl ist sehr eisenhaltig und dieses Fossil übertrifft selbst in diesem Betrachte den Feldspat; denn man kann im Schörl 0,09 Eisen annehmen. Am reichlichsten aber ist der Glimmer damit versehen; denn in

$\frac{}{100}$

---

*) Man kann nicht läugnen, daß einige Pflanzenkörper zuweilen eine Asche geben, aus der sich etwas Gold absondern läßt, und „es ist,“ sagt Herr von Humboldt, „keine Ursache da, warum man zweifeln „sollte, daß sich das Gold nicht auch in den vegetabi„lischen Körpern finden könne,“ allein so ausgebreitet, wie dieses Metall, nach der Meinung eines Becher, Sage, Gerard, Rouelle u. s. w. im Pflanzenreiche seyn soll, findet es sich, neuern Versuchen zufolge, in demselben nicht. S. F. A. von Humboldt Aphorismen aus der chemischen Physiologie der Pflanzen. Aus dem Lateinischen von G. Fischer. Leipzig, 1794. S. 6. ff. Anmerk. des Herausgebers.

100 Granen desselben sind gemeiniglich 10 Gran von diesem Metalle enthalten.

Die übrigen Steine, die sich in den ursprünglichen Erdlagen finden, z. B. die Edelsteine, die Schörle, die Talkarten und die aus Thonerde gebildeten Steinarten, enthalten insgesammt mehr oder weniger Eisen. Außer dieser Portion des genannten Metalles aber, welche als ein Bestandtheil aller dieser Steine angesehen werden muß, findet man noch metallische Substanzen, unter der Gestalt von Gängen, oder Adern und Nieren, in großen Massen in den ursprünglichen Erdlagen, wovon ich bald mehrere Beyspiele anführen werde.

Indessen kann es auch Metalle geben, die von späterer Entstehung sind, und von dieser Art scheinen diejenigen zu seyn, die man in den organisirten Wesen antrifft. — Pflanzen, die man blos in Wasser aufgezogen hat, enthalten eben die Metalle, die sich in den Pflanzen finden, die in der Erde gestanden haben. Diese Metalle haben ihnen aber auf keine Art von den Materien, in welchen sie gewachsen und durch welche sie genährt worden sind, mitgetheilt werden können, man muß also folgern, daß sie in der Pflanze selbst entstanden sind. — Ich glaube, daß sich täglich auf ähnliche Art Metalle, und besonders Eisen, in den Fossilien, im Torfe, in den Erd- und Steinkohlen und selbst in den Schiefern bilden; denn alle diese Mineralien sind mehr oder weniger reichlich mit Schwefelkiese versehen, der nicht von außenher dazu gekommen seyn kann. Diese Beobachtung verdient, in geologischer Rücksicht betrachtet, die größte Aufmerksamkeit.

Uibrigens werden bey der Bildung dieser metallischen Substanzen von neuer Entstehung die Materie des Lichtes, die Wärme= oder Feuermaterie und andere wirksame Flüssigkeiten des Universums, z. B. die elektrische und magnetische Flüssigkeit, vorzüglich thätig gewesen, und in diese Substanzen selbst übergegangen seyn.

Von den Vererzungsmitteln der Metalle.

§. 84. Man glaubte sonst, daß es nur 2 Substanzen, nämlich den Schwefel und den Arsenik, gäbe, durch welche die Metalle vererzt würden; allein die neuesten Versuche haben gelehrt, daß diese Meinung, die selbst noch vor kurzer Zeit allgemein für wahr gehalten wurde, falsch ist, und daß, außer jenen Körpern, noch viele andere Substanzen von der Natur zur Vererzung der Metalle angewendet werden. Es ist selbst nicht unwahrscheinlich, daß, außer den Körpern, von denen wir wissen, daß sie die Natur zu jenem Behufe benutzt, auch noch manche andere Stoffe zu eben der Absicht dienen, und auch wirklich im Schooße der Erde dazu gebraucht werden.

Die uns bekannten Vererzungsmittel sind folgende:

1) Die reine Luft, die sich in vielen metallischen Kalken, vorzüglich aber im Braunsteinkalke, im rothen Bleykalke u. s. w. findet;

2) Die

2) Die Luftsäure oder sogenannte fixe Luft, mittelst welcher das Bley im weisen Bleyerze, das Kupfer im Malachite u. s. w. vererzt ist;

3) Die unreine oder phlogistisirte Luft, die sich in den meisten metallischen Kalken, gemeinschaftlich mit reiner und fixer Luft, befindet;

4) Die entzündliche Luft. Wenn man Metalle dieser Gasart aussetzt, so werden sie schwarz, es ist also wahrscheinlich, daß die metallischen Kalke, wie das weise Bleyerz, die eine schwarze Farbe angenommen haben, diese Veränderung der entzündlichen Luft verdanken, die in den Bergwerken in ansehnlicher Menge gegenwärtig ist;

5) Die Schwefelleberluft; durch dieses Gas ist der Zink in der Blende vererzt;

6) Der Schwefel; dieser ist das gewöhnlichste Vererzungsmittel; er findet sich in den Kiesen, im Bleyglanze u. s. w.

7) Die Schwefelleber; sie macht einen Bestandtheil der Blenden aus;

8) Die Vitriolsäure; sie ist in den verschiedenen Vitriolen zugegen;

9) Der Phosphor; er dient zur Vererzung des Eisens, des Bleyes, des Kupfers;

10) Die Phosphorsäure; sie findet sich im grünen und schwarzen Bleyerze, im Wassereisen u. s. w.

11) Die brennbare Phosphorluft; das Bley in dem Fossil, das man Slickenside nennt, ist durch dieses Gas vererzt;

12) Der Arsenik; er findet sich im Mißpickel, im arsenikalisch-gediegenen Silber u. s. w.

13) Die Arseniksäure; sie vererzt den rothen Koboltkalk;

14) Die Wolframsäure; sie findet sich im Wolfram;

15) Die Wasserbleysäure — im gelben Bleyerze;

16) Die Flußspatsäure — in einigen Blenden;

17) Der Graphit — im Eisenrahme oder sogenannten Eisenmanne;

18) Das Wasser — im Gallmey, in den Kupferkalken;

19) Das mineralische Laugensalz — in den mineralischen Wässern gemeinschaftlich mit Eisen;

20) Das flüchtige Laugensalz — mit Eisen verbunden in der Nähe von feuerspeyenden Bergen;

21) Der Salmiak — ebenfalls mit Eisen vereinigt bey feuerspeyenden Bergen;

22) Die Erden; man findet in vielen Erzen Erdarten, die mit Metallen vermischt und verbunden sind; die Kalkerde z. B. macht einen Bestandtheil des spätigen Eisensteins aus;

23) Das Quecksilber; es amalgamirt sich mit den Metallen; so findet man z. B. ein natürliches Silberamalgam im Zweybrückischen u. s. w. Außer diesen Substanzen kann man auch noch

24) Verschiedene Metallgemische,

25) Die Erdharze,

26)

26) Die Wärmematerie, und

27) Die Borarsäure unter die Vererzungsmittel der Metalle zählen.

Die natürlichen Metallgemische sind wahre Vererzungen; denn die Metalle, die mit einem andern Metalle verbunden sind, besitzen ihre eigenthümlichen Eigenschaften nicht.

Die Erdharze vertreten zwar nur selten die Stelle eines Vererzungsmittels, doch giebt es in den Gruben zu Idria einige Quecksilbererze, die erdharzige Theile in sich haben. — Die Borarsäure findet man zuweilen mit einigen Metallen vereinigt; auch giebt es Eisenkalke, die etwas Borar enthalten.

Alle diese metallischen Substanzen und ihre Vererzungsmittel trifft man überhaupt auf zweyerley Art, entweder in sogenannten Gängen oder in Flötzlagern, unter der Erde an. Wir wollen von jeder Art besonders reden.

Von den Erzgängen.

§. 85. Man versteht unter einem Gange eine Ader, die mehr oder weniger weit in dem Gesteine fortgeht und aus einer Materie besteht, die von der abweicht, aus welcher die Stein= oder Erdlage, in der sie sich befindet, gebildet ist. Diese Ader, oder dieser Gang nimmt seinen Weg fast immer in einer geraden Linie durch das Gebirgslager und setzt oft, indem er mehrere Berge und Thäler durchschneidet, einige

Tausend Toisen ununterbrochen fort. Indessen geschicht es zuweilen, daß der Gang in seinem Streichen durch eine fremde Masse, die man einen Keil nennt (EE Fig. 1. Taf. I.), aufgehalten wird; er setzt aber hinter diesem Keile aufs neue an, und man findet ihn wieder, wenn man ihm nur in derselben Richtung nachgeht.

Man trifft in einem und demselben Berge sehr oft mehrere Gänge an, die einander durchkreuzen und einander auf verschiedene Art durchschneiden *). — Man pflegt die ersten Anzeigen, durch welche sich irgend ein Gang zu erkennen giebt, Spuren zu nennen; man unterscheidet aber überhaupt 2 Arten von Gängen, die steinigen (tauben) und die, welche Metalle führen, von einander. Die tauben Gänge sind Adern, die aus einem Gesteine bestehen, das von dem, welche das Gebirgslager, worin sie sich finden, ausmacht, verschieden ist; so sieht man z. B. oft Quarzgänge in ursprünglichen Granitgebirgen und im Gneise.

Die Erze oder Metalle führenden Gänge, von welchen hier eigentlich geredet wird, sind Adern, die eine oder mehrere metallische Substanzen in sich haben. Man unterscheidet bey diesen Gängen das Hängende T, das Liegende M, das Saalband SS, und die Neigung und Richtung des Ganges. Unter dem Hängenden versteht man die oberste, und unter dem Liegenden die unterste Seitenbegränzung des Ganges. Das Saalband ist eine erdige oder steinige Materie, die das im
Gange

*) Auf der zweyten Tafel, 1. Fig sind 2 Gänge (AA, BB) gezeichnet, die einander in C durchschneiden.

Gange F enthaltene Erz begleitet; denn nicht der ganze Raum, der sich zwischen dem Liegenden und Hängenden befindet, ist mit Erze ausgefüllt, es findet sich vielmehr fast immer eine thonige Masse oder eine andere Erdart S darin, welche das Erz begleitet und oft den größten Theil des Ganges ausfüllt.

Die Neigung oder das Fallen eines Ganges bestimmt man nach seinem Streichen, wobey man die Richtung desselben gegen die Verticallinie hält. Man nennt den obersten Theil eines Ganges das Ausgehende, und man sagt, der Gang ist, im Verhältnisse zum Horizont, um so oder so viel Grade geneigt.

Die Richtung eines Ganges wird durch sein Streichen nach Süden oder nach Norden bestimmt, und man sagt, dieser Gang streicht von Süden nach Norden, oder von Osten nach Westen. — Es giebt auch horizontale Gänge, wohin z. B. die gehören, die in dem Gebirge von Allemont und von Seizi vorkommen. Andere Gänge, wie die zu Ilmenau im Weimarischen, sind ganz oder beynahe vertical (Fig. 3. CC.).

Die meisten Gänge aber sind geneigt, und selbst die reichsten haben oft ein Fallen von ungefähr 45 Graden.

Man findet in allen Arten von Stein- oder Gebirgslagern, in ursprünglichem und in gneißigem Gesteine, im Schiefer und im Kalksteine, Gänge. So ist z. B. in dem ursprünglichen Granite von Beaujeolois zu Proprieres bey Beaujeu ein Bleyglanzgang, und zu Poullaouen finden sich Gänge in Thonschiefer. Das Gebirge zu Bleyberg in Kärnthen enthält sehr merkwürdige

würdige Erzgänge; es besteht aus Muschelkalksteine, in welchem sich mancherley schöne Versteinerungen finden; diese Kalklager sind ganz gewiß von späterer Entstehung, und es ist kein Zweifel, daß sie sich nach und nach oder zu verschiedenen Zeiten abgesetzt haben; sie haben ein Fallen unter einem Winkel von 40 bis 50 Graden, und sie werden durch Gänge von einander getrennt, worin gelbe Bleyerze brechen. Es sind hier überhaupt 14 Bleyerzgänge, welche mit eben so viel Kalklagen abwechseln. — Die Gebirgslager aber, in welchen am häufigsten Erzgänge vorkommen, bestehen aus Granite von späterer Entstehung oder aus Gneis; die reichen Erze, die auf dem Harze gegraben werden, finden sich insgesammt in solchen Steinarten. —

Die Naturforscher haben, in Rücksicht auf den Ursprung der Gänge, verschiedene Meinungen gehegt, die nicht selten zu heftigen Streitigkeiten Gelegenheit gegeben haben. Indessen kommen fast alle Schriftsteller, die diesen Gegenstand behandelt haben, darin unter einander überein, daß die Gebirge, welche Gänge enthalten, Spalten bekommen hätten, und daß diese in der Folge mit den Substanzen, aus welchen die Gänge bestehen, ausgefüllt worden wären. In Ansehung der Art und Weise aber, wie diese Spalten ausgefüllt worden sind, weichen die Schriftsteller von einander ab, und theilen sich gleichsam in 2 Partheyen.

§. 86. Einige glauben, daß die verschiedenen metallischen Erze durch die unterirdische Wärme flüchtig gemacht und dann in diese Spalten abgesetzt worden seyen. Allein dieser Theorie kann man nicht Beyfall geben; denn 1) sind die metallischen Substanzen so feuerbeständig,

ständig, daß sie nur bey einem beträchtlichen Grade der Wärme verflüchtigt werden können. Das Gold und das Silber z. B. lassen sich nur in der durch einen guten Brennspiegel verdichteten Sonnenwärme flüchtig machen, eine solche Hitze aber findet im Innern des Erdkörpers nicht statt. Und gesetzt, es gäbe Umstände, unter welchen eine solche Wärme entstehen könnte, (wie etwa in der Nähe von feuerspeyenden Bergen,) so würden doch die durch dieselbe verflüchtigten Metalle weit eher wieder erkalten, als sie an die Mündung des Ganges gelangen könnten. Man kann sich also eine solche Verflüchtigung metallischer Substanzen nur in der Nähe von feuerspeyenden Bergen als möglich denken, und es mangelt auch nicht an Erscheinungen, welche beweisen, daß in einem solchen Falle eine wirkliche Verflüchtigung vor sich gehe; so ist z. B. der Arsenikrubin in der Nähe des Vesuvs auf diese Art entstanden, und eben dies gilt auch von dem Eisenspiegel, der zu Mont=d'Or vorkommt. —

2) Es giebt auch steinige oder taube Gänge, wohin die Quarzgänge gehören, von welchen ich schon geredet habe; die Substanzen aber, womit diese Gänge ausgefüllt sind, haben gewiß nicht verflüchtigt werden können, und

3) finden sich in den Gängen, welche Metalle führen, erdige Saalbänder und verschiedene steinige Krystallisationen oder Drusen, z. B. krystallisirter Schwerspat, Kalkspat, Flußspat, krystallisirter Quarz und Krystallisationen von anderer Art, die mit dem Erze innig vermengt sind, deren Entstehung nach jener Theorie auch nicht erklärt werden kann. Diese Gründe

zusammengenommen sind so überzeugend, daß dadurch fast alle Mineralogen veranlaßt worden sind, der Meinung, von der Ausfüllung der Spalten durch Dünste, ihren Beyfall zu versagen.

§. 87. Die meisten Naturforscher erklären sich daher jetzt die Entstehung der Gänge, oder die Ausfüllung jener Spalten, auf eine andere Art. Die Wässer, sagen sie, haben sich zurückgezogen, sie sind aber in der Folge in die Gegenden, wo sich Gänge in den Gebirgen finden, zurückgeflossen und haben dieselben überschwemmt; diese Wässer haben metallische Substanzen und erdige Theile mit sich gebracht, welche sich aus denselben niedergeschlagen haben, um die Gänge und die Saalbänder zu bilden. — Aber diese Meinung hat ebenfalls ihre Schwierigkeiten, und man kann ihr, glaube ich, jetzt eben so wenig, als der ersten Theorie, Beyfall geben; denn

1) haben die horizontalen Gänge und die, die ein Fallen von weniger als 60 bis 70 Graden haben, auf diese Art nicht hervorgebracht werden können, weil unmöglich Spalten, die eine horizontale Richtung, oder ein Fallen von 60 bis 70 Graden gehabt hätten, entstehen konnten. Das Hängende würde in einem solchen Falle sogleich auf das Liegende herabgestürzt und so die Entstehung eines Ganges vereitelt haben. Allein es giebt wirklich viele Gänge, die eine horizontale Richtung haben, (wie dies z. B. zu Allemont statt findet,) und überhaupt haben die meisten Gänge ein Fallen von weniger als 70 Graden. Jene Hypothese würde also nur zur Erklärung der Entstehung solcher Gänge, die eine verticale oder dieser sehr ähnliche Rich-

Richtung haben, anwendbar seyn. Solche Gänge aber kommen äußerst selten vor; auch ist es zuweilen (wie zu Jlmenau) der Fall, daß ein Theil A (2. Taf. 3. Fig.) des Ganges eine verticale und ein anderer Theil desselben B eine horizontale Richtung hat. Da man nun nicht annehmen kann, daß die Natur, bey der Bildung der Erzgänge, auf eine zwiefache verschiedene Art zu Werke gegangen sey, so muß man wohl glauben, daß sie die verticalen Erzgänge auf eben die Weise bildet, auf welcher sie die, welche horizontal streichen, hervorbringt. Wir haben

2) gesehen, daß ein und derselbe Berg mehrere Gänge enthält, die sich auf verschiedene Art kreuzen und durch einander durchsetzen. Um diese Erscheinung zu erklären, müßte man also in einem solchen Berge eben so viel verschiedene Spalten, als es Gänge giebt, annehmen; allein dies läßt sich nicht denken; denn gewiß würde, wenn dies der Fall gewesen wäre, das Hängende auf das Liegende herabgestürzt seyn; überdem hätten auch mehrere Steinmassen zu der Zeit, da das Gebirge die Spalten bekam, frey schweben müssen, (was man doch nicht annehmen kann,) weil in solchen Gebirgen, worin sich viele Gänge befinden, große Steinmassen, wie ACB, überall auf Gängen aufsitzen und gleichsam auf denselben ruhen (2. Taf. 1. Fig.). Es ist

3) auch nicht wahrscheinlich, daß die Wässer, indem sie in der Folge wieder zurückkamen, nur solche Erze und Saalbänder, als wir in den Gängen finden, abgesetzt und in den Spalten zurückgelassen haben könnten. Wenigstens würde man, wenn man dies behaup=

behaupten wollte, geradezu wider alle Analogie verstoßen; und

4) haben die Spalten, die zuweilen in einem Gebirge entstehen, so weit wir davon Kenntniß haben, gar keine Aehnlichkeit mit den Erzgängen; denn die letztern streichen gewöhnlich in einer geraden Linie fort, indeß im Gegentheile die Spalten fast nie in einer geraden Linie fortgehen. Man sieht also hieraus, daß diese zweyte Theorie eben so wenig, als die erste, erwiesen ist.

§. 88. Ich glaube daher, daß die Gänge, sie mögen taub seyn, oder Erze führen, mit den Gebirgen, in welchen sie sich befinden, zu einer und derselben Zeit durch die Krystallisation entstanden sind. Die metallischen und steinigen Materien sowohl, als die Erden, welche den Gang und das Saalband desselben ausmachen, waren Anfangs mit den Elementen, woraus das Gebirge selbst besteht, vermengt, sie haben sich aber von den Letztern abgesondert und sich, vermöge der Verwandschaft, die sie zu einander hatten, an einander gehangen und sich, wegen eben dieser Wahlverwandschaft, mit einander vereinigt. Diese Vereinigung ist nach einer gewissen Richtung, die mehr oder weniger geneigt war, vor sich gegangen, und auf diese Art ist denn ein Gang entstanden, es mag nun ein Erze, oder andere Materien führender Gang seyn.

Bey dieser Verbindung gewisser Theile zu einem Gange werden nur einige Portionen derselben in der Masse des Gebirges zurückgeblieben seyn, weil sie vielleicht von den Uibrigen zu entfernt waren, als daß sie
sich

sich damit hätten vereinigen können; diese zerstreueten Portionen (Fig. 1. O.), die, wie der Bergmann sagt, eingesprengt vorkommen, bezeugen, daß das Erz ursprünglich mit den andern Substanzen, aus welchen die Gebirgsmasse besteht, vermengt, und unter denselben gleichsam herumgestreuet war *).

Die Beschaffenheit der Gebirge, in welchen die Gänge mit Steinlagern abwechseln, (wie dies zu Bleyberg der Fall ist,) beweist augenscheinlich, daß die Gänge wechselsweise, wie die Kalklagen, abgesetzt worden sind; es hat sich im Anfange eine Kalklage niedergeschlagen, auf diese hat sich eine Erzlage gesetzt, dann ist wieder eine Kalklage, auf diese wieder eine Erzlage u. s. w. niedergefallen; und alle diese Lagen haben sich nur, den Gesetzen der Verwandschaften gemäß, bilden können. Diese Arten von Gängen könnte man Ganglager (gangartige Erzlager filons-couches) nennen.

*) Herr Werner macht sich von der Entstehung der Gänge einen andern Begriff, als unser Verfasser. Alle wahre Gänge sind, meint Herr Werner, wirkliche, anfänglich offen gewesene Spalten, die ihren Ursprung von verschiedenen Ursachen hatten und nachher ausgefüllt worden sind. Die Gangmasse selbst ist, nach diesem Naturforscher, durch nassen Niederschlag entstanden, der sich von oben herein, (aus einer die Gegend, wo sich die Gangräume befanden, bedeckenden nassen meist chemischen Auflösung) in die Spalten begeben, und sie ausgefüllt hat u. s. w. S. A. G. Werner's Neue Theorie von der Entstehung der Gänge, mit Anwendung auf den Bergbau besonders den freybergischen. Freyberg 1791. S. 51. ff. 104. ff. Anmerk. des Herausgebers.

Man könnte vielleicht sagen, die Spalte, welche den Gang einschließt, sey von Anfang an in dem Berge gewesen, und auch das Erz habe in diesem Berge nesterweise (O) herum gelegen; die Wässer, die in dem Berge herumflossen, hätten dann das Erz aufgelöst und in die Spalte gebracht, worin sich dann die aufgelösten Theile abgesetzt hätten, indeß das Wasser verdunstet wäre, so daß die Erzeugung der Erze in den Gängen auf die Art, wie die Tropfsteine, die Kiesel u. s. w. aus wässerigen Auflösungen entstehen, vor sich gegangen sey. Und in der That mangelt es nicht an Erscheinungen, die diese Meinung begünstigen; wenn man z. B. Stollen oder Gruben befährt, auf welchen seit langer Zeit nicht mehr gebauet worden ist, so wird man deutlich gewahr, daß die Wässer auf die Erze gewirkt und oft aus denselben ganz neue Arten von Mineralien hervorgebracht haben, die dann von ihnen in einer größern oder geringern Entfernung wieder abgesetzt worden sind. Wenn nun ein solches mit Erztheilchen geschwängertes Wasser eine Spalte oder eine Höle antrifft, so wird es die mineralischen Theile, die es enthält, in dieselbe absetzen und so einen Gang, oder eine Niere bilden können. Diese Erklärung der Entstehungsart der Gänge ist auch der Meinung, die ich eben vertheidigt habe, gar nicht entgegen; denn in einem solchen Falle ist der Gang oder die Niere ebenfalls immer durch eine Krystallisation, und den Gesetzen der Verwandschaften gemäß, entstanden. Indessen glaube ich doch, daß man diese Hypothese nur auf einige besondere Fälle, wie die sind, von welchen ich geredet habe, nicht aber auf große Gänge, die durch mehrere Berge durchsetzen und eine Länge von mehrern französischen

Meilen

Meilen haben, anwenden. Denn wenn man die Entstehung aller Gänge ohne Unterschied auf diese Art erklären wollte, so müßte man annehmen, daß die Spalten schon vorher da gewesen seyen; allein ich habe oben gezeigt, daß solche Spalten nicht haben statt finden können, und daß die Gänge den Spalten, die wir zuweilen in den Gebirgen bemerken, nicht ähnlich sind.

Die meisten Gebirge, in welchen sich Gänge finden, bestehen aus harten Steinen, die viel zu fest sind, als daß das Wasser durch sie hindurch sickern könnte; dieselbe Festigkeit aber, welche diese Steine jetzt besitzen, hatten sie auch damals, als sie sich krystallisirten, oder wenigstens waren sie zu dieser Zeit gewiß nicht viel weicher, als wir sie jetzt finden, und folglich hat auch damals kein Wasser durch dieselben hindurch dringen können. —

Das Wasser, das man in Gängen antrifft, kommt gewöhnlich aus besondern Spalten in dieselben, und am öftersten tritt es nur dann erst in den Gang, wenn ein Durchschlag gemacht worden ist. Übrigens stehen einige besondere Durchsickerungen mit der außerordentlich großen Erzmasse, welche gewisse Gänge in sich fassen, in gar keinem Verhältnisse; denn es giebt Gänge, die sehr mächtig sind und eine Länge von mehrern französischen Meilen haben.

Man hat mir auch den Einwurf gemacht, daß die Gänge, die jetzt horizontal streichen, wohl ursprünglich eine verticale Richtung gehabt haben könnten, daß aber diese, vielleicht durch eine Erschütterung oder durch eine Revolution von anderer Art, mittelst welcher

cher der Berg seine ehemalige Lage verändert hätte, auch eine Aenderung erlitten und in die, die jetzt statt hat, übergegangen seyn könnte. Ich gebe zu, daß dieser Erfolg unter gewissen Umständen möglich gewesen ist; denn wir sehen, daß manche Lagen, von verschiedenen Substanzen, die jetzt eine ganz oder beynahe verticale Richtung haben, Anfangs eine horizontale, oder dieser nahe kommende Lage gehabt haben müssen; allein man kann aus dieser Erscheinung nicht schließen, daß ein ähnlicher Erfolg bey den Erzgängen statt gefunden habe; wenigstens ist so viel gewiß, daß dieß, in Rücksicht auf die Gänge, nur äußerst selten der Fall gewesen seyn mag; denn es giebt wenig große Ganggebirge, deren Adern ein und dasselbe Streichen haben; in den meisten Gebirgen durchschneiden die Gänge das Gestein in verschiedenen Richtungen, und man kann also nicht annehmen, daß zu gleicher Zeit ähnliche Spalten gegenwärtig gewesen sind, vielmehr müßten schon zu derselben Zeit einige horizontal, andere vertical gewesen seyn.

Die reichsten Erzgänge kommen im Gneiße, oder im Granite von späterer Entstehung, oder in quarzigem und glimmerigem Schiefer vor; ich glaube die Ursache, warum sich dieß so verhält, angeben zu können. Der Gneiß erforderte, um zu krystallisiren, weniger Wasser, als der ursprüngliche Granit, er hat sich also später, als der Letztere, krystallisirt. Wirklich ist auch der Gneiß aus der Mutterlauge angeschossen, die noch nach der großen Krystallisation der Masse des Erdkörpers übrig war. Alle andere Substanzen, die eben so auflöslich, wie der Gneiß, waren, und,

um

um zu kryſtalliſiren, eben ſo wenig Waſſer, wie dieſer, erforderten, blieben ebenfalls in der Mutterlauge und ſchoſſen den Geſetzen der Verwandſchaften und den Wahlanziehungen gemäß, mit dem Gneiße zugleich an. Da nun die meiſten metalliſchen Subſtanzen, in Vereinigung mit ihren Vererzungsmitteln, z. B. mit den verſchiedenen Säuren, mit den Lüften, mit der Schwefelleber, dem Phosphor, dem Arſenik u. ſ. w. im Waſſer eben ſo auflöslich ſind, als der Gneiß, ſo werden ſie alſo gemeinſchaftlich mit dieſem Letztern in den Wäſſern zurückgeblieben ſeyn und ſich zugleich mit ihm kryſtalliſirt haben.

Man kann noch die Frage aufwerfen: Warum gehen die Gänge immer in einer geraden Linie fort und durchſchneiden in dieſer Richtung mehrere Berge? — Ich werde von dieſer Erſcheinung an einem andern Orte reden und die aufgeworfene Frage zu beantworten mich bemühen.

Die Gold- und Silbererze kommen im heißen Erdſtriche am häufigſten vor, die Eiſen- und Kupfererze aber und die Erze anderer Metalle finden ſich gewöhnlich in kalten oder gemäßigten Gegenden in größerer Menge, als in warmen Ländern. Ich habe oben erwähnt (§. 30.), daß die Eiſenerze in der Nähe der Pole ſehr gemein zu ſeyn ſcheinen; man hat dieſe Erſcheinung auf verſchiedene Art erklärt, aber keine von dieſen Erklärungen iſt, meines Erachtens, vollkommen gegründet. Herr Gautier*) äußert ſich über dieſen

---

*) Nouvelles conjectures sur le globe de la terre.

sen Gegenstand auf folgende Art: „Die schwersten „Theile der Erde, wie z. B. die Goldtheilchen, bega„ben sich zu der Zeit, da sie entstanden, nach der Seite „des Aequators hin, und da sie vermöge des Gleich„gewichts um die Erde herum, gleichsam wie eine „Rinde, zu liegen kamen, so mußten die Metalle und „die Erze, als die schwersten Substanzen, ihren Platz „zwischen den Wendekreisen erhalten." Herr Gautier hätte, um seine Meinung wahrscheinlicher zu machen, noch der Platina, die alle übrige Körper an Schwere übertrifft, gedenken können; denn dieses Metall findet sich nur in Peru, nahe am Aequator. — Indessen, ob schon, wie es scheint, die Golderze (und die Platina) zwischen den Wendekreisen vielleicht in größerer Menge, als an andern Orten, angetroffen werden, so machen diese Körper doch nur einen sehr kleinen Theil des Bodens aus, und die übrigen metallischen Substanzen finden sich in diesen Gegenden nicht häufiger, als in andern. Gleichwohl sind diese Erze um vieles schwerer, als die Granite, die Porphyre und andere Steinarten, aus welchen diese ursprünglichen Gebirge bestehen. — Man sieht also, daß diese Hypothese des Gautier mehr sinnreich, als wahr ist; wenn sie gegründet wäre, so müßte man alle metallische Substanzen, da sie viel schwerer, als die Erden und die Steine sind, zwischen den Wendekreisen antreffen.

Man hat auch behauptet, daß die größere Wärme des heißen Erdstrichs zur Bildung der edlern Metalle beygetragen haben müsse; allein diese Meinung, die die Alchemisten gehegt haben, wird durch die Erfahrungen

rungen und Beobachtungen, die in neuern Zeiten gemacht worden sind, nicht bestätigt.

Von der Krystallisation der Erzgänge.

§. 89. Wir wollen jetzt zu bestimmen suchen, wie die verschiedenen metallischen Substanzen haben krystallisiren können, um die Gänge zu bilden. Man kann hier zuerst die Frage aufwerfen: Wie konnten diese Substanzen und ihre Vererzungsmittel in den Wässern aufgelöst erhalten werden? denn da die Krystallisation derselben nicht hat durch das Feuer bewirkt werden können, so müssen sie im Wasser aufgelöst gewesen seyn. Ich habe schon oben und, wie ich glaube, auf eine befriedigende Art dargethan, daß das Wasser dergleichen Substanzen aufzulösen im Stande ist *). Man zählt mehrere Säuren, die Vitriolsäure, die Phosphorsäure, den Salzgeist, die fixe Luft, die Flußspatsäure, die Säuren des Arseniks, des Wolframs und des Wasserbleyes, unter die Vererzungsmittel, alle diese sauren Stoffe sind aber im Wasser auflöslich und theilen folglich auch demselben eine Verwandschaft gegen andere Körper mit. Das mit solchen sauren Theilen geschwängerte Wasser konnte also die metallischen Substanzen angreifen, sie vererzen und aufgelöst erhalten. — Unter den übrigen Vererzungsmitteln befindet sich der Schwefel, die Schwefelleber, die

hepa-

---

*) Journal de Physique, Februar, 1793. S. 145.

hepatische Luft, der Phosphor und die brennbare Phosphorluft; von diesen verbinden sich einige (der Schwefel und der Phosphor) mit der Kalkerde und mit den Erden des Bittersalzes und des Schwerspates, wenn diese luftleer oder ätzend sind, und stellen damit sogenannte Lebern (Schwefelleber und Phosphorleber) dar, die im Wasser auflöslich sind.

Eben diese brennbaren Körper, der Schwefel und der Phosphor, vereinigen sich auch mit den metallischen Kalken und bilden damit ebenfalls Lebern, die nicht minder auflöslich sind, als jene.

Die brennbare Phosphorluft ist gleichfalls im Wasser auflöslich, und eben dies gilt auch von der hepatischen Luft. Das Wasser konnte sich also auch mit diesen fünf Vererzungsmitteln sättigen, welche, in diesem Zustande, die verschiedenen metallischen Substanzen in Erze zu verwandeln geschickt waren; denn, die Schwefelleber greift, wie man weiß, alle Metalle, selbst das Gold, an und löst sie vollkommen auf. Man kann auf diesem Wege, wie Hoffmann gelehrt hat, durch Hülfe der flüchtigen Schwefelleber Zinnober machen. — Die meisten durch Schwefel vererzten Metalle geben, wenn man sie gehörig behandelt, eine hepatische Luft von sich, und dieser Umstand thut deutlich dar, daß der Schwefel nicht unter der Gestalt eines wirklichen Schwefels, sondern vielmehr unter der Gestalt einer Leber in diesen Erzen gegenwärtig ist, oder sich wenigstens ehedem in dieser Gestalt in denselben befand.

Ein anderes Vererzungsmittel, der Arsenik, ist, wenn er sich in einem kalkartigen Zustande befindet, unge=

ungemein auflöslich im Wasser; er verbindet sich, wenn er die so eben erwähnte Gestalt hat, mit den Laugensalzen und mit mehrern einschluckenden Erden, z. B. mit der Erde des Kalkes, des Bittersalzes, des Schwerspats, wenn sie luftleer sind, und stellt damit Produkte dar, die vom Wasser sehr gern aufgelöst werden. Auch kann sich der Arsenikkalk mit andern metallischen Kalken verbinden und damit sehr leicht auflösliche Produkte darstellen.

Die 3 Luftarten, die reine, die phlogistisirte und die brennbare Luft, deren sich, wie ich schon oben gesagt habe, die Natur auch zum Vererzen der Metalle bedient, sind gleichfalls im Wasser sehr auflöslich, und es giebt kein Wasser, das nicht reine und phlogistisirte Luft in sich haben sollte; die brennbare Luft macht einen Bestandtheil des Wassers der Sümpfe aus. — Das mit solchen Lüften geschwängerte Wasser kann die Metalle angreifen; so wirkt z. B. das mit reiner Luft verbundene Wasser auf Bley, auf Eisen, auf Kupfer u. s. w. — Die phlogistisirte Luft verbindet sich gleichfalls damit; das mit brennbarer Luft überladene Wasser macht mehrere Metalle schwarz; es ist selbst im Stande, manche Metalle aus ihren Kalken wieder herzustellen und wahrscheinlich haben mehrere gediegene Metalle ihre Entstehung dieser Ursache zu verdanken. Die Arseniksäure wird eben so, wie der verkalkte Arsenik, mittelst der brennbaren Luft sehr leicht hergestellt und in Arsenikkönig, oder gediegenen Arsenik verwandelt.

Auch gegen andere metallische Kalke äußert das Wasser eine auflösende Kraft. Ich habe schon an einem andern Orte *) dargethan, daß der Zinkkalk in dieser Flüssigkeit auflöslich ist, und eben dies gilt auch von den Kalken des Spießglases. Alle diese Metallkalke können sich also, in dieser Gestalt, unter sich, oder mit andern metallischen Kalken und selbst mit Metallen, die ihre vollkommne Gestalt haben, verbinden, und mittelst der Schwefellebern, des Arseniks u. s. w. kann eine solche Vereinigung noch leichter vor sich gehen.

Das mineralische Laugensalz vertritt zuweilen die Stelle eines Vererzungsmittels, und mehrere mineralische Wasser sind aus diesem Salze und aus Eisen zusammengesetzt.

Das flüchtige Laugensalz, das sich in der Nähe von feuerspeyenden Bergen findet, kann von Wasser aufgenommen und dann als Vererzungsmittel, zumal für das Kupfer, angewendet werden. Dieses vererzte Metall kann sich leicht in Gegenden, wo erloschene Vulkane sind, bilden, und man wird es vielleicht auch in solchen Gegenden antreffen.

Was ich jetzt vom flüchtigen Laugensalze gesagt habe, gilt auch vom Salmiak, den man ebenfalls nahe bey feuerspeyenden Bergen antrifft und der zur Vererzung des Eisens, des Kupfers u. s. w. geschickt ist.

Die Erden, die keine Luftsäure in sich haben oder ätzend sind, z. B. die Kalkerde, die Bittersalzerde, die Schwerspaterde, lösen sich sehr gern im Wasser auf, und sie können sich folglich sowohl mit verkalkten, als mit regulinischen Metallen verbinden. Der spätige
Eisen-

*) Essai sur l'air pur, Tom. II. pag. 385.

Eisenstein hat bis 0,38 luftvolle Kalkerde in seiner Mischung.

Selbst das reine Wasser macht einen Bestandtheil mehrerer Erze, z. B. des Galmeys, der Kupferkalke u. s. w. aus.

Das Quecksilber findet sich, unter der Gestalt eines Amalgams, mit verschiedenen Metallen verbunden; man kennt natürliches Silberamalgama; auch kommt zuweilen Wißmuthamalgama in manchen Bergwerken vor, indessen sind diese Metalle nur mechanisch mit dem Quecksilber vermischt. — Die erdharzigen Erze stellen auch keine wahren metallischen Auflösungen vor, die Metalle sind in denselben blos mechanisch mit der erdharzigen Substanz vermengt.

Man sieht aus dem, was ich so eben gesagt habe, daß die Stoffe, mittelst welcher die metallischen Substanzen und ihre Vererzungsmittel im Wasser aufgelöst erhalten wurden, von großer Wirksamkeit waren, und daß sie jenen Erfolg recht gut zuwege bringen konnten.

Wir wollen nun zu einigen andern Aufgaben übergehen:

Wie kam es, daß diese verschiedenen Substanzen mit einander ohne Ordnung, und nicht einzeln oder von einander abgesondert, krystallisirten? Warum schoß z. B. im Bleyglanze das Bley nicht auf der einen, und der Schwefel auf der andern Seite an? Warum krystallisirten in gewissen Erzen, die z. B. Silber, Eisen, Kupfer, Spießglas, Arsenik, Schwefel, Zink, u. s. w. enthalten, alle diese Substanzen untereinander ohne Ordnung, und nicht jede besonders? Alle diese

diese Erscheinungen sind nicht schwer zu erklären, wenn man nur auf die Umstände, unter welchen eine Krystallisation erfolgt, aufmerksam ist. Denn wenn mehrere Substanzen zugleich in einer Flüssigkeit aufgelöst sind, und die Krystallisation derselben geht schnell vor sich, so schießen sie mit einander und ohne Ordnung an; wenn aber die Krystallisation langsam erfolgt, so schießt ein jeder von den aufgelösten Körpern besonders und auf eine mehr oder weniger regelmäßige Art an. So mußten also, wenn die Krystallisation auf eine beschleunigte Art vor sich gieng, auch mehrere vererzte metallische Substanzen, die mit einander vermengt waren, unter einander und ohne Ordnung anschießen; auf diese Art sind die Erzmassen entstanden, welche die Gänge in den Gebirgen zu Baigorri, zu Sainte-Marie, auf dem Harze u. s. w. ausmachen; denn diese Gänge liefern Erze, die aus Eisen, Kupfer, Silber, Zink, Arsenik, Schwefel u. s. w. zusammengesetzt sind. — Im entgegengesetzten Falle aber, wenn die Krystallisation weniger schnell erfolgte, setzte sich jede von diesen Substanzen einzeln ab und schoß ordentlich an; so findet man auch wirklich an einigen Orten in diesen Gängen, wo die Krystallisation nicht gestört wurde, und in Holungen oder Klüften Krystallen von rothgültigem Erze, von Blende, Glaserze, grauem Kupfererze, Schwefelkiese, Fahlerze u. s. w. die sich durch ihre Regelmäßigkeit und Schönheit auszeichnen. Dies ist in allen reichen Gängen der Fall gewesen. — Ich muß hier einer Erscheinung gedenken, die sehr deutlich beweißt, daß die Natur wirklich auf die angegebene Art bey der Bildung der Erze zu Werke gegangen ist. Man bemerkt nämlich in denselben Klüften und

Holun-

Holungen, in welchen sich Krystallen von vererzten metallischen Substanzen finden, auch verschiedene steinige Krystallen, z. B. Bergkrystall, Schwerspat, Kalk- und Flußspatdrusen, u. s. w. Diese Krystallisationen aber, wenn sie nicht verworren und unter einander verwachsen, sondern regelmäßig seyn sollen, können sich nur an einem ruhigen Orte, wo keine Störung möglich ist, erzeugen; man sieht also, warum sie nur in solchen Holungen angetroffen werden.

Von den Erzflözen.

§. 90. Diese Flöze haben ihre Entstehung von Erzgängen, die durch irgend eine Ursache zerstört, und deren Theile dann durch Wasser weggeschwemmt und an einem andern Orte wieder abgesetzt worden sind. Sie finden sich gemeiniglich in Gebirgen, die von zweyter oder dritter Entstehung sind, selbst auch im ganz platten Lande, und kommen unter verschiedenen Gestalten vor. Sie stellen 1) Gänge dar; man kennt z. B. eine große Menge von Erzgängen, die sich in Kalklagern befinden, und eins der auffallendsten Beyspiele von dieser Art gewährt uns das Gebirge zu Bleyberg, von dem ich schon oben geredet habe. Einige Mineralogen halten dafür, daß man diese Erzmassen nicht Gänge nennen dürfe, sondern daß man ihnen vielmehr den Namen Erzlager geben müsse, und es ist allerdings sehr wahr, daß sie von den Gängen, die sich in den ursprünglichen Gebirgen, und besonders im Gneiße, finden, sehr abweichen.

Einer

Einer der beträchtlichsten Erzgänge von dieser Art, die man kennt, ist der berühmte Zinnobergang zu Idria; er hat eine Mächtigkeit von einem Fuße bis zu 2½ Ellen und die Teufe, in die er fortsetzt, ist ebenfalls sehr ansehnlich, sie läßt sich aber nicht bestimmt angeben. Er kommt in Kalkbergen vor, und sein Dach besteht aus einem mit erdharzigem Schiefer vermengten Kalksteine. Man kann nicht zweifeln, daß dieser Gang durch eine kalkartige Schwefelleber gebildet worden ist, die sich mit dem Quecksilber vereinigt und so diese ungeheuer große Masse Zinnober hervorgebracht hat.

2) Einige Erzflöze finden sich nicht unter der Gestalt von Gängen, sondern sie stellen vielmehr Erzhaufen oder Lagen vor, die von den Mineralogen Nieren genennt werden. Man kann hier fragen, ob die Erze, aus welchen diese beyden Arten von Flözen bestehen, in der Mutterlauge aufgelöst geblieben waren und sich nicht krystallisirt hatten, oder ob sie aus ursprünglichen Gebirgen abstammen, und von diesen weggeschwemmt, dann aufs neue im Wasser aufgelöst und mittelst einer neuen Krystallisation abgesetzt worden sind, (in diesem Falle würden diese Erzlagen wahre Flöze seyn,) oder ob diese Erze für ganz neue Produkte gehalten werden müssen? Es ist, meiner Meinung nach, sehr wohl möglich, daß sich metallische Substanzen erzeugen können, und ich glaube selbst, daß alle Tage dergleichen in den thierischen und vegetabilischen Körpern, so wie auch in Schiefern und Kohlen, entstehen, aber dennoch dünkt es mir nicht wahrscheinlich, daß die Erze, die in Flözlagern vorkommen, neue Produkte sind, ich halte vielmehr dafür, daß sie von verschiedenen Gängen

gen in ursprünglichem Granite, oder in Gneiße, oder in Gebirgen von späterer Entstehung, die eine höhere Lage hatten, herstammen, daß sie von den Orten, wo sie eigentlich erzeugt worden waren, weggeführt, dann in Wasser aufgelöst worden sind, und sich in der Folge, den Gesetzen der Verwandschaften gemäß, abwechselnd mit kalkigen und erdharzigen Substanzen wieder krystallisirt haben. Manchmal schießen sie auch selbst mit der Kalkerde zugleich an, wie dies in dem Eisenspate der Fall ist. — Das Quecksilber findet man in Idria und an andern Orten innig mit Erdharze vermengt. —

3) Es giebt noch andere Erzflöze, die sich von denen, von welchen ich jetzt geredet habe, sehr unterscheiden. Die Erze derselben sind nämlich nicht krystallisirt, sondern sie haben eine pulverige Gestalt und sind mit verschiedenen Erden, und zwar am häufigsten mit Thone, Mergel und zerstörtem Schiefer, vermengt. Hierher gehören die sogenannten Sumpfeisensteine, mehrere Arten von Zinnerzen, der Galmey u. s. w. und man kann nicht zweifeln, daß alle diese Erzarten aus gebirgigen Gegenden abstammen, die eine höhere Lage haben, von welchen sowohl diese Erze, als auch die Substanzen, welche mit ihnen vermengt vorkommen, losgerissen worden sind. Indessen können doch auch einige von diesen Eisenerzen ihren Ursprung von zerstörten Schwefelkiesen haben. Diese Kiese aber sind größtentheils, vorzüglich die, welche sich in Schiefern, im Thone, im Torfe, in gegrabenen Hölzern und in erdharzigen Materien finden, von neuerer Entstehung.

Von

Von den salzigen Substanzen.

§. 91. Diese Substanzen trifft man in sehr großer Menge auf unserer Erde, sowohl im Innern derselben, als an ihrer Oberfläche und in der Atmosphäre, an, und die Natur macht überall, zur Erreichung ihrer Absichten, von denselben Gebrauch. Man wird wenige Körper finden, die nichts Salziges enthalten sollten, und man entdeckt fast täglich neue Substanzen von dieser Art, die vorher ganz unbekannt waren. Vielleicht könnte man, wenn man den Ausdruck in seiner ganzen Ausdehnung nehmen wollte, alle Mineralien für salzige Substanzen halten. — Die Scheidekünstler unterscheiden gewöhnlich 3 Arten von Salzen von einander: 1) Die Säuren, 2) die Laugensalze und 3) die Mittelsalze.

Bevor ich von jeder dieser Substanzen einzeln rede, will ich der Art und Weise gedenken, auf welche die Natur täglich die meisten Salze hervorbringt; ich will diese Sache durch das Verfahren der Salpetersieder, das so sehr bekannt ist, erläutern.

Man nimmt eine vegetabilische oder thierische Erde, die man durch wiederholtes Auswaschen, von allen Salztheilchen befreyet hat, man bauet kleine und nicht gar zu starke Mauern daraus auf, und bringt auch wohl einige Oefnungen in denselben an, damit die Luft die Mauern überall berühren, und durch dieselben frey durchstreichen kann; man macht dann ein bretternes Dach über dieselben, damit sie wider den Regen gesichert sind, und läßt sie dann 1 oder 2 Jahre lang stehen.

stehen. Nach Verlauf dieser Zeit laugt man die Erde auf gewöhnliche Art aus, und man erhält so aus derselben 1) gemeinen Salpeter, 2) würflichen Salpeter, 3, 4) salpetersaure Kalk- und Bittersalzerde, 5, 6) salzsaures vegetabilisches und mineralisches Laugensalz, 7) fixen Salmiak, 8) salzsaure Bittersalzerde, 9) wahres Bittersalz, 10) Gyps und 11) luftvolle Bittersalzerde. Alle diese verschiedenen Salze sind also durch die Vereinigung verschiedener Luftarten, des Wassers, des Lichtes, der Materie des Feuers oder der Wärme — vielleicht auch der magnetischen und elektrischen Flüssigkeit — hervorgebracht worden. — Diese neue Erzeugung dieser salzigen Substanzen gehört unter die Erscheinungen, die der Aufmerksamkeit des Geologen sehr werth sind; denn man kann daraus den Schluß machen, daß die Materie der Wärme oder des Feuers, die Lichtmaterie, die elektrische und magnetische Flüssigkeit u. s. w. als Grundstoffe in diese Substanzen eingehen. Indessen waren auch sehr viele von diesen salzigen Wesen eher da, als die Krystallisation des Erdkörpers erfolgte, und diese, die einen Bestandtheil der ursprünglichen Erdlagen ausmachen, müssen also, zu jener Zeit, aus denselben Urstoffen, aus welchen noch heutzutage Salze entstehen, das heißt, aus verschiedenen Lüften, aus Wasser, aus Lichtmaterie u. s. w. hervorgebracht worden seyn.

Von den Säuren.

§. 92. Man hat, durch Hülfe chemischer Zerlegungen, schon eine sehr große Menge Säuren aus den

Substanzen des Mineralreichs dargestellt, und ohne Zweifel wird man, wenn man fortfährt, dergleichen Zergliederungen zu unternehmen, noch mehrere Wesen von dieser Art entdecken. Wir kennen jetzt folgende Säuren: 1) die Luft= oder Kohlensäure, 2) die Vitriol= oder Schwefelsäure, 3) die schwefelige Säure, 4) die Phosphorsäure, 5) die Salpetersäure, 6) die Säure des Kochsalzes, 7) des Flußspats, 8) des Boraxes, 9) des Quarzes, 10) des Wasserbleyes, 11) des Wolframs und 12) des Arseniks.

Von diesen Säuren sind einige schon vor der Krystallisation der ursprünglichen Erdlager gegenwärtig gewesen, einige andere aber sind erst nach derselben entstanden. 1) Die Quarzsäure, sie mag von einer Natur seyn, von welcher sie will, ist älter, als die ursprünglichen Erdlagen; denn der Quarz macht den vorzüglichsten Gemengtheil dieser Lagen aus. Diese Säure scheint Kohlen= oder Luftsäure zu seyn. 2) Die Flußspatsäure ist auch eher da gewesen, als die Krystallisation der ursprünglichen Erdlagen vor sich gieng; denn diese haben viel Flußspat in ihrer Mischung. 3) Auch mit der Vitriolsäure hat es diese Bewandniß; denn die ursprünglichen Erdlagen haben mehrere Gemengtheile, z. B. Schwerspat, Kies, u. s. w. in sich, welche zum Theil aus dieser Säure bestehen. 4) Die schwefelige Säure aber ist in keiner mineralischen Substanz gegenwärtig, indessen kann man doch annehmen, daß sie älter, als die ursprünglichen Erdarten, ist, da sowohl der Schwefel, als auch die Vitriolsäure, (durch deren Verbindung jene Säure entsteht,) schon vor der Krystallisation derselben da waren. 5) Die Luftsäure ist
eben=

ebenfalls älter, als diese Erdlagen; denn man trifft in denselben Kalksteine, krystallisirte Kalkspate u. s. w. an; und wenn wir annehmen, daß sie einen Bestandtheil des Quarzes ausmacht, (worüber ich mich in der Folge weitläuftiger ausbreiten werde,) so gehört sie unter diejenigen Säuren, die am häufigsten in den ursprünglichen Erdlagen angetroffen werden. 6, 7, 8) Die Säuren des Wolframs, des Wasserbleyes, des Arseniks und andere metallische Säuren können ebenfalls älter, als die erwähnten Erdlagen seyn; denn es kommen mehrere Erzgänge in dergleichen Gebirgen vor. 9) Die Phosphorsäure findet sich in einigen Steinen und in verschiedenen metallischen Erzen der Gebirge von späterer Entstehung; zuweilen aber kommt sie auch in ursprünglichen Erdlagen vor, wie der phosphorsäure Kalk oder Apatit, der in Sachsen und Böhmen gefunden wird, beweist. 10) Die Salzsäure hat man bisher nur in sehr wenig Erzen angetroffen, und fast sind die Mineralien, die unter den Namen Hornsilber und Hornquecksilber bekannt sind, die einzigen, von welchen man zuverläßig weiß, daß diese Säure einen Bestandtheil derselben ausmacht; diese Erze aber sind überhaupt sehr selten und sie scheinen Produkte von zweyter Entstehung zu seyn. 11) Die Boraxsäure ist allem Ansehn nach ein neues Produkt, das in Erdlagen von zweyter Entstehung vorkommt und sich auch in einigen stehenden Gewässern, bey Tibet in Ostindien, und im Florentinischen, erzeugt. 12) Die Salpetersäure gehört auch unter die später entstandenen Körper, und sie findet sich nur zufälliger Weise in einigen Fossilien, z. B. in manchen Arten von Kreide. — Es giebt also, wie man sieht, mehrere Säuren, die ganz neue Produkte

dukte zu seyn scheinen; indessen ist es ausgemacht, daß alle übrige Säuren, die in den ursprünglichen Gebirgen vorkommen, auch in den Erdlagen, die von späterer Entstehung sind, hervorgebracht werden. Und da diese Säuren aus Lüften, aus den Materien des Lichtes, des Feuers, und aus andern feinen Flüssigkeiten, die ich schon oben genennt habe, entstehen, so ergiebt sich hieraus, daß diese Stoffe an Menge abnehmen müssen.

Von den Laugensalzen.

§. 93. Man kennt überhaupt nur 3 Salze von dieser Art; 1) die Pottasche, die man aus Weinsteine, oder aus der Asche von verbrannten Hölzern erhält, 2) das mineralische Alkali (Natron der Alten), das mehrere Seegewächse (und einige andere Pflanzen, die auf salzigem Boden gewachsen sind,) bey dem Einäschern von sich geben, und 3) das flüchtige Laugensalz, das aus thierischen Substanzen und auch aus einigen Pflanzenkörpern mittelst der Fäulniß oder durchs Verbrennen erlangt wird.

Alle diese Laugensalze trifft man im Mineralreiche an, doch kommt das Natron am häufigsten darin vor, die übrigen aber scheinen nur zufälliger Weise in demselben gegenwärtig zu seyn. Das flüchtige Alkali z. B. macht einen Bestandtheil mehrerer Arten von Steinkohlen aus, und man kann es aus denselben durch Hülfe der Destillation abscheiden. Man darf sich also auch nicht wundern, wenn man zuweilen eben dieses Salz, ent-

entweder in natürlicher Gestalt, oder, was noch öfter der Fall ist, mit Salzsäure verbunden unter der Gestalt eines Salmiaks, in der Nähe von feuerspeyenden Bergen antrifft. — Die Pottasche oder das sogenannte Pflanzenlaugensalz findet sich auch nur an einzelnen Orten im Mineralreiche, und vorzüglich da, wo Hölzer verbrannt worden sind.

Es ist indessen sonderbar, daß dieses alkalische Salz, das sich entweder ganz rein, oder mit einer Säure verbunden, in einer großen Menge von Pflanzen findet, nicht in den mineralischen Produkten der Erdlagen von zweyter und dritter Entstehung vorkommt, da es doch gewiß mittelst der Gewässer in diese Lagen gebracht und darin abgesetzt worden seyn muß. Es ist also ohne Zweifel zerstört oder zerlegt worden. —

Das mineralische Laugensalz hingegen kommt ausserordentlich häufig im Mineralreiche vor; es findet sich, als ein Bestandtheil des Kochsalzes und des glauberischen Wundersalzes, im Meerwasser, in den Salzseen und in dem Steinsalze und auch mehrere mineralische Wasser enthalten etwas davon.

Dieses Laugensalz scheint ein neues Produkt zu seyn; wir kennen 2 Ursachen, mittelst welcher täglich eine große Menge dieses Salzes hervorgebracht wird; die eine liegt in der Mischung der vegetabilischen Erden, (in welchen sich dieses Salz zugleich mit dem Salpeter und mit den andern Salzen, die die Salpetersieder daraus erhalten, bildet,) und die andere beruht auf der Zusammensetzung der Pflanzen und der Thiere, besonders der Seethiere, (denn man erhält aus diesen sowohl, als aus jenen, eine größere oder kleinere Menge von diesem Salze, wenn man sie gehörig untersucht) *).

Es giebt Gegenden, in welchen sich dieses Laugensalz in sehr großer Menge findet **); manchmal wittert es aus der Erde aus, so daß die Oberfläche derselben ganz damit überzogen ist, zuweilen aber trifft man es in stehenden Gewässern an. Einige Reisebeschreiber versichern, daß sie in den sandigen Gegenden der Barbarey, bey Ammon, Seen angetroffen haben, deren Wasser eine sehr große Menge von diesem Salze enthält.

Man nimmt, und, wie mich dünkt, nicht ohne Wahrscheinlichkeit, an, daß dieses Salz seine Entstehung von zersetztem Koch= oder Meersalze habe, dessen Säure verflüchtigt worden sey; denn die Theilchen Meersalz, die öfters noch mit diesem Alkali vermengt gefunden werden, beweisen augenscheinlich, daß es auf die angeführte Art entstanden ist.

Einige Quellwässer führen ebenfalls reines Mineralalkali bey sich, und auch dieses kann seinen Ursprung sehr wohl von einer Portion zersetzten Kochsalzes haben. Indessen kann dieses Laugensalz zum Theil auch von zerstörten Seethieren herstammen, deren Über=

---

*) Herr Lorgna hat in verschiedenen Seethieren eine große Menge Mineralalkali gefunden. S. Journal de Physique, 1786, Tom. II. pag. 30.

**) Chemische Annalen von L. von Crell, 1792. I. Band, 365. S. 1793. I. Band, 525. S. Anmerkung des Herausgebers.

Uiberreste in Kalksteinlagern zerstreuet vorkommen. —
Mehrere Quellwässer enthalten glauberisches Wundersalz, welches, bey einer mit ihm vorgehenden Zerstörung, ebenfalls mineralisches Laugensalz darreichen kann. Die Soolen von Lons=le=Saunier, von Mont=Morot u. s. w. führen viel dergleichen Wundersalz bey sich; ganz Sibirien ist reichlich mit Bächen und mit Seen versehen, deren Wasser ebenfalls viel von diesem Salze aufgelöst enthält. Herr Pallas versichert, (in seinen Reisen,) bemerkt zu haben, daß sich dieses Salz an verschiedenen Orten zersetze, und ein reines Mineralalkali zurücklasse, welches entweder in diesen Wässern, oder an der Oberfläche der Erde angetroffen würde. —

In den ursprünglichen Gebirgsmassen, kommen nie alkalische Salze vor, und dieser Umstand beweist augenscheinlich, daß sie Produkte von neuer Entstehung sind. —

In Rücksicht auf die Stoffe, aus welchen diese Salze hervorgebracht werden, muß ich das wiederholen, was ich oben von den Säuren gesagt habe; einige Lüfte, die Materien des Lichtes und der Wärme, vielleicht auch die elektrische und die magnetische Flüssigkeit — haben an der Erzeugung derselben Theil, und diese Erzeugung muß also eine Verminderung der Masse dieser Materien zur Folge haben.

Von den Mittelsalzen, die ein Laugensalz zur Grundlage haben.

§. 94. Man versteht gemeiniglich unter einem Mittelsalze ein Produkt, das aus einer Säure, mit irgend einer Grundlage verbunden, zusammengesetzt ist; diese Grundlage kann ein Laugensalz, eine Erde, oder ein Metall seyn, und es giebt also dreyerley Arten von Mittelsalzen. Ich habe schon oben, in dem Abschnitte von den Vererzungsmitteln, von den Salzen geredet, die ein Metall zur Grundlage haben; denn man kann, in diesem Falle, diese Säuren als Vererzungsmittel ansehen. Die Mittelsalze, die aus einer Säure mit einer Erde vereinigt bestehen, gehören zum Theil unter die Steine; ich werde deshalb derselben an einem andern Orte gedenken, und in diesem Abschnitte nur von den Salzen handeln, die ein Laugensalz zur Grundlage haben.

Wir haben gesehen, daß die Pottasche, und das flüchtige Laugensalz im Mineralreiche eigentlich nicht angetroffen werden, und man kann also hieraus abnehmen, daß alle mineralische Mittelsalze mit einer alkalischen Grundlage solche seyn müssen, die mineralisches Laugensalz in ihrer Mischung haben. Man trifft von diesen Salzen nur 3 Arten im Mineralreiche an: 1) Glauberisches Wundersalz oder vitriolsaures Mineralalkali, das einen Bestandtheil vieler Quellwässer und mehrerer Seen, zumal in Sibirien, ausmacht; auch ist im Meerwasser etwas Glaubersalz enthalten; 2) gemeines Meer= oder Kochsalz, von dem ich bald ausführlicher reden werde, und 3) Borax, welcher aus

Borax=

Borarsäure und mineralischem Laugensalze besteht. Dieses Mittelsalz kommt nur an wenigen Orten, wie in einigen Seen bey Tibet, u. s. w. vor.

Vom Steinsalze und von der Salzigkeit des Meerwassers.

§. 95. Man trifft an sehr vielen Orten Steinsalz an, indessen findet es sich immer nur in Erdlagen von zweyter Entstehung und nie in ursprünglichen Gebirgen. Es kommt überhaupt unter 2 verschiedenen Gestalten vor; denn es macht entweder große Massen aus, die Lager bilden und als solche abgesetzt worden sind, oder es ist mit andern Substanzen innig vermischt und bricht gleichsam nierenweise oder in kleinen Stücken. Von dieser letztern Art ist das, welches sich zu Bex in der Schweiz *), zu Lons-le-Saunier, zu Mont-Morot in Lothringen und an mehrern andern Orten findet und zur Entstehung von Salzquellen oder Soolen Gelegenheit giebt.

Man hat in Bex Schächte abgesenkt und einen sehr beträchtlichen Grubenbau angelegt, weil man sich schmeichelte, daß man Steinsalz entdecken würde; allein ob man gleich bey diesem Baue immer dem Laufe der Soolenader nachgegangen ist, so ist man doch auf keine wirkliche Steinsalzlage gekommen, sondern man hat

---

*) Wild über die Salzwerke zu Bex.

hat nur hier und da einzelne Salzkrystallen angetroffen. Die Masse des Berges, aus welchem diese Soole hervorquillt, besteht eigentlich aus einem grauen Gypse, der mit viel Thone vermischt ist, und in welchem sich auch Schwefel und hepatische Luft findet. Man hat aber mittelst der Stollen und Gänge, die in diesen Berg getrieben worden sind, entdeckt, daß er noch aus einer andern grauen Steinart besteht, die von den Arbeitern der Cylinder genennt wird, und welche den Kern des Berges auszumachen scheint. Dieser graue Stein ist eine Art von Thonstein, der eine aus dem Schwarzen ins Blaue übergehende Farbe hat. In diesem Steine entspringen die salzigen Wasser, und gleichwohl enthält er selbst kein Salz; er dient also gleichsam nur zum Sammelplatze, wo die salzigen Wasser, die durch den Gypsberg geflossen oder durch die Masse desselben durchgesickert sind, sich anhäufen und dann weiter fließen.

Man hat die Beobachtung gemacht, daß Gyps nahe bey Steinsalzlagern oder sogenannten Salzstöcken vorkommt, und mehrere Naturforscher haben sie richtig befunden. So versichert der Herr von Born, daß sich in Siebenbürgen bey dem Steinsalze Gyps finde, und Herr Pallas behauptet ebendies von dem Salze, das in Sibirien angetroffen wird.

§. 96. Die Gegenden, in welchen man Salz in großen Massen im Schooße der Erde antrifft, sind überhaupt gar nicht selten, nur sind sie nicht alle gleich reichlich damit versehen. Eins der ergiebigsten und berühmtesten Salzwerke von dieser Art ist das bey Wieliczka im österreichischen Antheile von Polen. Die
äußere

äußere Fläche des Bodens, unter welchem sich dieser Salzstock befindet, besteht, wie der Boden von fast ganz Polen, aus einem weisen und gelblichen eisenschüssigen Sande, unter welchem Thon liegt, der mehr oder weniger Eisen enthält und auch mehr oder weniger von diesem Metalle gefärbt ist. Dieser Thon bildet mehrere Lagen, die durch Schichten von kleinen und blätterigen Kalksteinen von einander getrennt sind. Die ersten Salzlager kommen ungefähr in einer Teufe von 200 Füßen vor; überhaupt aber liegen hier mehrere Salzschichten bis zu einer beträchtlichen Teufe über einander, und die untersten, zu welchen man bis jetzt gelangt ist, sind 900 Füße tief.

Das Salz findet sich an diesem Orte in außerordentlich großer Menge, und die Lagen desselben werden nur durch einige Schichten von einem sandigen Thone, deren Mächtigkeit 3 oder 4 Füße beträgt, unterbrochen; durch diese Thonlager fließt ein kleiner Bach, dessen Wasser nicht salzig ist, sondern wie ganz gemeines Wasser schmeckt. Man behauptet, daß aus diesem Werke schon so viel Salz zu Tage gefördert worden ist, daß der Durchmesser der auf diese Art entstandenen Grube 3 französische Meilen beträgt. Dieses Werk scheint mit dem Salzwerke zu Bochnia, das ebenfalls mit Vortheil bearbeitet wird, in Gemeinschaft zu stehen. — (Bochnia ist eine Stadt, die auf der östlichen Seite von Wieliczka liegt und ungefähr 5 Meilen davon entfernt ist.)

Außer dem Salze findet man in diesen Gruben viel Muschelschaalen und Gehäuse von andern Seethieren,

auch

auch hat man Backenzähne und andere Knochen von Elephanten darin angetroffen *).

Diese kurze Nachricht, die ich von diesen Salzwerken mitgetheilt habe, beweist, daß der Salzstock von Wieliczka und Bochnia von ungeheurer Größe ist; denn seine Mächtigkeit beträgt wenigstens 700 bis 800 Füße, und seine Länge kann zu mehrern französischen Meilen angenommen werden.

In Ungarn und in Siebenbürgen kommt ebenfalls viel Steinsalz vor, und auch die Moldau und die Wallachey sind reichlich mit diesem Produkte von der Natur versehen worden. Herr Fichtel glaubt, daß die polnischen Salzwerke mit denen, die sich in den jetzt genannten Ländern befinden, in Verbindung stehen. — Auch in Oberösterreich, in Tyrol, im Salzburgischen u. s. w. trifft man Steinsalz an, und überhaupt ist dieses Salz auf unserm Erdkörper sehr ausgebreitet; denn England, Spanien, China u. s. w. sind ebenfalls damit versehen.

Diese Arten von Steinsalz sind nicht immer ganz rein; oft sind sie mit erdigen, (zuweilen auch mit metallischen) Theilen vermischt, welche ihnen eine gelbliche, röthliche oder andere Farbe mittheilen und sie im Wasser schwer auflöslich machen.

§. 97. Auf der Oberfläche der Erde kommt ebenfalls viel Kochsalz vor; der ganze Theil von Afrika, der sich

von

---

*) J. von Born Catalogue methodique et raisonné de la collection des fossiles de Mademoiselle de Raab, Tom. II. à Vienne, 1791.

von Aegypten bis an den Berg Atlas hin, längs des mittelländischen Meeres, erstrecket, ist damit überladen; in manchen Gegenden trifft man auch Salpeter an. Diese Salze können nicht von neuer Entstehung seyn; denn die ältesten Bewohner dieser Gegenden hatten schon Kenntnisse von dem Daseyn derselben und Herodot erzählt, daß die Wässer, die am Fuße der ägyptischen Pyramiden entsprängen, mit Kochsalze geschwängert wären. — Herr Shaw hat uns von den Salzen, die in diesen Gegenden vorkommen, genaue Nachrichten mitgetheilt; er versichert, daß der Boden in denselben fast ganz mit Salze angefüllt sey, und er setzt dann noch einige die Salzwerke zu Arsew betreffende Umstände hinzu, die ich kürzlich anführen will: Diese Salzwerke sind mit Bergen umgeben und sie nehmen eine Strecke Landes von ungefähr 6 Meilen im Umfange ein; im Winter gleichen sie einem großen See, im Sommer aber sind sie trocken; denn zu dieser Jahrszeit verdunstet das Wasser, und das Salz bleibt in Kryftallengestalt auf dem Boden liegen. Man entdeckt, wenn man in diesen Salzwerken gräbt, verschiedene Lagen von Salz, von welchen einige einen Zoll dick, andere aber noch dicker sind; diese verschiedene Mächtigkeit kommt, meint Herr Shaw, von der verschiedenen Menge Salz her, welche das Wasser, aus dem sich diese Schichten gebildet haben, enthielt. Der ganze Boden dieses Salzwerkes besteht aus solchen Lagen, von welchen immer eine über der andern liegt; eben dies gilt auch von den Salzwerken, die zwischen Carthago und Gueltta liegen, so wie auch von den, die in den schottischen Mordsten, zu Sahara und in der Nachbarschaft des letztern Ortes befindlich sind. —

Der

Der Berg Jibbel Had=Dessa besteht durchaus aus Salze; er liegt am östlichen Ende des Sees des Marques, der auch unter dem Namen Bahirah=Pharaoune und Tritonsee bekannt ist. Das Salz ist so hart und fest, wie ein Stein *).

Dieser See (Palus Tritonis der Alten) liegt bey Tozzet und ist 40 französische Meilen vom Meere entfernt; er hat eine Länge von ungefähr 20 französischen Meilen und ist auch sehr breit; sein Wasser ist, wie Shaw versichert, sehr salzig, im Sommer verdunstet es zum Theil, und das Salz fällt dann nieder und nimmt eine krystallinische Gestalt an. Wir können hier 2 Bemerkungen machen, die beyde gleich wichtig sind: sie betreffen die Erscheinungen, daß sich dieses Salz, das sich zur Sommerszeit krystallisirt, im Winter in dem Wasser, das sich in dem See ansammlet, nicht wieder gänzlich auflöst, sondern vielmehr anschießt, und mehr oder weniger dicke Schichten bildet, die durch die Lagen von Unreinigkeiten, welche die Wässer mit sich führen und absetzen, von einander getrennt sind. Ich werde bald zeigen, daß diese Beobachtung des Shaw viel Licht über die Entstehung der Salinen verbreitet.

Die ganze Barbarey, von Aegypten an bis an den Berg Atlas, und von der Wüste Shara und der Gegend Biledulgerid bis an den Nigerstrom hin, ist zum Theil mit Kochsalze angefüllt, so daß die Wässer, die hier entspringen, nicht trinkbar sind; man muß sich daher süßes Wasser aus den kleinen Bächen holen, die

aus

*) Shaw Voyages en Barbarie, Tom. I. pag. 297.

aus den Bergen hervorquillen. Diese Bäche schwängern sich auch mit Salze an, indem sie über die Ebenen hinfließen, und setzen dann an ihren Ufern das Salz wieder in Krystallengestalt ab. Auch giebt es unter diesen Bächen einige, die während ihres Laufs sehr ansehnliche Mengen Salz fallen lassen.

Außer diesem Kochsalze, und ganz unabhängig von demselben, trifft man auch in einigen von diesen Ebenen, besonders in der Gegend von Kerwan bey Tunis, eine ansehnliche Menge Salpeter an, der immer zur Sommerszeit aus der Erde auswittert und dann vom Gewässer aufgelöst und weggeschwemmt wird. —

Bey Ammon sind Seen, deren Wässer viel mineralisches Laugensalz enthalten. —

Alle diese Salze finden sich auch im Innern von Afrika, wenigstens kann man daraus abnehmen, daß hier ebenfalls Uiberfluß an diesen Salzen seyn müsse, weil die Bewohner dieser Gegenden einen sehr vortheilhaften Handel damit treiben. — Sibirien ist gleichfalls von der Natur mit verschiedenen Salzen reichlich versehen worden; denn es mangelt in diesem Lande nicht an Seen und an Bächen, deren Wässer Salze in sich haben; auch setzen sich diese Salze zuweilen in dem Sande ab und wittern dann wieder aus; Pallas führt mehrere Beyspiele von dieser Art an; besonders gedenkt er der Salzseen und Salzquellen, die an der Seite von Irtisch angetroffen werden, und er beschreibt sie mit folgenden Worten: „Das Land, welches niedrig liegt und einen feuchten Boden hat, ist mit salzigen Seen und Quellen versehen und an den Seiten
„des

„des Baches erheben sich thonige Hügel; bey dem
„Dorfe Obanina, das am rechten Ufer des Flusses Kour=
„tamisch liegt, ist ein anderer Bach, der sich mit dem=
„selben vereinigt; im Sommer trocknet er ganz aus;
„das Bette des Flusses vor diesem Bache enthält sehr
„viel mineralisches Laugensalz, das gleichsam wie ein
„lockerer Schaum auf demselben ausgebreitet ist und
„die ganze Oberfläche des Bodens, der feucht ist, be=
„deckt. Dieses Salz ist zwar mit glauberischem Wun=
„dersalze *) vermischt, doch hat das Mineralalkali
„darin bey weitem die Oberhand; denn wenn man eine
„Säure darauf gießt, so entsteht ein starkes Brausen.
„Es giebt bis nach Kislaia=Derevna hin viele Plätze,
„deren Boden mit Salze durchdrungen und damit über=
„laden ist. Jenseit des Flusses Kourtamisch ist ein
„großer Kessel, (der schon bey Obanina anfängt,) des=
„sen Boden mit mineralischem Laugensalze und mit
„Glaubersalze geschwängert ist. Eben so sind alle Ge=
„genden zwischen Tobol, Ischim und Irtisch mit Bitter=
„salze oder mit Kochsalze überladen, welches mehr oder
„weniger Mineralalkali beygemischt hat. Im Früh=
„jahre wittert dieses Salz unter der Gestalt eines wei=
„sen lockern und feuchten Schaums aus der Erde her=
„vor, der allmälig austrocknet und dann, bey war=
„mer Witterung, sich in ein schneeweises Pulver ver=
„wandelt. — Ich habe die Bemerkung gemacht, daß,
„wenn

*) Dieses Salz ist wohl eigentlich kein Wundersalz,
sondern vielmehr vitriolsaure Bittersalzerde oder so=
genanntes Bittersalz; denn wenn man zu einer Auf=
lösung desselben in Wasser Pottaschenlauge gießt, so
fällt Bittersalzerde zu Boden, S. Pallas Reisen,
3. Theil, 200. S. in der Anmerkung.

„wenn man mehr oder weniger tief in das Erdreich,
„aus welchem solches Salz auswächst, gräbt, man
„nichts weiter als Sand findet, unter welchem eine
„gelbe schleimige oder fette Erde, oder ein schwärzli-
„cher dichter Thon liegt, der nur an seiner Oberfläche
„mit Salze geschwängert ist." *).

Alle Ebenen von Baraba bestehen aus einem Boden, der mit solchen Salzen durchdrungen ist; auch
giebt es in diesen Gegenden viele Salzseen. „Die Ge-
„genden um Baikal, und jenseits dieses Ortes," sagt
Herr Pallas, „sind sehr bergig, indessen haben sie
„an glauberischem Wundersalze und an mineralischem
„Alkali einen eben so großen Uiberfluß, als die Wüsten
„von Iseth, von Ischimi und von Barabinskoi. Man
„hat vor mehrern Jahren in den Seen, die in der
„Nähe des Eisenhammers von Lamina, an der nördli-
„chen Seite von Baikal, sind, große Mengen von glau-
„berischem Wundersalze gefunden, das eingesammelt
„und an die Apotheker in Rußland verkauft wird.
„Man gewinnt auch Bittersalz aus den unterirdischen
„Lagen der ausgetrockneten Seen von Ourounskoi bey
„Bargoussin. — Es giebt bey Selenga, Chilok, Tschi-
„koi, Onon, Argoun und in der ganzen Mongaley,
„besonders in den höhern Gegenden von Gober, meh-
„rere öde Plätze, auf welchen sich Seen befinden, deren
„Wasser Bittersalz enthält. Uiberhaupt ist Sibirien
„außerordentlich reichlich mit Salze versehen" **).

Auch

*) Pallas a. a. O. 3. Theil.
**) Pallas a. a. O. 4. Theil.

Erster Theil. R

Auch das Wasser der Seen zu Gourief, an den Ufern des kaspischen Meeres, nahe an den Orten, wo sich der Jaik oder Ural und die Wolga in das Meer ergießen, enthält sehr viel Kochsalz und glauberisches Wundersalz; die Ebenen und die Seen, die an den Ufern des Samara liegen, sind gleichfalls sehr salzreich, und liefern eine sehr ansehnliche Menge von den beyden nur genannten Salzen.

Diese große Menge glauberisches Salz *), das in diesen Gegenden angetroffen wird, scheint seine Entstehung von einer besondern Ursache zu haben. Wir haben oben gesehen, daß dieses Salz gern auf thonigem Boden vorkommt; nun enthält aber der Thon meistentheils etwas Vitriolsäure, und es läßt sich also vermuthen, daß diese Säure das Kochsalz zersetzt und daraus glauberisches Wundersalz hervorgebracht hat. — Das mineralische Laugensalz, das in diesen Gegenden sehr häufig vorkommt, hat sein Daseyn gewiß einer vorgegangenen Zersetzung des Kochsalzes oder des glauberischen Wundersalzes zu verdanken. — In Rücksicht dieses Wundersalzes muß ich noch erinnern, daß wohl nicht alles Salz, das in jenen Gegenden und von denen, die dieselben bereist haben, mit diesem Namen belegt wird, ein wahres Wundersalz ist, ich bin vielmehr überzeugt, daß es größtentheils aus einer mit Vitriolsäure gesättigten Bittersalzerde besteht, und dieses erdige Mittelsalz mag entweder seinen Ursprung von dem Wasser des Meeres haben, oder es mag durch Ver-
eini-

---

*) Ich nehme an, daß dieses Salz wirklich aus Vitriolsäure und mineralischem Laugensalze besteht und nicht sogenanntes Bittersalz ist.

einigung der Vitriolsäure mit Bittersalzerde, die aus
zerstörten Schwefelkiesen (die etwas Bittersalzerde ent=
halten,) abstammen kann, entstanden seyn.

Längs der Wolga, in den Steppen, trifft man
diese Salze ebenfalls sehr häufig an, auch finden sie
sich in Armenien, in Persien, in der großen Wüste von
Chamo oder Cobi und überall an den Ufern des kaspi=
schen Meeres und des See Aral. Die salzigen Step=
pen an der Seite der Wolga und des Don erstrecken
sich bis in die Krimm.

Man kann in Ansehung des Ursprungs dieser unge=
heuren Menge salziger Substanzen nicht zweifelhaft
seyn; es ist gewiß, daß sie aus dem Wasser des kaspi=
schen Meeres, als es noch diese ganze Strecke Land
bedeckte und (wie ich in der Folge §. 331. zeigen werde)
mit dem schwarzen Meere in Verbindung stand, abge=
setzt worden sind. Vielleicht hat auch das Wasser die=
ses letztern Meeres zur Entstehung jener Salze beyge=
tragen.

In Ungarn mangelt es ebenfalls nicht an Salz=
seen; sie finden sich in diesem Lande längs der Kette
von ursprünglichen Gebirgen, welche sich durch das=
selbe hinzieht. Die Salze, die man hier antrifft, sind
glauberisches Wundersalz, alaunhaltige Erden, und
eine große Menge mineralisches Alkali und Salpeter.
Herr Rückert glaubt, daß diese verschiedenen Salze
mit Erden und mit Sande vermengt sind. Unter die=
sem Sande, der gewiß durch Uiberschwemmungen hier=
her gebracht und abgesetzt worden ist, findet sich ein
blauer Thon, über welchem Wasser hinfließt, das dann

aus

aus der Erde zu Tage ausgeht, und die Salze, womit dieselbe überladen ist, darin absetzt. Das Wasser fließt über Tage zusammen und bildet kleine Seen, die aber im Sommer vertrocknen, so daß das Salz, wie in andern Seen, von welchen ich geredet habe, zurückbleibt und eine krystallinische Masse ausmacht. Es ist möglich, daß dieses mineralische Laugensalz aus zersetztem glauberischem Wundersalze oder Kochsalze, die beyde sehr gemein in Ungarn sind, entstanden ist. Auch wächst an den Ufern dieser Seen viel Salzkraut, welches, wenn es verwelkt und verfault, ebenfalls Mineralalkali giebt.

Wahrscheinlich giebt es an vielen andern Orten, die uns noch nicht bekannt sind, ähnliche Seen, deren Wasser mit solchen Salzen geschwängert ist.

§. 98. Wir wollen nun den Ursprung dieser Salze, sowohl derer, die auf der Oberfläche der Erde vorkommen, als auch derer, die sich im Schooße derselben finden, zu bestimmen uns bemühen. Die Geologen haben sich sehr mit diesem Gegenstande beschäftigt und verschiedene Meinungen darüber gehegt. Bevor wir aber ihre Gedanken anführen, wollen wir von den Salzen reden, die in dem Meerwasser enthalten sind. Die Scheidekünstler, die Untersuchungen damit angestellt haben, nennen, als Bestandtheile dieses Wassers, folgende Salze: 1) wirkliches, aus Salzsäure und mineralischem Laugensalze zusammengesetztes, Kochsalz, 2) salzsaure Kalkerde, 3) salzsaure Bittersalzerde, 4) glauberisches Wundersalz, 5) Gyps, 6) Bittersalz und 7) luftsaure Kalkerde. Es ist sehr merkwürdig, daß sich in diesem Wasser weder Salpetersäure, noch vege=

vegetabilisches und flüchtiges Laugensalz, noch luftsaure alkalische Salze finden, obgleich sonst dieselben, so wie auch jene Säure, sehr ausgebreitet auf der Erde sind. Die Salpetersäure z. B. macht einen Bestandtheil mehrerer Salze (des flammenden und gemeinen Salpeters u. s. w.) aus, und man trifft sie auch in den Erden, aus welchen die Oberfläche unsers Erdkörpers besteht, und besonders in der aus Pflanzen entstandenen Erde, an. Die Pottasche oder das Pflanzenlaugensalz ist ebenfalls in mehrern Salzen zugegen, und das flüchtige Alkali ist auf unserer Erde auch nicht selten, wenigstens erzeugt sich dieses Salz alle Tage in beträchtlicher Menge. Alle diese Salze müssen vom Regenwasser, so wie von den Wässern, die an der Oberfläche der Erde herumfließen und die Erden auslaugen, aufgelöst und dann mit diesen gemeinschaftlich in die Seen und in das Meer geführt werden; denn alle diese Wasser ergießen sich, nach einem kürzern oder längern Laufe, in das Meer, und dieses sollte also wohl eigentlich sowohl flammenden als gemeinen Salpeter enthalten. Indessen hat man, auch bey der sorgfältigsten Untersuchung, weder das eine, noch das andere von diesen Salzen im Meerwasser antreffen können, man muß also annehmen, daß sie entweder noch vor ihrem Uibergange in das Meer, oder nachher zersetzt worden sind; indessen geht diese Zerstörung gewöhnlicher Weise eher vor sich, als sich die Wässer in das Meer ergießen; denn das Flußwasser hat keinen Salpeter in sich. —

Es stoßen uns hier 2 Fragen auf, die wir beantworten müssen: 1) Wie entsteht das Steinsalz? und 2) von welcher Ursache haben die Salze, die das Meerwasser enthält, ihren Ursprung?

Einige Geologen nehmen an, daß die Salze des Meerwassers von den Steinsalzstöcken herstammen, welche an verschiedenen Orten das Bette des Meeres ausmachen sollen. Allein wir haben oben gesehen, daß der ganze Erdkörper ursprünglich in Wasser aufgelöst gewesen ist. Man würde also sagen müssen, daß diese Salze vor der Krystallisation der ursprünglichen Gebirgsmassen in den Wässern gegenwärtig gewesen wären, daß sie sich in den Wässern selbst abgesetzt hätten; und dann aufs neue von denselben aufgelöst worden wären. Diese Meinung hat aber, wie mich dünkt, mehrere, nicht leicht zu widerlegende Gründe wider sich; denn man sieht keine Ursache, warum sich die Salze Anfangs hätten absetzen und dann zum zweyten Male wieder auflösen sollen; das Meerwasser ist nie ganz mit Salze gesättigt. Uiberdem trifft man nirgends in den ursprünglichen Gebirgsmassen etwas von diesen Salzen an, gleichwohl wäre kein Grund vorhanden, warum sie sich nicht eben so gut in diese, als in die Erdlagen von späterer Entstehung, abgesetzt haben sollten. Man kann also nicht annehmen, daß das Steinsalz und die Salze, die im Meerwasser aufgelöst angetroffen werden, schon vor der Krystallisation der ursprünglichen Gebirgslager in demselben aufgelöst gewesen seyen, man muß vielmehr den Ursprung derselben in spätern Zeiten suchen. — Ich kann hier nicht umhin, die Anmerkung zu machen, daß man kein Steinsalz in den Erdschichten antrifft, die von zweyter Entstehung sind und sehr hoch liegen, und in welchen sich wenig oder gar keine Uiberreste von organisirten Körpern finden. In der That kommt dieses Salz nur in niedrigern Gegenden und in solchen Gebirgen vor, welche

welche Uiberreste von Seethieren enthalten. Es dünkt mir daher wahrscheinlich, daß alle Salze, die das Meerwasser enthält, so wie auch die, welche in salzigen Sümpfen und Seen, im Sande und in großen Lagern unter der Erde angetroffen werden, eines Theils von den Salzen, die sich, wie ich oben gezeigt habe, täglich an der Oberfläche der Erde bilden, und dann von den Wässern aufgelöst und in das Meer und die Seen geführt werden, und andern Theils von den Seethieren oder von den Salzen, die diese Erschöpfe darreichen, abstammen.

Die großen Seen, die keinen eigentlichen Abfluß haben und in welche sich andere Flüsse ergießen, z. B. das kaspische und das schwarze Meer, der See Aral u. s. w. haben ein sehr gesalzenes Wasser und enthalten eine größere oder geringere Menge von den genannten Salzen in sich; die Seen hingegen, durch welche Flüsse durchgehen, haben immer süßes Wasser, weil die Flüsse die Salze, die sie mit sich führen, oder die von Seethieren abstammen, mit wegnehmen.

Wir wollen nun untersuchen, wie das Wasser die Steinsalzmassen und die Salze, die an der Oberfläche der Erde vorkommen, habe absetzen können. Man kann hiervon mehrere Ursachen angeben.

§. 99. 1) Wir haben oben gesehen, daß die sehr tiefen Wässer in ihren untern Lagen sich mit Salze überladen, und es dann absetzen können (§. 21.). Dieser Erfolg hat also, in Hinsicht auf das Meersalz, in sehr tiefen Meeren statt haben können, und das Wasser mag hier eine gewisse Menge solchen Salzes abgesetzt haben.

§. 100. 2) Zu der Zeit, als das Meer sich in seine Ufer zurückzog, hat es in den Vertiefungen auf dem festen Lande Wasser gelassen und so die Seen, die wir noch hier und da antreffen, gebildet. Wenn nun das Wasser einiger von diesen Seen verdunstet, so wird sich alles Salz, das in demselben enthalten war, absetzen und auf dem trocknen Grunde liegen bleiben. Dieser Erfolg findet, wie ich schon oben gesagt habe, noch jetzt in einigen Gegenden von Afrika und Asia, und in Sibirien statt. Wir wollen nun darüber nachforschen, was sich weiter zutragen wird, wenn z. B. in dem See des Marques eine solche Veränderung vor sich gegangen ist. Dieser See ist sehr breit und hat eine Länge von ungefähr 20 französischen Meilen; das Wasser desselben ist so mit Kochsalze überladen, daß es dasselbe zur Sommerszeit, wenn die große Wärme einen Theil des Wassers wegjagt, unter der Gestalt von Schichten fallen läßt; der See ist dann sehr seicht. Im Winter nimmt das Wasser desselben wieder zu und der See wird ganz voll, weil alles Regenwasser, das in der umherliegenden Gegend gefallen ist, in demselben zusammenfließt; ein Theil des abgesetzten Salzes löst sich nun wieder auf, aber die ganze Menge desselben, die zur Sommerszeit niedergefallen ist, geht nicht in das Wasser über. Das in dem See zusammenfließende Wasser bringt Erden und Sand, und selbst auch Uiberreste von organisirten Körpern, wenn es dergleichen auf seinem Wege antrifft, mit sich, (und wenn also Elephanten oder andere Thiere an den Ufern des Sees gestorben und in die Verwesung übergegangen wären, so würde das Wasser auch die Uiberreste dieser Geschöpfe fortschwemmen.) Alle diese in den See gebrachten Materien

erien werden sich über dem im vergangenen Sommer niedergefallenen Salze, das nicht wieder aufgelöst worden ist, anhäufen und es bedecken. Wenn man nun annimmt, daß sich alle Jahre eine solche Salzmasse absetzt und daß auch alle Jahre eine Menge erdiger und sandiger Theile in den See geschwemmt wird, so begreift man leicht, wie es möglich war, daß sich, wie Shaw beobachtet hat, wechselsweis Lagen von Salzen, von Sande, Thone oder andern durch das Wasser herzugeführten Materien bilden konnten. In einem so großen See, wie der ist, von welchem ich rede, kann sich also wohl nach und nach ein Salzstock bilden, der eben so groß und vielleicht noch größer seyn wird, als der ist, der bey Wieliczka und Bochnia liegt. Und wenn nach einer Reihe von Jahren immer mehr und mehr Salz von dem Wasser zurückgelassen worden ist, so wird der See endlich ganz mit Salze angefüllt seyn; auf diese Art kann sich also endlich eine ungeheuer große Salzmasse bilden, und es scheint, daß die Salzlage in Polen ganz auf eben diese Weise entstanden ist. Die Schichten sind hier mit Sande und mit Erde bedeckt, welche mit der, woraus der Boden besteht, völlig übereinkommt, sie enthalten Uiberreste von Elephantenknochen u. s. w. und alle diese Erscheinungen zeigen an, daß das Wasser der Flüsse mancherley Dinge an dem Salzlager abgesetzt habe.

Die einzige Schwierigkeit, welche bey dieser Erklärung statt findet, ist die, daß man nicht einsieht, wie es zugieng, daß das im Sommer abgesetzte Salz zur Winterszeit von dem im See angesammelten Wasser nicht wieder gänzlich aufgelöst wurde. Indessen die Thatsache ist gewiß, und wir können uns alle Tage, wenn wir den See des Marques betrachten, von der Richtigkeit derselben überzeugen. Dieser Erfolg scheint übrigens mehr als eine Ursache zu haben, wenigstens glaube ich mehrere derselben angeben zu können:

1) Vielleicht ist die Menge Wasser, welche zur Winterszeit aus der Atmosphäre herabfällt und im See zusammenfließt, nicht beträchtlich genug, um eine völlige Auflösung der abgesetzten Salze bewirken zu können, und 2) muß auch der Umstand in Betracht gezogen werden, daß das gegrabene Salz immer mit Thone und mit andern Erden vermischt ist, welche es im Wasser weniger auflöslich machen, als es seiner Natur nach ist. Es würde also zur Auflösung desselben eine größere Menge Wasser nöthig seyn, als dann erfordert werden würde, wenn das Salz ganz rein wäre. Wir haben gesehen, daß der unter dem Namen Jibbelhadessa bekannte Salzberg, welcher an der östlichen Seite des Sees des Marques liegt, vom Wasser zur Zeit des Regenwetters nicht aufgelöst wird; und wirklich ist dieses Salz nicht rein, sondern, wie schon die Farbe desselben anzeigt, mit mancherley Erdarten vermischt. —

Man erklärt sonst die Entstehung der Salzstöcke unter der Erde noch auf eine andere Art; man sagt nämlich, das Meer habe, als es in seine Ufer trat, Seen auf dem festen Lande gelassen, die nach und nach ausgetrocknet wären und das Salz, das sie enthielten, abgesetzt und in trockner Gestalt zurückgelassen hätten; das Meerwasser habe dann, bey neuen Überschwemmungen, über diesem Salze mehr oder weniger dicke

dicke Lagen von Sande und Erde niedergesetzt, und in diesen Schichten könnten sich also eben so gut, wie in allen Gebirgslagen von zweyter Entstehung, Uiberreste von organisirten Wesen, z. B. Muschelschaalen, Korallengewächse, Elephantenknochen u. s. w. finden. Allein diese Erklärung hat ihre Schwierigkeiten, so daß man ihr nicht Beyfall geben kann; denn 1) giebt es keine Beweise für die Meinung, nach welcher man annimmt, daß das Meerwasser zu verschiedenen Malen auf das feste Land austreten könne, (worüber ich in der Folge mehr sagen werde,) und 2) läßt sich nicht begreifen, wie es zugegangen ist, daß das Meerwasser bey neuen Uiberschwemmungen, die man doch als sehr beträchtlich annehmen müßte, nicht alles abgesetzte Salz wieder aufgelöst hat. Man sieht also, daß sich diese Hypothese nicht vertheidigen läßt. Ich will indessen nicht in Abrede seyn, daß das Meerwasser bey einigen örtlichen Uiberschwemmungen, z. B. bey denen, die in Holland und in andern Ländern statt gehabt haben, zum Theil auf dem festen Lande stehen geblieben sey und dann, nach Verdunstung der Feuchtigkeit, sein Salz zurückgelassen habe, wie dies wirklich in den Salzsümpfen der Fall ist. Wenn nun solche Uiberschwemmungen mehrere Male statt gefunden haben, so haben sie freylich Salzschichten hervorbringen können. Aber solche Wirkungen sind nur an einzelnen Orten möglich gewesen.

§. 101. Einige Salzwerke, z. B. die zu Ber, scheinen indessen ihre Entstehung auf eine andere Art erhalten zu haben. Das Salz kommt an diesem und an andern Orten nicht in großen Massen vor, sondern es
ist

ist mit erdigen und steinigen Materien vermengt. Man muß annehmen, daß der ganze Berg über und über mit salzigem Wasser umgeben gewesen ist und in demselben, gleichsam wie in einem Bade, gestanden hat; ein Theil des Salzes ist in den Berg eingedrungen und ist in kleinen Krystallen angeschossen, die sich in den leeren Räumen und Holungen, die sie fanden, angesetzt haben; der Berg ist also gleichsam mit Salze angeschwängert worden, und diese Schwängerung hat auf eine doppelte Art vor sich gehen können; es kann nämlich seyn, daß ein See von salzigem Wasser an diesem Orte war, welches die Materien enthielt, aus welchen der Berg entstanden ist, und dessen Salz sich zugleich mit diesen Materien krystallisirt hat; es kann aber auch seyn, daß die Substanzen, welche den Berg ausmachen, sehr locker waren oder viele Hölen, Spalten und mehr oder weniger beträchtliche Räume zwischen sich hatten, so daß das Wasser des Meeres oder eines salzigen Sees in dieselben eindringen konnte; so wie nun in der Folge sich das Wasser zurückzog und den niedrigen Stand annahm, den es noch jetzt hat, so floß auch das Wasser aus diesem Berge durch verschiedene Oeffnungen ab, sein Salz aber ließ es in demselben zurück; auf diese Art geschah es also, daß der ganze Berg mit Salze angeschwängert wurde. Die Regenwässer, die dann in diesen Berg eindrangen, um in demselben Quellen hervorzubringen, (wie dies auch in andern Bergen auf gleiche Art geschieht,) lösten das Salz auf und gaben so zur Entstehung von Soolen Gelegenheit.

Man wird vielleicht den Einwurf machen, daß die meisten Berge Spalten oder Hölen haben, und daß sie
also

also auch, wie die zu Bex, Steinsalz enthalten müßten; allein ich antworte hierauf, daß das Meerwasser zu der Zeit, als die ersten Urkalkgebirge entstanden, nur wenig Salz enthalten zu haben scheint, und daß dasselbe in der Folge an Menge zugenommen haben kann; es ist also eben nicht zu bewundern, wenn man in solchen Bergen nur wenig Salz antrifft. Übrigens hat es auch das Ansehn, als wenn solche Absetzungen von salzigen Substanzen vorzüglich in den Seen statt gefunden haben, und, wenn dies wirklich der Fall gewesen ist, so kann freylich nur in den Erdlagen, welche den Boden solcher Seen ausmachten, Kochsalz vorkommen.

Es kann aber auch noch örtliche Ursachen gegeben haben, welchen es zuzuschreiben ist, daß das Gebirge von Bex und andere ähnliche Berge mit Kochsalze geschwängert sind, indeß die übrigen Gebirge an der Oberfläche der Erde nichts davon enthalten. Man wird, wenn man die Natur dieser Berge, ihre Lagen u. s. w. mit Aufmerksamkeit untersucht, die von dem Orte abhängenden Umstände ausfindig machen und so bestimmen können, warum sich in gewissen Bergen eher, als in andern, Salz absetzt.

Noch muß ich erinnern, daß in dem Gebirge von Bex, wie fast an allen andern Orten, wo man Steinsalz findet, Gyps vorkommt; auch mangelt es in diesem Gebirge nicht an Schwefel. — Wir haben gesehen, daß das Meerwasser glauberisches Wundersalz und Gyps enthält; dieser Gyps mag sich wohl unter gewissen Umständen zugleich mit dem Meersalze abgesetzt und so jene Gypsschichten gebildet haben. Auch kann

kann das glauberische Wundersalz unter gewissen Umständen durch gebrannte Kalkerde zersetzt und so aus demselben eine neue Menge Gyps hervorgebracht worden seyn. — Der Schwefel, der in jenem Berge vorkommt, wird wohl seinen Ursprung von Vitriolsäure haben; denn diese Säure kann sich leicht, durch örtliche Umstände hierzu veranlaßt, in Schwefel oder Schwefelleber verwandeln.

Von der Dammerde.

§. 102. Man bezeichnet mit diesem Namen die Pflanzenerde, mit welcher die Oberfläche unsers Erdkörpers bedeckt ist. Diese Erde kann nicht gleichartig seyn, weil sie eine Mischung von mehrern, von einander verschiedenen, Substanzen, nämlich von verfaulten vegetabilischen und thierischen Körpern, die mit der Erde des Bodens vermengt sind, ist. Uiberhaupt muß man aber 2 Arten Dammerde von einander unterscheiden; die eine entsteht aus verrotteten vegetabilischen, und die andere aus verfaulten thierischen Substanzen. Wenn man z. B. eine große Menge Pflanzen, oder Blätter derselben sammelt und sie dann faulen läßt, so bleibt eine kleine Portion schwärzliches Pulver zurück, welches eine wahre Dammerde ist, und aus den verschiedenen feuerbeständigen Theilen der Pflanze mit etwas Oele, Schleime und auszugartiger Materie, (welche letztern Theile noch nicht gänzlich zerstört worden sind,) besteht. — Alte Bäume, die in ihrem Mittelpunkte verweset sind, geben eine wirkliche

Damm-

Dammerde; sie verwandeln sich auf diese Art in einen mehr oder weniger dunkelbraunen Staub, der nach Verschiedenheit des Baumes, von dem er herstammt, verschieden ist.

Wenn man thierische Theile in Fäulniß übergehen läßt, so erhält man ebenfalls eine erdige Materie, die mehr oder weniger braun ist. Die Bestandtheile dieses Rückstandes sind gleichfalls, nach der Beschaffenheit der Thiere und der thierischen Theile, die man hat faulen lassen, verschieden.

Die Stoffe, aus welchen diese Rückstände bestehen, sind überhaupt von sehr verschiedener Art. Die Scheidekunst hat uns gelehrt, daß die Pflanzen und die Thiere aus mehrern Bestandtheilen zusammengesetzt sind, die ich kürzlich anführen will: 1) Kalkerde, 2) Bittersalzerde, 3) Thonerde, 4) Quarzerde, 5) Schwererde (nach Bergman,) 6) Eisen, 7) Braunstein (nach Scheele,) 8) Gold (nach Becher,) 9) Pottasche, 10) mineralisches Laugensalz, 11) flüchtiges Alkali, 12) verschiedene vegetabilische und thierische Säuren, die sich leicht zersetzen und viel Luftsäure geben, 13) verschiedene Mittelsalze, z. B. vitriolisirter Weinstein, glauberisches Wundersalz, Salpeter, Kochsalz u. s. w. 14) phosphorsaure Kalkerde und phosphorsaures Mineralalkali (diese Salze finden sich sehr häufig in thierischen Körpern,) 15) ölige, harzige, schleimige, auszugartige, färbende Theile und 16) Schwefel.

Alle diese verschiedenen Theile sind nicht in jeder Pflanze, oder in jedem Thiere zugegen, doch finden sich mehrere derselben in den Produkten der organisirten Reiche. Man kann hieraus den Schluß machen, daß
unter

unter den verschiedenen Arten von Dammerde eine beträchtliche Verschiedenheit statt haben muß, je nachdem dieses oder jenes Thier, diese oder jene Pflanze zur Entstehung derselben Gelegenheit gegeben hat.

Auch der Umstand, ob die Zerstörung eines Thieres vollkommen gewesen, oder nur bis zu einer gewissen Stufe gekommen ist, wird auf die Natur der daraus entstandenen Dammerde Einfluß haben; wenn z. B. die Zerstörung nicht gänzlich vor sich gegangen ist, so werden in der Erde mehrere Salze, mehrere ölige, schleimige, auszugartige u. s. w. Theilchen gegenwärtig seyn, die nicht vollkommen zerstört worden sind; wenn aber die Fäulniß zu einer höhern Stufe gekommen war, so wird sich wenig oder nichts von solchen Materien in der Erde finden. — Auch das Kochsalz und die salpetersauren Salze zersetzen sich sehr leicht, die Knochensäure aber, die besonders in den Körpern der Thiere in so großer Menge zugegen ist, erleidet nicht so bald eine solche Veränderung, und daher kommt es, daß man diese letztere in den Rückständen antrifft, die nach der Zerstörung thierischer Körper übrig bleiben. Diese Säure macht auch, wie ich schon oben gesagt habe, einen Bestandtheil des phosphorsauren Kalkes von Estremadura, des Wassereisens, der Raseneisensteine u. s. w. aus; indessen ist sie doch nicht ganz unzerstörbar, sie zersetzt sich vielmehr auch und reicht dann die entzündliche Phosphorluft der brennenden Quellen dar.

Die Vitriolsäure zersetzt sich gleichfalls zuweilen, doch trifft man sie auch in manchen Rückständen an, die zerstörte Körper übrig gelassen haben.

Alle diese verschiedenen Resultate werden die verschiedenen Arten von reiner Dammerde liefern, welche durch die Zerstörung vegetabilischer und thierischer Körper zum Vorscheine kommen. Die gewöhnliche Dammerde aber ist eine Mischung, die aus diesen Produkten und verschiedenen Erden entsteht, welche da, wo die Zerstörung vor sich gieng, zugegen waren. —

Ich muß hier noch erinnern, daß bey solchen Zerstörungen der verschiedenen Theile von Pflanzen und Thieren eine übergroße Menge verschiedener Lüfte und besonders sehr viel Luftsäure hervorgebracht wird; die Natur weiß diese Luftart sehr gut in ihrer großen Werkstatt zu benutzen und sich ihrer zu mancherley Absichten, von welchen ich in der Folge reden werde, zu bedienen.

Von den einfachen Erden.

§. 103. Man muß gestehen, daß eine genaue Kenntniß dieser Erden dem Geologen sowohl, als dem Mineralogen, große Vortheile erwarten läßt, ja man kann selbst behaupten, daß, wenn man im Stande wäre, sich vollkommen richtige Begriffe von den einfachen Erden zu verschaffen, man sich auch schmeicheln könnte, durch Hülfe dieser Kenntniß sehr große Fortschritte in der Geologie und Mineralogie zu machen. Indessen haben uns bis jetzt die Zergliederungen, die mehrere Scheidekünstler unternommen haben, in dieser Rücksicht nur wenig Aufschluß gegeben. — Die einfachen

Erden, die wir kennen, sind folgende: 1) Quatz- oder Kieselerde, 2) Thon- oder Alaunerde, 3) Kalkerde, 4) Bittersalzerde und 5) Schwererde. Zu diesen Erden, die schon seit geraumer Zeit bekannt waren, muß man noch 3 andere hinzufügen, die erst ganz neuerlich entdeckt worden sind, nämlich 6) die Zirkonerde, 7) die Diamantspaterde, (welche beyde, Klaproth's Erfahrungen zufolge, Eigenschaften besitzen, die den andern Erden nicht zukommen,) und 8) die Erde von Sidney, oder die Erde des Australsandes, (welche, nach Wedgwood's Versuchen, einen Bestandtheil eines in Neu-Holland brechenden Thons oder Sandes ausmacht, und die sich ebenfalls durch einige eigenthümliche Eigenschaften auszeichnet o). Diese 3 letzten Erden können vielleicht bloße Abänderungen der übrigen seyn, doch ist es auch möglich, daß sie von denselben wesentlich verschieden sind, und daß es, außer
diesen

---

*) Unter die einfachen Erden, von welchen hier der Verfasser redet, muß man, wie es scheint, auch die Erde zählen, die einen Bestandtheil des Strontianit, (eines dem Witherit ähnlichen Fossils von Strontian in Schottland,) ausmacht; denn Herr Klaproth hat gefunden, daß sich diese Erde wirklich in mehrern Rücksichten von den übrigen einfachen Erden unterscheidet, und er macht deshalb aus seinen Beobachtungen den Schluß, daß sie allerdings des Namens einer einfachen selbstständigen Erde würdig sey. S. L. von Crell chemische Annalen, 1793. 2. Band, 189. S. 1794. I. Band, 99. S. Einige Versuche, die neuerlich von den Herren Mayer, Lowitz und Lampadius angestellt worden sind, haben bewiesen, daß diese Erde (Strontianerde) auch im Schwerspate angetroffen wird. S. Sammlung praktisch-chemischer Abhandlungen und vermischter Bemerkungen von W. A. Lampadius, Dresden 1795. 1. Band, 86. S. ff. Anmerk. des Herausg.

diesen, noch mehrere einfache Erden, zumal in den Edel=
steinen, giebt. —

Von welcher Natur mögen aber wohl diese Erden
seyn? Giebt es vielleicht, wie einige große Scheide=
künstler geglaubt haben, nur eine ursprüngliche Erde,
von welcher alle übrige abstammen, die man also als
Abänderungen derselben anzusehen hat? oder ist eine
jede von diesen Erden für ein besonderes elementarisches
Wesen (für einen Grundstoff) zu halten? oder sind alle
diese Erden zusammengesetzte Körper?

Die Scheidekünstler haben bis jetzt diese schweren
Aufgaben noch nicht auflösen können, und wir müssen
uns daher mit Beantwortungen derselben begnügen,
die blos auf entfernten Aehnlichkeiten beruhen.

Wir wissen, daß alle diese verschiedenen Erdarten
durch die Kräfte der Vegetation hervorgebracht werden
können; denn die Erfahrungen, die ich in der Folge
anführen werde, haben gelehrt, daß man aus den
Pflanzen sowohl Kalk= und Thonerde, als auch Kiesel=
und Bittersalzerde, und vielleicht auch Schwererde,
absondern kann. — Eben diese Erden trifft man auch
in thierischen Körpern an, in welchen sie gleichfalls er=
zeugt worden sind, und es hat also das Ansehn, daß
alle diese Erden durch die Lebenskräfte der organisirten
Wesen hervorgebracht werden können. Wenn nun dies
wirklich der Fall ist, so darf man sie wohl nicht für
einfache Stoffe halten. —

Auf das, was ich so eben gesagt habe, schränkt
sich fast die ganze Kenntniß ein, die wir von diesen

Gegenständen haben, und die durch andere Analogien
bestätigt wird.

Die Kalkerde hat viele Eigenschaften mit den Laugensalzen gemein, und diese werden eben so wohl, als jene, durch die Wirkung der Lebenskräfte in thierischen und vegetabilischen Körpern erzeugt; sie sind aus verschiedenen Lüften, aus Wasser, aus Feuer, zusammengesetzt und man könnte also nach der Analogie schließen, daß die Kalkerde fast aus denselben Grundstoffen gebildet sey.

Eben dieses Urtheil kann man von der Bittersalzerde fällen, die auch sehr viel Eigenschaften mit den Laugensalzen gemein hat. — Die Thonerde ist zum Theile im Wasser auflöslich und in Rücksicht auf diese Eigenschaft ist sie den Laugensalzen, der Kalkerde und der Bittersalzerde ähnlich. — Die Quarzerde wird in den Pflanzen in ansehnlicher Menge erzeugt und sie besitzt viele von den Eigenschaften, die den übrigen Erden zukommen.

Was die Art und Weise anbelangt, auf welche die Natur alle diese Erden hervorbringt, so müssen wir gestehen, daß wir davon gar keine Kenntniß haben. Die Erden, welche in ursprünglichen Gebirgen vorkommen, sind vor der Krystallisation des Erdkörpers gebildet worden, diejenigen aber, die späterhin mittelst der Wirkung der Lebenskräfte in den organisirten Wesen entstanden sind, müssen ungefähr aus denselben Grundstoffen gebildet worden seyn, aus welchen die salzigen Substanzen, mit denen sie so viel Aehnlichkeit haben, bestehen; man wird also annehmen müssen, daß sie ver-

verschiedene Lüfte, Wasser, Feuer, Lichtmaterie, elektrische und magnetische Flüssigkeit als Grundstoffe in sich enthalten, und man wird zugleich hieraus 2 Folgerungen herleiten können, die von äußerster Wichtigkeit sind. Die erste derselben betrifft die Entstehung der Erden, die vor der Krystallisation des Erdkörpers gebildet worden sind, von welchen man annehmen muß, daß sie mit denen, die später entstanden sind, dieselben Bestandtheile gemein haben, und die zweyte betrifft die neue Erzeugung dieser Erden nach der Krystallisation des Erdkörpers, welche nothwendig eine Vermehrung der Masse des Letztern zur Folge haben muß, weil mehr oder weniger beträchtliche Portionen der wirksamen Flüssigkeiten des Universums, der Materien des Lichtes und der Wärme, der elektrischen und magnetischen Flüssigkeit u. s. w. mit derselben in Verbindung kommen.

Vielleicht werden dergleichen einfache Erden auch in den Salpeterwänden und in den Pflanzenerden eben so gut, wie verschiedene salzige Substanzen, erzeugt. Ich habe schon vor langer Zeit die Vermuthung bekannt gemacht, daß wohl in den Salpeterwänden Bittersalzerde entstehen könne; die große Menge von dieser Erde, die man in der Salpetermutterlauge antrifft, scheint diese Vermuthung sehr zu begünstigen.

Doch wir wollen uns hier nicht weiter über die Natur und die Bildung dieser Erden verbreiten, wir wollen vielmehr diese Materien nur so, wie sie die Natur zur Erzeugung der Mineralien anwendet, betrachten und ihre Eigenschaften untersuchen.

Von der Kieselerde.

§. 104. Diese Erde trifft man in der Natur nie unter einer wirklich erdigen Gestalt in einiger Menge an; man muß sie durch Kunst bereiten und um sie zu erhalten, muß man erst den Quarz in ein Glas verwandeln und dann die Erde aus diesem absondern. Man nimmt also ganz reinen Quarz, stößt diesen zu Pulver und bringt ihn, mit Laugensalze vermischt, in ein hinlänglich lebhaftes Feuer. Man gießt dann die geschmolzene Masse aus und läßt sie erkalten. — Wenn man nur eine gewisse Menge Laugensalz, z. B. halb so viel, als man Quarz genommen hat, anwendet, so wird man ein festes, mehr oder weniger hartes Glas erhalten, wenn man aber das Verhältniß des Laugensalzes verstärkt, z. B. 3 oder 4 Theile desselben gegen 1 Theil Quarz nimmt, so wird man ein Glas bekommen, das die Feuchtigkeit aus der Luft anzieht und im Wasser zergeht. Dieses Produkt nennt man sehr uneigentlich Masse zur Kieselfeuchtigkeit, ich werde ihm daher den Namen: **zerfließliches Glas**, geben. — Wenn dieses Glas etwas weniger flüssig ist, so stellt es eine weise und durchsichtige Gallerte vor, die, wenn man sie zu Wasser bringt, darin unter der Gestalt eines flockigen Wesens herumschwimmt und sich nicht leicht zu Boden setzt. Im Schmelzen bläht sich diese Masse sehr auf und sie giebt viel luftartige Flüssigkeit von sich, die theils aus entzündlicher, theils aus unreiner Luft besteht. Diese Lüfte scheinen von der Zersetzung eines Theils des Laugensalzes herzurühren (§. 129.), die fire Luft aber, die bey dieser Arbeit zugleich mit entwickelt wird, scheint ihren Ursprung vom Quarze zu haben.

Wenn

Wenn man nun auf dieses in Wasser aufgelöste oder an der Luft zerflossene Glas eine Säure gießt, so nimmt diese das Laugensalz in sich und zugleich entsteht ein weiser Niederschlag, der reine Kieselerde ist. Wenn man aber fortfährt, Säure zuzugießen, so löst sich die Erde in derselben auf und die Feuchtigkeit wird aufs neue ganz hell und klar. Der verstorbene Pott ist einer der ersten gewesen, die diese Erscheinung beobachtet haben, und er nimmt, um dieselbe erklären zu können, an, daß die Kieselerde durch diese Bearbeitung in eine alkalische Erde verwandelt und dadurch in Säuren auflöslich gemacht worden sey *).

Alle Säuren, selbst die schwächsten von ihnen, z. B. der Weinessig, lösen die Kieselerde auf und auch die fixe Luft, die, wie ich schon gesagt habe, eine wahre Säure ist, äußert gegen dieselbe eine auflösende Kraft **).

Wenn man zu dem mit Säure übersetzten zerfließlichen Glase aufs neue Laugensalz zugießt, so kommt

---

*) S. J. H. Pott's Chymische Untersuchungen, welche fürnehmlich von der Lithogeognosia u. s. w. handeln. Potsdam, 1746. 50. S.

**) Es ist, sagt Herr Bergman, nicht unwahrscheinlich, daß die Luftsäure, wenn sie mit Kieselerde lange in Verbindung bleibt, eine auflösende Kraft gegen dieselbe äußert: wenigstens wird sie sich dann als ein Auflösungsmittel gegen dieselbe verhalten, wenn zugleich andere Erden, die dieselbe begierig einsaugen, nämlich Kalkerde und Thonerde, zugegen ist. S. T. Bergmani Opuscula physica et chemica. Lipsiae, 1788. Vol. V. pag. 83.

der Niederschlag wieder zum Vorscheine; wenn man aber ätzendes Laugensalz zu diesem Versuche wählt und es jener Flüssigkeit in solcher Menge beymischt, daß es darin die Oberhand hat, so löst es die niedergefallene Erde gänzlich wieder auf. Das luftvolle Laugensalz bringt diese Wirkung nicht hervor, weil sich die Luftsäure desselben mit der Kieselerde verbindet.

Diese aus dem zerfließlichen Glase abgesonderte Erde, die sowohl von den Säuren, als von den ätzenden Laugensalzen aufgelöst wird, ist es, die man reine- oder ätzende Kieselerde nennt. (Den letztern Namen hat man ihr deswegen gegeben, weil man glaubte, daß sie eben so gut, als der ätzende oder gebrannte Kalk, Wärmematerie oder fette Säure enthalten könnte.) Ich werde sie immer Kiesel- oder Quarzerde nennen, und sie so vom Quarze, der ein aus dieser Erde und einer Säure gebildetes Salz ist, unterscheiden.

Diese Erde ist so, wie die andern Erden, zum Theile im Wasser auflöslich und so leicht, daß sie in demselben schweben bleibt. Wenn man diese Erscheinung beobachten will, so darf man bey der Zersetzung des zerfließlichen Glases nur langsam zu Werke gehen; denn man wird dann gewahr werden, daß die Kieselerde in der Flüssigkeit unter der Gestalt eines flockigen Wesens herumschwimmt.

Die Natur liefert uns oft Wässer, die Kieselerde aufgelöst enthalten, doch bedient sie sich, zur Erzeugung solcher Auflösungen, gemeiniglich einer andern Substanz als eines Zwischenmittels. Die heißen und wallen-

wallenden Wäſſer, die in Island hervorquillen, enthalten etwas Kieſelerde in ſich, die ſich aber, bey der Erkaltung des Waſſers, aus denſelben abſcheidet und zu Boden fällt. Man wußte ſonſt nicht, durch welche Kraft oder durch welches Zwiſchenmittel dieſe Erde ſo aufgelöſt erhalten wurde. Herr Black aber, der dieſe Wäſſer unterſucht hat, hat bewieſen, daß ſie ein wahres auflösliches Glas enthalten. Herr Black hat ſeine Verſuche mit den Wäſſern zweyer der vorzüglichſten Quellen, des Ruikum und des Geyſer, angeſtellt. Die Beſtandtheile, die er in 10000 Granen des Waſſers der erſtgenannten Quelle gefunden hat, ſind folgende:

Aetzendes Mineralalkali,   0,95
Thonerde,   0,05
Kieſelerde,   3,72
Kochſalz,   2,90
Glauberiſches Wunderſalz,   1,28 und
eine kleine Portion Schwefelleberluft.

In 10000 Granen des Waſſers der letztern Quelle aber hat er zwar eben dieſe Beſtandtheile, aber in folgendem Verhältniſſe, angetroffen:

Aetzendes Mineralalkali,   0,95
Thonerde,   0,48
Kieſelerde,   5,40
Kochſalz   2,46
Glauberiſches Wunderſalz,   1,46 und
eine kleine Portion Schwefelleberluft.

Man kann die Entſtehung des zerflieślichen Glaſes, das einen Beſtandtheil dieſer Wäſſer ausmacht, auf eine doppelte Art erklären; man kann annehmen, daß es durch die Hitze des feuerspeyenden Berges aus mineralischem Laugensalze und Kieselerde, die beyde einander begegnet und mit einander zusammengeschmolzen sind, entstanden ist und daß es sich in der Folge in Wasser aufgelöst hat, welches dann das Glas bey sich behalten und in den siedenden Quellen, welche von diesem Wasser ihren Ursprung haben, zu Tage gebracht hat; man kann aber auch muthmaßen, daß es auf dem nassen Wege erzeugt worden ist; denn wenn man sich die Kieselerde in einem solchen Zustande denkt, in welchem sie sich befindet, wenn sie durch ätzende Pottasche oder durch ätzendes Mineralalkali aus zerfließlichem Glase niedergeschlagen worden ist, so ist es sehr wohl möglich, daß sie, wenn ihr ein solches Laugensalz aufstieß, sich mit demselben verbinden, und durch dasselbe aufgelöst werden konnte.

Das warme Wasser zu Lu im Montferrat hat ebenfalls aufgelöste Kieselerde, zugleich mit Schwefelleberluft und Kalkerde, in seiner Mischung. Indessen kann die Kieselerde nicht nur in warmen Wässern aufgelöst erhalten werden; auch solche Wässer, die einen Grad der Wärme haben, der die gewöhnliche Temperatur des Dunstkreises nicht übersteigt, können dergleichen Erde enthalten, und wirklich giebt es, wie viele Versuche gelehrt haben, mehrere kalte Wässer, die etwas Kieselerde in sich haben.

§. 105. Man sieht, daß sich in vulkanischen Gegenden fast täglich Achate erzeugen. Einige von diesen Steinen, besonders die sogenannten Moosachate, enthalten, den Erfahrungen einiger Naturforscher zufolge,

folge, wirkliche Pflanzen. — Man trifft in den aus Muschelschaalen entstandenen Kalkbergen oft Muscheln an, die in Achat oder in Kiesel verwandelt worden sind; eine solche Verwandlung hat aber nur zu einer Zeit, als das Meerwasser nicht viel wärmer war, als es jetzt ist, vor sich gehen können *).

Man findet auch Quarzkrystallen in solchen Bergen und nicht selten kommen in den Hölen der Versteinerungen, die man Ammonshörner nennt, dergleichen Krystallisationen vor. Man muß also annehmen, daß die Kieselerde, aus welcher diese Drusen entstanden sind, bey einer Temperatur, die mit der jetzigen Wärme des Dunstkreises übereinkam, im Wasser aufgelöst worden war. Ich vermuthe, daß das mit Luftsäure geschwängerte Wasser durch die Kalkschichten durchschwitzt und in denselben hier und da Kieselerde antrifft, die der gleicht, welche einen Bestandtheil des zerfließlichen Glases ausmacht. Dieses Wasser löst dann, wie eine Säure, diese Erde auf und setzt sie auf dieselbe Weise, wie es Kalkspat absetzt, wenn es, statt der Kieselerde, Kalkerde aufgenommen hat, wieder ab. —

Wir wollen nun noch untersuchen, wie es möglich ist, daß reine Kieselerde an den Orten vorkommen kann, wo diese Achate, diese Kiesel und Quarze entstehen, und dann wollen wir auch die Frage, woher die

*) Diese Muscheln können sich auch wohl dann erst, als sich das Wasser wieder zurückgezogen hatte, in Kiesel oder Achat verwandelt haben, und in der That mangelt es nicht an Gründen, welche diese Meinung sehr wahrscheinlich machen.

die Luftsäure kommt, die sich mit dieser Erde vereinigt, zu beantworten uns bemühen.

Die Achate kommen fast immer, wie in Schottland, zu Oberstein u. s. w. in vulkanischen Produkten vor. Es kann seyn, daß in den feuerspeyenden Bergen Kieselerde mit kalkartigen Materien, vielleicht auch mit mineralischem Laugensalze, das seine Entstehung von zerstörtem Kochsalze hatte, zusammengeschmolzen ist und ein zerfließliches Glas gebildet hat, welches die Kieselerde rein oder im Zustande der Aetzbarkeit zurückläßt.

Die Kreide, die aus Muscheln bestehenden Kalksteinschichten, die versteinerten Muscheln selbst sind Überreste von organisirten Wesen. — Die gegrabenen Hölzer haben auch oft krystallisirten Quarz in sich; wir haben aber oben gesehen, daß durch die Lebenskräfte in den Thieren und Pflanzen Kieselerde hervorgebracht wird; diese Erde muß ursprünglich rein gewesen seyn. —

Der Ursprung der Luftsäure, die zur Sättigung dieser Erde nöthig ist, ist nicht schwer anzugeben; die Wässer, die durch vulkanische Gegenden queer durchfließen, sind sehr oft mit Luftsäure, die von zerstörten Schwefelkiesen herstammt, reichlich geschwängert; die weichen Theile der Schaalthiere reichen, indem sie in die Verwesung übergehen, Luftsäure dar, auch die Hölzer liefern, indem sie sich versteinern, (denn bey dieser Veränderung geht immer ein Theil des Holzes in Fäulniß über,) dergleichen Säure, und alle Wässer, die an der Oberfläche des Erdkörpers fließen, sind damit

damit geschwängert. Wir sehen also, daß es auf unserer Erde nicht an den beyden Bestandtheilen des Quarzes, an reiner Kieselerde und an Luftsäure, mangelt; die beyden Stoffe können sich also mit einander verbinden und dann, wenn die Erde sehr rein ist, kryſtalliſirten Quarz bilden, wenn sie aber minder rein ist, unter der Gestalt von Kieseln, Achaten, Calcedonen u. s. w. anschießen. Diese so entstandenen Kryſtallen werden, wie andere ſteinige oder erdige Kryſtalliſationen, z. B. die Kalk- und Flußspate, die Apatiten, u. s. w. im Waſſer unauflöslich ſeyn.

Von der Thonerde.

§. 106. Die reinſte Thonerde, die wir kennen, iſt die, die man aus reinem Alaune erhält. Man löst, in dieſer Abſicht, etwas Alaun in reinem Waſſer auf, und gießt dann eine Auflöſung von ätzendem oder luftvollem Laugenſalze dazu; dieſes Salz ſchlägt sogleich jene Erde unter der Gestalt eines weisen, schwammigen oder flockigen und halbdurchſichtigen Weſens nieder, das eben die Geſchmeidigkeit und Zähigkeit, durch welche ſich der Thon auszeichnet, besitzt, und überhaupt fast alle Eigenschaften mit demſelben gemein hat. Indeſſen unterscheidet ſich dieſe Erde doch von dem Thone, den uns die Natur überliefert, durch einige beſondere Eigenschaften, mit welchen ich meine Leſer kürzlich bekannt machen will.

Wenn man zu der Flüſſigkeit, aus welcher die Thonerde niedergeſchlagen worden iſt, eine Säure ſetzt, ſo löſt ſich die Erde sogleich wieder auf, und wenn man zu dieſem Versuche Vitriolsäure gewählt hat, und man dampft

dampft die Feuchtigkeit etwas ab, so schießt aufs neue Alaun an.

Das ätzende Laugensalz löst diese Erde gleichfalls auf; denn wenn man die Alaunauflösung durch ätzendes Alkali zersetzt und mehr, als zur Fällung nöthig ist, von diesem Salze dazu gießt, so verschwindet der Niederschlag nach und nach wieder; man kann ihn aber auch aufs neue fällen, wenn man das Laugensalz durch eine Säure sättigt.

Ich war begierig, zu wissen, ob die gebrannte oder ätzende Kalkerde eben die Wirkung auf die Alaunerde haben würde, welche das ätzende Alkali auf dieselbe äußert; ich goß daher etwas Kalkwasser zu einer Alaunauflösung, und mischte beydes sorgfältig unter einander; ich erhielt auf diese Art einen häufigen Niederschlag, welcher aus Alaunerde, die man leicht durch ihre Lockerheit u. s. w. unterscheiden kann, und aus Gypse, der fast ganz unauflöslich ist, zusammengesetzt war; ich goß dann noch mehr Kalkwasser hinzu, es schien aber nicht, als ob die Thonerde wieder aufgelöst würde. Ich wiederholte hierauf diesen Versuch auf eine andere Art; ich schlug nämlich die Thonerde mit ätzendem Laugensalze nieder und goß dann Kalkwasser dazu; aber auch in diesem Falle wurde die Thonerde nicht wieder aufgelöst; es scheint also nicht, als ob das Kalkwasser diese Erde auflösen könne.

Wenn man aber, nach vollbrachter Fällung der Thonerde durch ein ätzendes Laugensalz, die Flüssigkeit abgießt und den Niederschlag, nachdem man ihn

vorher

vorher mit vielem Wasser ausgesüßt hat, auf ein Seihepapier bringt, so bleibt auf demselben eine Masse zurück, die einige Aehnlichkeit mit dem Kraftmehle hat und halbdurchsichtig ist. Ich habe diese Erde mit vieler Vorsicht bey gelinder Wärme und unter einer Glocke, damit keine Unreinigkeiten dazu kommen konnten, getrocknet und so eine Art von Thon erhalten, der so durchsichtig, wie arabisches Gummi, war und auch fast die Härte desselben hatte. Diese Halbdurchsichtigkeit, die diese Erde, sowohl wenn sie noch mit Wasser verbunden ist, als wenn man sie getrocknet hat, besitzt, zeigt eine wirkliche Auflösung an, und man kann daher als gewiß annehmen, daß die Alaunerde, zwar nicht nach Art der salzigen Substanzen, aber doch so, wie die kleberigen oder leimigen Materien, im Wasser auflöslich ist.

Es ist sonderbar, daß die Alaun- und Thonerde auf die erwähnte Art vom Wasser durchdrungen und durch dasselbe gleichsam zertheilt und ausgedehnt wird; in der That schwillt sie, wenn sie mit Wasser in Verbindung gebracht wird, so auf, daß sie nicht wieder zu Boden fällt; ich habe sie auf diese Art mehrere Monate stehen lassen, ohne daß sich etwas davon absetzte. Diese Eigenschaft ist eine der merkwürdigsten, die diese Erde besitzt.

Wenn man diese Erde auf ein Seihezeug bringt und dann trocknet, so schwindet sie außerordentlich zusammen; diese Verminderung nimmt noch zu, wenn man die Erde erwärmt, so daß, wenn man sie einem starken Feuer, (das doch nicht so heftig seyn darf, daß

sie

sie in ein Glas zusammenschmelzen könnte,) aussetzt, sie um mehr als die Hälfte zusammen schwinden wird. Herr Wedgwood hat bey seinen Versuchen, die er mit Thone in der Absicht angestellt hat, um ihn als ein Werkzeug, die Stufen der Wärme zu bestimmen, gebrauchen zu können, die Beobachtung gemacht, daß ein reiner Thon, (der so weit getrocknet worden war, daß man kleine feste Würfel daraus bilden konnte,) um die Hälfte seines Inbegriffs abnahm, wenn man ihn bey einem lebhaften Feuer erhitzte, das gleichwohl nicht im Stande war, den Thon zu verglasen. Indessen läßt sich der Thon doch in ein Glas verwandeln; ich habe den Versuch sowohl mit wedgwoodschem Thone, als mit einer andern sehr reinen Thonart angestellt, und ich bin überzeugt worden, daß beyde in Fluß kommen und schöne weiße Gläser, die dem sogenannten Schmelzglase gleichen, geben, wenn man einen Strom von reiner oder dephlogistisirter Luft auf das Feuer wirken läßt.

Das Feuer giebt dem Thone eine solche Härte und Festigkeit, daß man bey der Berührung desselben mit einem Stahle Funken hervorbringen kann.

Wenn man den so erhitzten oder gebrannten Thon in ein Pulver verwandelt, und dann Wasser dazu bringt, so wird man gewahr, daß diese Flüssigkeit sich nicht mehr so, wie vorher, gegen ihn verhält; das Wasser dringt jetzt nicht mehr in den Thon ein, und dieser blähet sich nicht davon auf, und nimmt nicht die Zähigkeit und klebrige Beschaffenheit an, die sonst dem Thone eigen ist. Wenn man indessen gebrannten Thon lange der Luft und der Feuchtigkeit aussetzt, so erhält

er

er allmälig seine ursprünglichen Eigenschaften wieder, und verwandelt sich aufs neue in wirklichen Thon.

Die Eigenschaft, vermöge welcher der Thon vom Wasser durchdrungen wird, so daß er aufschwillt u. s. w. kommt andern Erden nicht zu, sie ist nur dem Thone eigen und hängt ohne Zweifel von der besondern Erde desselben ab.

Die Zähigkeit und Geschmeidigkeit, welche der Thon besitzt, ist, dünkt mich, eine Folge der jetzt erwähnten Eigenschaft, und ich halte dafür, daß der Thon, indem er so vom Wasser erweicht wird, sich auf eine gewisse Art auflöst. Zwar ist diese Auflösung nicht vollkommen, indessen reicht sie doch hin, die Theile dieser Substanzen in einen solchen Zustand zu versetzen, daß sie ihre Verwandschaften äußern können; und in der That ziehen sie einander an und hängen mit einer gewissen Kraft unter einander zusammen. Auch nimmt diese Anziehungskraft in dem Verhältnisse zu, wie die wässerigen Theile, mittelst welcher die Thontheilchen ausgedehnt waren, durch die Austrocknung vermindert werden.

Die Anziehungskraft ist es, vermöge welcher der Thon, zumal wenn er erhitzt worden ist, die große Härte annimmt, welche ihn zu vielen Absichten brauchbar macht. Man weiß, daß die Chinesen mit einem Reisteige, oder mit dem getrockneten klebrigen Theile des Reises eine Masse zur Stucaturarbeit verfertigen, die eine große Festigkeit besitzt.

Der Thon hängt mit dem Wasser so stark zusammen, daß man dasselbe durch bloßes Austrocknen kaum davon wegbringen kann; auch nimmt der Thon, wenn man ihn auf diese Art bearbeitet, nur einen geringen Grad von Härte an. Alle Erdschichten oder Flöze, die blos aus Thone bestehen, sind nie von beträchtlicher Härte und es bedarf folglich der Wirkung eines Feuers, das diese Anziehungskraft zu überwältigen im Stande ist, wenn eine Trennung des Wassers vom Thone statt finden soll.

Wenn die Alaunerde diese Beschaffenheit hat, so geht sie mit einer andern Erde, die gleichfalls rein ist, keinen sehr festen Zusammenhang ein. Herr Bergman gedenkt eines von Scheele angestellten Versuchs, der das, was ich so eben gesagt habe, zu erläutern im Stande ist. „Die aus einer Alaunauflösung durch ätzendes Laugensalz gefällte Erde verliert bald, wenn man sie in Kalkwasser wirft, ihre schwammige Gestalt und ihre Durchsichtigkeit; sie wird weißer und dichter, indem sie den Kalk aus dem Wasser niederschlägt und in sich nimmt, und sie bildet mit demselben eine neue Verbindung, die nur durch chemische Mittel zersetzt werden kann*).„ Ich habe diesen Versuch wiederholt und dabey dieselbe Beobachtung gemacht, die Herr Bergman beschreibt; indessen muß ich noch anführen, daß dieser Niederschlag nicht hart wird. Man kann diese beyden Erden durch Hülfe besonderer Verfahrungsarten wieder von einander scheiden.

Die

---

*) T. Bergman Sciagraphia regni mineralis. Lipsiae et Dessauiae, 1782. p. 73.

Die Thonerde kommt sehr häufig in der Natur vor und man trifft sie in großen Haufen oder mehr oder weniger dicken Schichten in Gebirgen, die von zweyter Entstehung sind, an. Sie ist meistentheils, und besonders durch Eisenkalke, gefärbt, auch enthält sie gewöhnlicher Weise eine Portion Kieselerde in sich, und zuweilen sind noch andere Erden mit ihr vermengt. — In den ursprünglichen Gebirgen kommt ebenfalls Thonerde, doch in geringerer Menge, vor; ich habe zuweilen zwischen den härtesten Granitmassen Thonerde in Lagen von der Dicke einiger Linien angetroffen; diese Erde war sehr zähe und fast noch zäher, als gewöhnlich der Thon zu seyn pflegt. —

Der Thon, den man so in ursprünglichen Gebirgen, oder in Erdlagen von zweyter Entstehung antrifft, besitzt zwar fast dieselben Eigenschaften, durch welche sich die Alaunerde auszeichnet, doch weicht er in einer gewissen Rücksicht davon ab; er löst sich nämlich weder in Säuren, noch in ätzenden Laugensalzen mit der Leichtigkeit auf, mit welcher die Alaunerde von diesen Feuchtigkeiten aufgenommen wird. Man weiß noch nicht, wovon eigentlich diese Verschiedenheit herrührt, die zwischen der Alaunerde und den Thonen, die vollkommen rein zu seyn scheinen, statt findet. Sollten die Letztern vielleicht mit Luftsäure oder mit einem andern Grundstoffe vereinigt seyn? *)

---

*) Die Thone, auch die, welche sehr rein sind, z. B. die Porzellainerden, sind, Marggraf's Versuchen zufolge, Zusammensetzungen aus Alaunerde und Kieselerde (von welchen die Letztere gemeiniglich weit mehr ausmacht, als die Erstere,) und sie können sich also, aus

Von der Kalkerde.

§. 107. Die reine Kalkerde ist eben dieselbe Erde, die man gemeiniglich unter den Namen: ätzender, lebendiger, oder gebrannter Kalk, kennt. Enthält diese Erde wirklich, wie ich zu glauben geneigt bin, ein besonderes Wesen in sich, welches gebundene Feuermaterie, das ätzende Grundwesen des Meyer, ist, oder ist sie eine einfache reine Kalkerde? Doch wir wollen uns hier nicht mit dieser Aufgabe beschäftigen; es ist jetzt für uns hinreichend, wenn wir wissen, daß diese Erde im Zustande der Aetzbarkeit im Wasser ganz auflöslich ist; indessen kann diese Flüssigkeit nur eine sehr kleine Menge davon in sich nehmen; denn um einen Theil dieser Erde aufzulösen, sind 700 Theile Wasser nöthig. Die so entstandene Auflösung ist so hell und klar, wie nur immer die Auflösung eines Salzes seyn kann.

Wenn man ein Stückchen Kalk in Wasser wirft, so vereinigt sich der Erstere mit dem Letztern und es entsteht hierbey Wärme; ein Theil des Kalkes wird aufgelöst, der übrige Theil, den das Wasser nicht aufnimmt, bleibt am Boden des Gefäßes unter der Gestalt einer weißen und teigartigen Masse, die gar keine Festigkeit besitzt, zurück.

Wenn man diese Auflösung des Kalkes in Wasser, nachdem sie abgeklärt worden ist, an die freye Luft setzt, so vereinigt sie sich mit Luftsäure und es entsteht
auf

---

aus dieser Ursache, bey der Bearbeitung mit Säuren u. s. w. nicht wie reine Alaunerde verhalten. Anm. des Herausgebers.

auf der Oberfläche der Feuchtigkeit ein Häutchen, das man Kalkrahm nennt und das nichts weiter als eine gewöhnliche rohe oder luftvolle Kalkerde ist. —

Man trifft nirgends in ursprünglichen Gebirgen gebrannte Kalkerde in Massen an. Zwar sind die meisten jetztlebenden Scheidekünstler der Meinung, daß die Kalkerde, die einen Bestandtheil der Substanzen der ursprünglichen Gebirge ausmacht, ganz rein oder ätzend sey; aber dieses Urtheil scheint, wie ich in der Folge zeigen werde, keineswegs richtig zu seyn.

In den Erdschichten von zweyter Entstehung hat man zuweilen reine Kalkerde angetroffen. Der verstorbene Wallerius erwähnt, daß man an den Küsten von Maroc natürlichen lebendigen Kalk aus dem Grunde des Meeres mit dem Senkbley emporgezogen habe. Dieser Kalk hatte aber wohl seine Entstehung durch einen Zufall erhalten; vielleicht war ein mit Kalke beladenes Fahrzeug versunken, oder vielleicht hatten unterirdische Feuer, die in diesen Gegenden sehr häufig bemerkt worden sind, rohen Kalkstein in lebendigen Kalk verwandelt. — Herr Monnet versichert, daß er natürlichen Kalk in den feuerspeyenden Bergen in Ober-Auvergne gefunden habe. Dieser Kalk ist also ein Produkt des Feuers der Vulkane.

Die warmen Wässer, wie die sind, die zu St. Philippe entspringen, können etwas reine Kalkerde enthalten. Die Wärme der Schwefelkiese, welchen solche Wässer ihre Hitze verdanken, kann groß genug gewesen seyn, um einige Portionen rohen Kalkes in gebrannten Kalk verwandeln zu können. —

Herr Laumont gedenkt auch einer Quelle in Savoyen, bey Tours, deren Waſſer reinen Kalk aufgelöſt enthält. —

Die Kalkerde kommt alſo ſelten rein in der Natur vor; am öfterſten trifft man ſie mit einer Säure verbunden, und gewöhnlich unter der Geſtalt eines Steines an; zu dieſen Kalkſteinen gehören die Marmor, die Gypſe u. ſ. w. Die Kreide aber, die ſich in Gebirgslagern von zweyter Entſtehung findet, hat eine erdige Beſchaffenheit, indeſſen wenn man ſie genau unterſucht, ſo entdeckt man an ihr doch ſchon einen Anfang der Kryſtalliſation. Die Kreide beſteht aber nicht aus reiner Kalkerde, dieſe Erde iſt darin mit Luftſäure vereinigt.

Von der Bitterſalzerde.

§. 108. Wenn dieſe Erde rein iſt, ſo löſt ſie ſich zum Theil im Waſſer auf und bildet darin, ſo wie die Alaunerde, Flocken.

Ich habe Bitterſalzerde in Salzſäure aufgelöſt und ſie daraus wieder durch ätzendes Mineralalkali gefällt; der Niederſchlag war ſchwammig und weiß, doch nicht ſo flockig, als der, den die Alaunerde giebt; er erhält ſich ebenfalls ſchwebend im Waſſer, ohne zu Boden zu fallen, ich habe ſie ſo länger als einen Monat herum ſchwimmen ſehen; ſie iſt auch halbdurchſichtig. Ich habe hierauf einen Theil des Waſſers vom Niederſchlage abgegoſſen und den Letztern mit vielem reinen Waſſer ausgeſüßt und dann auf ein Seihepapier gelegt; es blieb ſo auf dieſem Papiere eine Maſſe zurück,

ble,

die, dem äußern Ansehn nach, einem dicken Schleime gleich und halbdurchsichtig war. Ich trocknete man diese Erde mit der gehörigen Vorsicht, daß keine Unreinigkeiten dazu kommen konnten, und bey gelinder Wärme; ich erhielt eine halbdurchsichtige Masse, die nur wenig Festigkeit besaß.

Die Ursache, warum diese Erde so wenig Festigkeit besitzt, liegt in der großen Verwandschaft, die sie gegen das Wasser hat; man kann hieraus abnehmen, daß sie in dieser Gestalt nicht krystallisirbar ist. — Es ist also gewiß, daß die reine oder ätzende Bittersalzerde vom Wasser aufgelöst wird.

Man hat, so viel ich weiß, noch nie reine Bittersalzerde in der Natur angetroffen, doch könnte es wohl möglich seyn, daß man dergleichen noch in der Folge entdeckte, wie man lebendigen Kalk entdeckt hat; aber gewöhnlich macht diese Erde einen Bestandtheil verschiedener Steine und besonders derer, die zum Talkgeschlechte gehören, z. B. der Speck = und Serpentinsteine, des Strahlsteins u. s. w. aus, auch kommt zuweilen, in Gebirgslagen von zweyter Entstehung, z. B. in der Nähe von Paris, etwas Bittersalzerde in der Gestalt eines weißen, sehr feinen Pulvers vor, diese Erde ist aber mit Luftsäure verbunden.

Von der Schwererbe.

§. 109. Diese Erde scheint so viele Eigenschaften mit den metallischen Kalken gemein zu haben, daß man kaum anstehen kann, sie mit den Letztern in eine Klasse zu bringen; indessen ist es doch noch keinem Scheide-

Künstler gelungen, eine metallische Substanz daraus darzustellen *).

Ich habe eine Portion dieser Erde in Salzsäure aufgelöst, und dann zu dieser Auflösung ätzende Pottasche gesetzt; ich habe auf diese Art einen flockigen Niederschlag erhalten, der mit dem, den man aus Eisenauflösungen erhält, von fast gleicher Beschaffenheit war, doch sah er beynahe ganz weiß aus, wurde aber nach Verlauf einiger Tage gelblich und braun; er erhielt sich, wie der, den man durch ätzendes Laugensalz aus einer Eisenauflösung gefällt hat, immer im Wasser schwebend. — Ich süßte hierauf diese Erde mit vielem Wasser aus und trocknete sie dann auf einem Seihepapiere; sie verhielt sich wie die metallischen Kalke und ward gar nicht fest. —

Man hat noch nie reine Schwererde in der Natur angetroffen, sie kommt vielmehr immer entweder mit Vitriolsäure, (unter der Gestalt des sogenannten Schwerspates,) oder mit Luftsäure, (als luftsaure Schwererde, Witherit,) verbunden vor.

Von

---

*) Herr Martinenghi erzählt in einem Briefe an Herrn Schmidt (L. v. Crell chemische Annalen, 1794. 1. Band, 195. S.) einige Erfahrungen, welche beweisen sollen, daß der Schwerspat ein eigenthümliches Metall enthalte; allein Herr Lampadius (Sammlung praktisch-chemischer Abhandlungen, 1. Band, 77. S. ff.) hat sich durch mehrere Versuche überzeugt, daß die Könige, welche man aus diesem Fossil erhält, wirkliche Eisenkönige sind. Anmerkung des Herausgebers.

Von den Eisenkalken.

§. 110. Diese Kalke finden sich fast in allen Erden, die uns die Natur überliefert; sie verhalten sich in denselben wie andere einfache Erden und ich werde sie daher an diesem Orte nur aus diesem Gesichtspunkte betrachten.

Ich habe etwas Eisen in Vitriolsäure aufgelöst und es dann wieder mit ätzendem Laugensalze davon abgesondert; der Niederschlag war flockig und hatte eine dunkelgrüne Farbe; er erhielt sich schwebend in der Flüssigkeit, so lange als ich den Zutritt der Luft davon abhielt. Als ich aber das Gefäß unbedeckt stehen ließ, so zog der metallische Kalk Luft in sich und nahm statt der grünen Farbe, die er bisher gehabt hatte, nach und nach eine gelbrothe Farbe an; ich bemerkte zugleich, daß er nun zu Boden fiel und sich fest an die Wände des Gefäßes, so wie auch an andere Körper, die ich in die Flüssigkeit tauchte, anlegte. — Ich werde in der Folge (§. 173.) zeigen, daß die Farbe der meisten Steine von dieser verschiedenen Beschaffenheit des Eisens abhängt.

§. 111. Alle Erfahrungen, die ich bisher angeführt habe, erweisen, daß die 5 einfachen Erden und die Eisenkalke, wenn sie rein, oder wenigstens aus ihren Auflösungsmitteln durch ätzende Laugensalze niedergeschlagen worden sind, vom Wasser zum Theil aufgelöst werden; sie erhalten sich unter einer mehr oder weniger flockigen oder schwammigen Gestalt im Wasser, schwebend, und einige derselben, wie die reine Kalkerde, sind darin vollkommen auflöslich. Einige von diesen Niederschlägen, (die Erden des Alauns und des Bittersalzes,) stellen, wenn sie trocken geworden sind, halbdurchsichtige Massen dar. —

Ein Körper, der sich im Zustande der Auflösung befindet, schießt immer an, wenn das Auflösungsmittel durch irgend eine Ursache veranlaßt wird, weniger wirksam zu seyn, als es bisher war. Es könnte also das Ansehn haben, als ob diese so aufgelösten Erden für sich allein anschießen könnten, wenn entweder ein Theil des Wassers durch die Wärme verdunstet, oder die Auflösungen eine andere Veränderung erleiden. Indessen verhält sich, wie ich schon gesagt habe, die Sache anders; man hat sie bisher für sich allein noch nicht in eine krystallinische Gestalt bringen können. Liegt der Grund hiervon wohl darin, daß diese Erden eine zu große Verwandschaft mit dem Wasser haben? ich bin sehr geneigt, dies zu glauben. Die ätzenden Laugensalze krystallisiren niemals. Man kann wenigstens nicht zweifeln, daß jede von diesen Erden eine eigenthümliche Kraft besitzt; denn jede Auflösung setzt eine solche Kraft in den Theilen des aufgelösten Körpers voraus. Wenn nun diese Kraft weniger wirksam ist, als die des Auflösungsmittels, so giebt sie nach, und jeder Theil ist gleichsam von dem andern abgesondert und sich selbst überlassen; so bald aber die Wirkung des Auflösungsmittels nachläßt oder sich vermindert, so äußert sich die Kraft der Theile des aufgelösten Körpers aufs neue, und jeder von diesen Theilen nähert sich, vermöge seiner Verwandschaft, den andern und bildet damit einen festen Körper, welcher meistentheils eine regelmäßige Gestalt anzunehmen und sich zu krystallisiren strebt.

Die

Die eigenthümliche Kraft des aufgelösten Thons macht, daß er, wenn man ihn trocknet, eine sehr große Härte annimmt; allein man hat ihn noch nie in krystallinischer Gestalt darstellen können; eben diese Bewandniß hat es auch mit der Bittersalzerde u. s. w.

§. 112. Diese Erden haben, außer dem Wasser, noch ein anderes Auflösungsmittel, und dieses ist das Feuer. Wenn sie einem großen Grade der Wärme ausgesetzt werden, so kommen sie in Fluß und stellen dann, nach dem Erkalten, feste Gläser dar. Da nun alle diese Erden für sich allein schmelzen, so dünkt es mir nicht unwahrscheinlich, daß man wohl noch dahin gelangen kann, sie, wie die Metalle, den Schwefel, den Phosphor u. s. w. krystallisiren zu machen; denn alle diese Erden besitzen, wie ich gesagt habe, eine eigenthümliche Kraft, und die Schmelzung oder Verglasung ist nichts anders, als eine Auflösung durch das Feuer.

Enthält aber wohl das Glas einen den Erden fremden Grundstoff, z. B. die Materie des Feuers? Ich gestehe, daß mir dies sehr wahrscheinlich dünkt, ob ich gleich bekennen muß, daß es keine einzige Erfahrung giebt, durch welche man beweisen könnte, daß Feuer- oder Wärmematerie als ein Bestandtheil in das Glas eingehe. Man muß also dieses Produkt als eine unordentliche Krystallisation ansehen, die aus diesen verschiednen Substanzen durch die Wirkung des Feuers, welches dieselben aufgelöst hatte, hervorgebracht worden ist. Zuweilen schießt selbst das alkalische, aus Quarze und Soda gebildete, Glas in regelmäßigen Krystallen an, die 6seitige Prismen vorstellen. — Ich besitze einige glasartige Schlacken von den Eisenwerken

in

in der ehemaligen Dauphine', die in Octaedern kryſtalliſirt ſind. Vielleicht haben ſie dieſe Geſtalt von dem Eiſenantheile, den ſie noch enthalten; denn man weiß, daß die verſchiedenen Eiſenkalke gemeiniglich dieſe Form annehmen.

Wir wollen nun unterſuchen, wie ſich dieſe verſchiedenen Erden bey der Bildung unſers Erdkörpers verhalten haben.

§. 113. Sie haben ſich alle unter einander vereinigt, um die Steine zu bilden, die die urſprünglichen Gebirgslagen ausmachen; denn es ſind, wie es ſcheint, nur Steine, aus welchen die ganze Maſſe dieſer Gebirge beſteht; überall trifft man in denſelben Steine an, und die tiefſten Orte, in welche man hat gelangen können, liefern nichts als Steine, und nur ſelten machen einige Portionen Thon, die man in denſelben unter einer erdigen Geſtalt antrifft, von dieſer Regel eine Ausnahme.

Es ſcheint, daß vorher, ehe ſich alle Grundſtoffe, die unſern Erdkörper gebildet haben, unter einander vereinigten, und ehe die Kryſtalliſation deſſelben vor ſich gieng, alle dieſe 5 einfachen Erden und der Eiſenkalk vollkommen rein waren; ſie wurden dann insgeſammt aufgelöſt, in den Waſſern ſchwebend erhalten und mit den verſchiedenen Lüften ſowohl, als mit den verſchiedenen ſalzigen und metalliſchen Subſtanzen, von welchen ich ſchon geredet habe, vermiſcht. Einige von dieſen Erden verbanden ſich einzeln mit einer Säure und bildeten ſo verſchiedene Steine, z. B. die urſprünglichen Kalkſteine, den Quarz, die Flußſpate, die Schwerſpate, fpate, den Witherit u. f. w. — weit öfter aber vereinigten sich mehrere von diesen Erden und metallischen Kalken unter einander und bildeten so die Steine, die aus mehrern Erden zusammengesetzt sind, wohin die Kieselsteine, die Edelsteine, die Schörle, die Talk= und Thonarten gehören.

Die Meinungen der Naturforscher und Scheidekünstler, in Rücksicht auf die Art und Weise, wie die Natur diese Steine gebildet hat, weichen sehr von einander ab. Wir haben gesehen, daß jede von diesen Erden eine eigenthümliche Kraft besitzt, und daß gleichwohl keine derselben, wenn man sie in Wasser aufgelöst hat, krystallisiren, selbst nicht einmal eine Festigkeit annehmen kann.

Wir treffen diese Erden nie, außer, vielleicht in vulkanischen Materien, durchs Feuer aufgelöst in der Natur an; aber auch in den vulkanischen Materien sind immer mehrere Erden mit einander vermischt.

Alle metallische Kalke werden durch das Feuer leicht aufgelöst und verwandeln sich so in mehr oder weniger feste Gläser, die Erden hingegen, einzeln genommen, werden mittelst des Feuers nicht aufgelöst, außer wenn es aufs heftigste verstärkt worden ist. Wenn indessen mehrere von diesen mit einander vereinigt worden sind, so lösen sie sich durch das Feuer leicht auf und kommen schon bey mäßiger Hitze in Fluß; sie verhalten sich also in diesem Falle wechselsweis als Auflösungsmittel gegen einander. So fließt die Kieselerde, die für sich allein so schwer in Fluß zu bringen ist, sehr leicht, wenn sie mit Kalke oder mit Thone vermischt

worden

worden war; auch die Thon= oder Alaunerde, die man mit Kalkerde oder mit Eisenkalke vermischt hat, schmelzt mit Leichtigkeit, und eben so verhält sich auch die mit Kiesel= Thon= oder Kalkerde, oder mit Eisenkalke ver= mischte Bittersalzerde. Der Amianth ist aus den, so eben genannten Erdarten zusammengesetzt und er ist so leichtflüssig, daß die Flamme eines Wachsstockes schon hinreicht, die Faden desselben zu schmelzen.

Alle diese durch das Feuer auf die erwähnte Art aufgelösten Erden nehmen also eine gewisse Härte an und bilden mehr oder weniger feste Gläser; sie wirken wechselsweise in einander und verhalten sich gegen ein= ander als Auflösungsmittel.

§. 114. Kann man wohl sagen, daß ein ähnlicher Er= folg statt habe, wenn diese Erden und diese metalli= schen Kalke mittelst des Wassers aufgelöst worden sind? Können diese Substanzen so in einander wirken, wie z. B. die Säuren in die Laugensalze? und können sie in diesem Zustande Steine bilden? Die Herren Scheele und Bergman sind allerdings der Meinung gewesen, daß man diese Fragen bejahen müsse; denn Herr Berg= man sagt: „die Erden besitzen die Eigenschaft, sich „wechselsweis anzuziehen, und sie gehen, vermöge die= „ser Eigenschaft, Verbindungen ein, die weit inniger „sind, als die, welche durch mechanische Mittel be= „wirkt werden." Ich habe selbst ehedem*) diese Mei= nung vertheidigt, aber ich hatte mich damals noch nicht durch eigene Versuche von derselben überzeugt; ich habe

nun=

---

*) In den Anmerkungen, mit welchen ich Herrn Berg= man's Sciagraphia regni mineralis versehen habe.

nunmehr in dieser Rücksicht mehrere Erfahrungen gemacht, deren Resultate ich hier kürzlich aufführen will:

1) Ich vermischte eine Portion Alaunerde, die ich aus einer Alaunauflösung durch ätzendes Laugensalz gefällt hatte, mit Kalkwasser, und ich erhielt auf diese Art eben so, wie Scheele, einen Niederschlag; diese beyden Erden stellten auf diese Art ein Gemisch dar, das keine Härte annahm; ich habe es selbst mehrere Monate hindurch im Wasser liegen lassen, aber auch nach Verlauf dieses Zeitraums hatte es keine Festigkeit erhalten. Wenn man es indessen der freyen Luft aussetzt, so wird es freylich fest werden; aber dann verbindet sich Luftsäure mit dem Kalke und stellt damit gleichsam einen Kalkspat dar, der mit Thonerde vermischt seyn und einem unreinen, aus Kalkerde und Thone zusammengesetzten, Marmor gleichen wird. — Bey den übrigen Versuchen, die ich angestellt habe, habe ich folgende Beobachtungen gemacht:

2) Ein Gemisch aus Kalke oder Kalkerde und Kieselerde hängt nicht unter sich fest zusammen. Zwar giebt der lebendige Kalk, wenn man ihn mit Sande vermischt, einen Mörtel, der eine große Festigkeit erhält; aber auch an diesem Erfolge ist die Luftsäure Schuld, die sich mit dem Kalke vereinigt und ihn in eine Art von Kalkstein verwandelt hat.

3) Reine Kalkerde mit reiner Bittersalzerde gemischt giebt einen Niederschlag, der keine Härte besitzt;

4) Reine Kalkerde mit reinem Eisenkalke gemischt giebt ebenfalls ein Produkt, das weder unter sich zusammenhängt, noch fest wird;

5) Eben

5) Eben so verhält sich die reine Bittersalzerde, wenn sie mit einer andern einfachen Erde, z. B. mit Kieselerde, Eisenkalke, oder Thonerde, vermischt wird; ferner

6) Die reine Thonerde, wenn man sie mit reiner Kieselerde oder mit reinem Eisenkalke, und

7) Die Kieselerde, wenn man sie mit reinem Eisenkalke vermischt;

8) Auch habe ich beobachtet, daß alle diese reinen Erden, wenn 3 oder 4 derselben, oder alle 5 unter einander gemischt werden, keine Härte annehmen;

9) Die reinen Eisenkalke ziehen, wenn man sie der freyen Luft aussetzt, eine Portion derselben an und fallen, indem sie ihre Farbe ändern, zu Boden; sie hängen sich dann an alle Körper, die sie berühren, sie mögen von einer Natur seyn, von welcher sie wollen, fest an und daher kommt es, daß die Puzzolanerde, die viel Eisenkalk in ihrer Mischung hat, einen so dauerhaften Mörtel giebt.

In allen diesen Fällen enthalten aber diese Eisenkalke viel Luftsäure und reine Luft; wenn sie davon frey sind, das heißt, wenn man sie durch ätzendes Laugensalz niedergeschlagen hat, so findet kein solcher Zusammenhang statt.

10) Ich goß eine Portion zerfließlichen Glases in ein gläsernes Gefäß und ließ es darin eine Zeitlang stehen, so daß die Feuchtigkeit allmälig verdunsten konnte; ich fand, daß sich eine erdige Rinde an die Wände des Glases angelegt hatte, die so fest damit zusammenhieng, daß sie sich selbst durch Säuren nicht davon

davon abſondern ließ; ich bemerkte zugleich einen Anfang von Kryſtalliſation, und ich glaube, daß ſich Luftſäure mit der Kieſelerde vereinigt und damit einen wirklichen Quarz, der unordentlich angeſchoſſen war, gebildet hat.

Ich habe, um zu entdecken, ob die Luftſäure im Stande ſey, eine ſolche Wirkung hervorzubringen, durch eine Portion zerfließliches Glas, mittelſt einer beſondern Vorrichtung, Luftſäure hindurchſtrömen laſſen, und ich habe bemerkt, daß ſich auch bey dieſem Verſuche eine Subſtanz an die Wände des Glaſes anlegte, die den Säuren Widerſtand leiſtete *).

§. 115. Es ergiebt ſich alſo, wie es ſcheint, aus dieſen Verſuchen, a) daß alle dieſe Erden im Zuſtande der Reinigkeit, wenn man ſie der freyen Luft ausſetzt, ſich mit der Luftſäure verbinden und damit mehr oder weniger harte Produkte ausmachen; (doch muß man hiervon die Thonerde ausnehmen); b) daß aber eben dieſe reinen oder luftleeren Erden, man mag ſie einzeln oder in der Vermiſchung mit andern, (2, oder 3, oder 4 oder alle 5 mit einander) bearbeiten, keine feſten Körper bilden können, weil ſie eine zu nahe Verwandſchaft gegen das Waſſer haben, welches ſie aufgelöſt erhält. Ich bin wenigſtens der Meinung, daß dieſe Verwandſchaft

---

*) Man kann vielleicht dieſe Erfahrung zur Erklärung der Entſtehungsart des Quarzes, den Herr Achard hervorgebracht haben will, benutzen; die Kreide, oder der Sand, den dieſer Scheidekünſtler zu ſeinem Verſuche gewählt hatte, enthielt reine Kieſelerde, und dieſe vereinigte ſich mit der Luftſäure und bildete Quarz.

haft Schuld ist, daß diese Erden nicht fest oder hart werden können; (in Hinsicht auf die Thonerde muß dies in der That der Fall seyn; denn wenn man sie erhitzt, doch ohne sie zu schmelzen oder zu verglasen, so nimmt sie eine solche Härte an, daß sie selbst Funken giebt, wenn man sie mit einem Stahle berührt).

Man wird vielleicht die Einwendung machen, daß die Natur im Großen auf eine ganz andere Art wirkt, als wir mittelst unserer kleinen Vorrichtungen zu verfahren im Stande sind, und ich gestehe, daß ich selbst von dieser Wahrheit aufs vollkommenste überzeugt bin, aber es ist auch gewiß, daß wir der Natur dieses oder ein anderes Verfahren nicht zuschreiben dürfen, wenn wir nicht durch Thatsachen, die mehr oder weniger Beweiskraft haben, dazu veranlaßt werden. Wir müssen also, zur Erklärung der Härte und der Krystallisation der Steine, die mehrere Erdarten in sich haben, eine andere Ursache aufzusuchen bedacht seyn; denn so viel ist gewiß, daß diese Härte ihren Grund nicht in der Verbindung zweyer oder mehrerer Erden mit einander haben kann, und folglich sind wir genöthigt, der Meinung, die Scheele und Bergman in dieser Rücksicht vertheidigt haben, unsern Beyfall zu versagen.

§. 116. Ich leite die Härte, welche diese Erden annehmen, indem sie Steine bilden, von einer Säure, sie mag seyn, welche sie will, und von der innigen Verbindung derselben mit jenen Erden, her. Zwar hat man behauptet, daß diese Steine bey den zerlegenden Versuchen, die man mit ihnen unternommen hat, keine Säure von sich geben; allein die Hülfsmittel, die man
gewöhn=

gewöhnlich bey dergleichen Zergliederungen anzuwenden pflegt, sind nicht so vollkommen, wie sie seyn müßten, wenn man sich gewiß überzeugen wollte, ob diese Erden rein, oder mit irgend einer Säure verbunden seyen.

Man stößt diese Steine zu Pulver, man vermischt dann einen Theil derselben mit 2 Theilen mineralischen Laugensalzes, thut dieses Gemisch in einen eisernen Schmelztiegel und erhitzt es so lange, bis es zu einer glasartigen Masse oder vielmehr zu einer Fritte geworden ist; man behandelt nun dieses Produkt mit Auflösungsmitteln u. s. w. um die einzelnen Theile, aus welchen es zusammengesetzt ist, von einander zu scheiden und ihre Natur zu entdecken; aber es ist einleuchtend, daß man sich auf diese Art nicht von der firen Luft oder von andern flüchtigen Säuren, wenn dergleichen in den Steinen zugegen seyn sollten, überzeugen kann. Die Eisenkalke, die sich in diesen Steinen finden, sind immer mit Luftsäure und mit reiner Luft verbunden, diese feinen Flüssigkeiten hat aber noch kein Scheidekünstler bey einer solchen Zerlegung abgesondert erhalten können; auch gedenken die Schriftsteller, die solche Versuche angestellt und beschrieben haben, dieser Bestandtheile nicht. —

Es ist ferner ausgemacht, daß die Kieselerde, die sich in allen diesen Steinen findet, mit ihrer Säure vereinigt in demselben zugegen ist; denn wenn man diese Steine schmelzt, so entsteht, wie beym Schmelzen des Quarzes, ein Brausen, und zugleich bemerkt man, daß sich luftartige Flüssigkeiten entwickeln; gleichwohl hat kein Scheidekünstler dieser Lüfte gedacht, noch bey seinen Zergliederungen, die er mit solchen Steinen angestellt hat, auf dieselben Rücksicht genommen. Diese Bestandtheile sind aber der Aufmerksamkeit sehr werth, und die meisten Zerlegungen, die bisher mit solchen Körpern des Mineralreichs unternommen und bekannt gemacht worden sind, sind, wie ich in der Folge noch ausführlicher zeigen werde, in so fern, in wie fern dabey nicht auf diese Lüfte Rücksicht genommen worden ist, für unvollkommen zu halten. —

Es dünkt mir sehr wahrscheinlich, daß die Kalkerde und die Bittersalzerde, die man in diesen Steinen antrifft, so wie die Kieselerde und die Eisenkalke, mit Luftsäure verbunden darin zugegen sind, und was die Thonerde anbelangt, so kann es wohl seyn, daß auch diese mit derselben Säure vereinigt ist. Es kömmt mir daher wahrscheinlich vor, daß die Erden, aus welchen die Quarze und Kiesel, die Edelsteine, die Schörle, die Talkarten und die Thonarten zusammengesetzt sind, eben so wie die Eisenkalke, mit einer Säure verbunden sind; und diese Säure scheint in allen diesen Produkten eine und dieselbe, nämlich Luftsäure, zu seyn. Diese Behauptung wird durch die Erfahrung bestätigt; denn alle diese Steine wallen gleichsam beym Schmelzen und geben Gläser, die mehr oder weniger mit Blasen versehen sind, die offenbar ihre Entstehung von entwickelten elastischen Flüssigkeiten haben. Diese Flüssigkeit scheint Luftsäure zu seyn, doch ist es möglich, daß auch noch andere Säuren in diesen Steinen zugegen seyn können.

Die große Härte, durch welche sich die meisten dieser Fossilien auszeichnen, wird wohl vorzüglich der

mit

mit ihrer Säure verbundenen Kieselerde zu verdanken seyn; denn der Quarz oder Kiesel besitzt an und vor sich eine beträchtliche Härte (ich schätze sie = 1300). Die übrigen mit Luftsäure verbundenen Erden sind nicht so hart; denn die Härte des Kalkspats oder des Marmors ist nur 700, und die der mit Luftsäure vereinigten Bittersalzerde nur 560. Die Härte der mit Luftsäure verbundenen Thonerde ist nicht beträchtlich, und sie hängt von der Stufe der Austrocknung der Erde ab. — Die mit derselben Luftart verbundenen Eisenkalke sind beträchtlich hart und diese Eigenschaft ist nach Verschiedenheit des Zustandes dieser Kalke verschieden; diese verhärteten Eisenkalke gleichen gewissermaaßen den in doppelt 4seitigen Pyramiden angeschossenen Eisenkrystallen, die sehr hart sind.

Alle diese Steinarten müssen folglich als Salze angesehen werden; denn sie enthalten insgesammt dieselbe Säure, die zugleich mit mehrern Grundtheilen, nämlich mit Kieselerde, Kalkerde, Bittersalzerde, Thonerde und Eisenkalke verbunden ist. Wenn die Kieselerde in einer solchen Zusammensetzung den vorwaltenden Bestandtheil ausmacht, so wird der Stein fast die Härte des Quarzes haben, und in der That geben die Kiesel, die Achate, die Kalzedone und Jaspisse, die Chrysoprase und die Pechsteine u.s.w. in Ansehung der Härte, dem Quarze wenig nach. — Die Steine, welche weniger Kieselerde enthalten, z. B. die Feldspate, die Zeoliten, die Hornsteine, sind nicht so hart, wie der Quarz, und die Steine, in welchen noch weniger Kieselerde befindlich ist, zu welchen alle Schörle gehören, sind noch weniger hart, als die vorhergenannten Steinarten.

ten. — Die Talkarten, die eine noch kleinere Menge Kieselerde, als die Schörle, in sich haben, sind auch noch weicher, als die Letztern, und die Thonarten sind von allen Steinen, die Kieselerde enthalten, am wenigsten hart, weil sie insgesammt, außer den Kieselschiefern, wenig von der genannten Erde in ihrer Mischung haben.

§. 117. Die Edelsteine sind die einzigen Steinarten, welche uns einige Schwierigkeiten machen, wenn wir jene Eigenschaft auf die angegebene Art erklären. Indessen muß man bedenken, daß uns die Natur der meisten Edelsteine noch sehr wenig bekannt ist. Herr Klaproth vermuthet, daß der Zirkon und der Diamantspat besondere Erden enthalten; wir wissen aber nicht, mit welcher Säure diese Erden verbunden seyn können und welchen Grad der Härte sie in dieser Vereinigung anzunehmen im Stande sind. — Es kann seyn, daß die übrigen Edelsteine die nämlichen, oder andere besondere Erden in ihrer Mischung haben, und es ist auch nicht unmöglich, daß dieselben Edelsteine besondere Säuren enthalten. Der Diamant z. B. scheint allerdings einen besondern Grundstoff in sich zu haben, der entweder zum Theil verbrennlich ist, oder wenigstens den Stein flüchtig machen kann. Dieser Stoff kann vielleicht eine Säure seyn, die der Säure der Metalle ähnlich ist und die eben so, wie die Metalle, wenn sie sich verflüchtigen, z. B. der Zink, brennen kann. Die übrigen Edelsteine können vielleicht eine andere Säure enthalten, die der des Diamants ähnlich, aber, bey den Graden des Feuers, die wir anzuwenden im Stande sind, nicht verbrennlich, noch flüchtig ist. Indessen

deſſen hat doch Herr Lavoiſier gemuthmaßt, daß der Diamant bey ſeiner Verbrennung Luftſäure geben werde.

Uibrigens giebt es nur 3 Edelſteine, die weit härter ſind, als der Quarz, und dieſe ſind der Diamant, der Sapphir und der Rubin.

Es könnte wohl ſeyn, daß die Eiſenkalke, die ſich in ſehr anſehnlicher Menge in dieſen Edelſteinen befinden, in einem ſolchen Zuſtande darin zugegen ſeyen, daß ſie die eigenthümliche Härte des Quarzes vermehren könnten; wenigſtens beweiſen mehrere Verſuche, daß dieſe Kalke die Steine wirklich härter machen, als ſie eigentlich ſind; der ſchwarze Diamant iſt härter, als der weiſe, und die gefärbten Granaten ſind härter, als die, welche weiß ausſehen; überhaupt beſitzen alle gefärbte Edelſteine eine größere Härte, als die, welche keine Farbe haben, — auch giebt es einige Eiſenerze, unter welche der Schmirgel gehört, die außerordentlich hart ſind. Im Ganzen genommen kann alſo die Schwierigkeit, welche die Edelſteine, in Rückſicht auf jene Erklärung, machen, das, was ich von der Urſache der Härte der Steine geſagt habe, nicht einſchränken, weil es ausgemacht iſt, daß die bisher mit Edelſteinen angeſtellten zerlegenden Verſuche noch ſehr unvollkommen ſind.

Man kann alſo als erwieſen annehmen, daß die Härte der aus mehrern Erden zuſammengeſetzten Steine, und ihre Kryſtalliſation, nicht ſowohl von der Verbindung dieſer Erden unter einander, ſondern mehr von ihrer Vereinigung mit einer Säure abhängt; und überhaupt

haupt ist es die mit ihrer Säure verbundene Kieselerde, welche diese Härte verursacht.

§. 118. Man könnte vielleicht die Einwendung machen, daß alle diese Steine, wenn wirklich die Härte derselben von der so eben erwähnten Ursache herrührte, die Gestalt des Bergkrystalls haben müßten, weil der Bergkrystall, der etwas Chlorit in sich hat, und der Kalkspat von Fontainebleau, worin Quarz zugegen ist, ihre ursprüngliche Gestalt behalten; allein ich antworte hierauf, daß dies nur dann der Fall seyn würde, wenn die mit ihrer Säure verbundene Kieselerde die übrigen Erden blos einhüllte, wie dies wirklich zuweilen, in Rücksicht auf den Chlorit, statt hat; da sich aber bey den übrigen Fossilien die Sache anders verhält, so kann man auch nicht verlangen, daß sie die ursprüngliche Gestalt des Bergkrystalls haben sollen. —

Die übrigen Erden befinden sich in einem wirklichen Zustande der Auflösung und sie sind mit Luftsäure verbunden; dies gilt selbst von der Kieselerde; die Kieselsteine stellen gleichsam zweyfache, dreyfache, vierfache Salze vor, die aus einer Säure bestehen, die mit mehrern Grundtheilen verbunden ist, und welche zusammen anschießen. Wir wollen hier den Turmalin als ein Beyspiel aufstellen; dieser Stein besteht, Bergman's Versuchen zufolge, aus $\frac{37}{100}$ Kieselerde, $\frac{32}{100}$ Thonerde, $\frac{15}{100}$ Kalkerde und $\frac{18}{100}$ Eisenkalk; wir wollen annehmen, daß diese Zergliederung, in Rücksicht auf die Natur und die Menge der Erden, ganz richtig ist, und wir wollen nur noch irgend eine Säure dazusetzen; die Kieselerde ist nämlich in diesem Steine mit ihrer Säure vereinigt, der Eisenkalk ist gleichfalls mit reiner

und

und fixer Luft verbunden, und es ist wahrscheinlich, daß auch die Kalkerde, und die Thonerde darin mit fixer Luft vereinigt sind; dieses Fossil ist also ein aus einer Säure und aus 4 Grundtheilen zusammengesetzter Krystall, dessen Gestalt von den erdigen Bestandtheilen abhängt; denn die zweyfachen und mehrfachen Salze behalten nicht die Gestalt bey, die eins von den Salzen, aus welchen sie bestehen, ursprünglich besaß, sondern sie nehmen eine zusammengesetzte Gestalt an, wie das Seignettesalz, der Spießglassalpeter, das rothgültige Erz, das Fahlerz und andere Produkte der Natur und der Kunst beweisen (§. 22.). Man muß deshalb alle Steine von dieser Art als Salze ansehen, die nur aus einer Säure und mehrern Grundtheilen zusammengesetzt sind.

Es giebt noch andere Steine, welche, den damit angestellten Versuchen zufolge, aus einer Säure bestehen, die mit mehrern Erden verbunden ist; der grüne Marmor (marmo antico) z. B. ist aus luftsaurer Kalk- und Bittersalzerde und aus Eisenkalke, der ebenfalls mit Luftsäure vereinigt ist, zusammengesetzt; oft enthält dieser Stein auch etwas Thonerde und er stellt also ein Produkt dar, in welchem eine einzige Säure, die sogenannte fixe Luft, mit 3 oder 4 Grundtheilen verbunden ist; (selbst Kieselerde trifft man in diesem Marmor an).

Es giebt einige andere Substanzen, die sich dieser Marmorart sehr nähern, die aber mehr Bittersalzerde in sich haben; diese Erde ist ebenfalls mit Luftsäure verbunden; die meisten von diesen Substanzen haben selbst auch Kieselerde in sich, und man findet also in
ihnen

ihnen alle Erden vereinigt; doch hat die Kalkerde darin die Oberhand.

Andere Steine sind ebenfalls aus diesen Erden zusammengesetzt, nur mit dem Unterschiede, daß die Bittersalzerde darin den vorwaltenden Bestandtheil ausmacht; hierher gehören die Talkarten, der Speckstein, der Amianth, der Asbest u. s. w. In einigen Steinen aber, die mit den jetzt genannten Aehnlichkeit haben, z. B. in gewissen Schiefern, hat die Kieselerde die Oberhand. Diese letztern Steine sind von denen, von welchen ich schon geredet habe, nur darin unterschieden, daß sie unordentlich krystallisirt sind, indeß die erstern eine ganz regelmäßige Gestalt haben.

Es ist also ausgemacht, daß die meisten Marmor und Kalksteine erdige oder steinige Salze vorstellen, die 2, 3 oder 4 Grundtheile haben, oder, mit andern Worten, deren Säure zwar hauptsächlich mit Kalkerde, aber, nächst dieser, zugleich mit Eisenkalken, (wie im spätigen Eisensteine,) oder mit Eisenkalken und Bittersalzerde, (wie im grünen Marmor,) und Thone, (wie in andern Marmorarten) und zuweilen auch mit Kieselerde, (die aber nur wenig beträgt,) verbunden ist.

Die übrigen Steinarten sind gleichfalls Salze, die aus mehrern Grundtheilen zusammengesetzt sind, unter welchen aber nicht die Kalkerde, sondern eine andere einfache Erde, die Oberhand hat; in den Kieselarten z. B. so wie auch in den Edelsteinen und Schörlen macht die Kieselerde, in den Talkarten die Bittersalzerde, und in den Schiefern die Thonerde den Hauptbestandtheil

aus.

aus. Der Sedativspat (Boracit) ist ein Salz, das aus einer Säure, mehrern Erden (der Kalk= Bittersalz= Kiesel= und Thonerde,) und Eisenkalke zusammengesetzt ist (§. 127.).

Noch giebt es auch Steine, die mehrere Säuren und mehrere erdige Grundtheile zugleich in ihrer Mischung haben; dies ist bey dem Apatit von Estremadura der Fall; denn man hat in diesem Naturprodukte 4 Säuren, (Knochensäure, Salzgeist, Flußspatsäure und fire Luft,) und 3 Erden (Kieselerde, Kalkerde und Eisenkalk) gefunden. Ich muß indessen hierbey die Anmerkung machen, daß es wohl möglich ist, daß in diesem Steine Erden seyn können, die damit nicht innig verbunden, sondern nur vermengt sind, auf die Art, wie der Chlorit in einigen Quarzen zugegen ist; auch ist es wahrscheinlich, daß der Kalkstein zum Theil nur als ein Gemengtheil, der eigentlich nicht zur Mischung des Apatits gehört, darin gegenwärtig seyn kann.

Die Gypse von Montmartre enthalten ungefähr ¼ Kalkstein, und die Kalkerde ist also in diesen Produkten mit Vitriolsäure und mit Luftsäure vereinigt; auch trifft man in diesem Gypse zuweilen Bittersalzerde an.

Wir wollen nun zu den verschiedenen Steinen, die uns die Natur darreicht, übergehen und bey der Betrachtung derselben die Grundsätze, die ich jetzt vorgetragen habe, benutzen. Ich muß aber im Voraus erinnern, daß man, in Rücksicht auf die Zerlegung dieser Fossilien, eben noch nicht weit gekommen ist, und daß die in diesem Betrachte unternommenen Arbeiten noch viel zu wünschen übrig lassen.

Von den Steinen.

§. 119. Alle Erden, von welchen ich bisher geredet habe, kommen gewöhnlich in der Gestalt von Steinen vor, und in dieser Gestalt machen sie auch, der Analogie nach, die Masse unsers Erdkörpers aus. Denn in den größten Tiefen, in welche wir bis jetzt haben kommen können, haben wir eben so, wie in den Erdlagen an der Oberfläche unsers Planeten, nur Steine und Metalle angetroffen.

Die Mineralogen haben schon eine sehr große Menge verschiedener Steine entdeckt, aber ohne Zweifel sind ihnen noch nicht alle Produkte dieser Art bekannt geworden. Indessen beschäftigen sich jetzt die Scheidekünstler so emsig mit Zerlegungen dieser und anderer Körper des Mineralreichs, daß wir hoffen können, daß bald die Natur aller Steine entdeckt seyn wird.

Die Geologen theilen die Steine in 2 Hauptklassen; zur ersten zählen sie die, welche in den ursprünglichen Gebirgen vorkommen, zur zweyten aber die, welche in den Gebirgen, die von späterer Entstehung sind, angetroffen werden.

Die Steine der erstern Klasse sind folgende: 1) Granit, 2) Porphyr, 3) Gneis, 4) Kieselarten, 5) Edelsteine, 6) Schörle, 7) Talkarten und 8) einige Kalksteine; zur 2ten Klasse aber gehören 1) die Kalksteine von zweyter und dritter Entstehung, die mehr oder weniger Uiberreste von organisirten Wesen in sich haben, 2) die Gypse und 3) die Schiefer oder thonigen Steine, die Abdrücke von Pflanzen und Thieren enthalten.

Es findet aber unter diesen Steinen eine andere wesentliche Verschiedenheit statt, die für den Geologen wichtig ist. Einige derselben kommen nämlich einzeln als kleine Krystallen vor, die gleichsam in der Masse herumgestreut sind und die man nur für zufällige Theile derselben ansehen kann; von dieser Art sind die Edelsteine, die Schörle, der Sedativspat u. s. w. sie finden sich in so kleiner Menge und machen so kleine Massen aus, daß man sich fast für berechtigt halten kann, zu glauben, daß ihr Daseyn oder ihre Abwesenheit wenig Einfluß auf die allgemeine Masse des Erdkörpers habe. — Die andern Steine hingegen bilden große Massen und machen das Ganze des Erdkörpers aus. Unter diese gehören, in den ursprünglichen Gebirgen, die Granite, die Porphyre, die Gneise, die Talkarten und einige Kalksteine, und, in den Erdlagen von späterer Entstehung, die Schiefer, die Gypse und die nicht ursprünglichen Kalksteine. —

Wir wollen alle diese verschiedenen Steinarten in 3 Hauptabtheilungen bringen und sie in dieser Ordnung einzeln durchgehen. Ich werde daher zuerst von den Steinen reden, die aus einer Säure und einer Erdart zusammengesetzt sind, dann werde ich die gleichartigen oder mineralogisch-einfachen Steine, die aus mehrern Erdarten und einer oder mehrern Säuren bestehen, und zuletzt die gemengten Steine betrachten.

Von den Steinen, die aus einer Säure und aus einer Erdart zusammengesetzt sind.

§. 120. Die Steine, die in diese Klasse gehören, können als wahre, steinige Mittelsalze, die aus einer Säure und einem Grundtheile bestehen, angesehen werden. Ich rechne hierher 1) alle Kalksteine, den Marmor, den rohen Kalk, den Muschelkalkstein, den Kalkspat u. s. w. 2) die Gypse, zu welchen der Alabaster, der Gypsspat, das Fraueneis u. s. w. gehören, 3) die Flußspate, 4) die Apatiten, 5) den Sedativspat, 6) den Schwer= oder Tungstein, 7) den Schwerspat, 8) die luftsaure Schwererde und 9) den Quarz. —

Von den Kalksteinen.

§. 121. Diese Steine, die man auch luftsaure Kalkerden nennt, sind aus einer Säure und einer Erde zusammengesetzt, und sie stellen also wirkliche Salze vor, deren krystallinische Gestalt und übrige Eigenschaften von eben den Ursachen abhängen, von welchen diese Eigenschaften bey den übrigen Mittelsalzen herrühren.

Die reinen Kalksteine sind gewöhnlich aus $\frac{66}{100}$ Kalkerde und $\frac{34}{100}$ Luftsäure zusammengesetzt; (die Menge des Krystallisationswassers hat man nicht bestimmt). Diese Steine sind aber selten rein, sie enthalten vielmehr verschiedene fremde Substanzen, von welchen

Quarz

Quarztheile, Eisen= und Braunsteinkalk, Bittersalz=
erde, Thonerde und Muschelschaalen die vorzüglich=
sten sind.

Man unterscheidet besonders die Kalksteine nach
den Gebirgen, in welchen man sie findet, und wir wol=
len diese Eintheilung beybehalten:

1) Kalksteine der ursprünglichen Ge=
birge:

Diese kommen in ursprünglichen Gebirgslagern,
zuweilen rein, am öftersten aber mit andern Substan=
zen, z. B. mit Schiefer, Gneise u. s. w. vermengt, vor.
Man trifft oft in unterirdischen Hölen oder Klüften, in
welchen sich Krystallen erzeugt haben, sehr reine und
regelmäßig gestaltete Kalkspate gemeinschaftlich mit
krystallisirtem Quarze an; mehrere von diesen Steinen
brausen schwach mit Säuren auf und geben, wenn man
sie an einander reibt, einen phosphorischen Schein von
sich. Der jüngere Saussure hat einen solchen Stein,
den Dolomieu beschrieben hatte, und dem er deswe=
gen den Namen Dolomie gegeben hat, untersucht
und ihn in Kalkerde (0,44 . 29), Thon (0,05 . 86),
Bittersalzerde (001 . 4), Eisenkalk (000,74) und Luft=
säure (0,46 . 00) zerlegt.

Viele Steine von dieser Art enthalten Quarztheile,
und man trifft selbst mitten in den Marmorblöcken von
Carrara Nadeln von krystallisirtem Quarze an. —
Die Marmore, die in ursprünglichen Gebirgen vorkom=
men, sind grobkörniger, als andere Marmore, man
nennt sie deshalb salinische Marmore. — Die Steine
dieser Gebirge haben nie Muschelschaalen in sich.

2) Kalk=

2) Kalksteine der später entstandenen Gebirge:

Diese Steine machen in den hohen Kalkgebirgen, die sich an die großen ursprünglichen Gebirgsketten gleichsam anlehnen, ungeheure große Bänke oder Lager aus; sie enthalten einige versteinerte Muschelschaalen, doch nur in sehr kleiner Menge.

Sie sind überhaupt hart und fest und haben ein feines Korn; einige derselben, wohin die gehören, die man auf der Rhone von Buchey bey Lyon bringt, zeichnen sich durch einen muschligen Bruch aus; alle diese Kalkarten enthalten gewöhnlich etwas Thon und Kieselerde.

3) Muschelkalksteine:

Diese Fossilien machen den größten Theil der Gebirge aus, die von dritter Entstehung sind; auch besteht größtentheils aus solchen Steinen der Theil unsers festen Landes, der am wenigsten hoch ist und nahe am Meere liegt; die Muschelschaalen machen oft den größten Theil derselben aus und wenn dies auch nicht der Fall seyn sollte, so sind sie doch immer in großer Menge darin zugegen.

Diese Kalkarten sind zwar, überhaupt genommen, reiner, als die übrigen, indessen trifft man doch auch hin und wieder sehr kleine Quarzkörner oder andere Steinchen darin an, die vor der Krystallisation der Kalkmasse in dieselbe gekommen sind. Auch haben mehrere von diesen Steinen, z. B. die, welche man in den Gegenden um Paris herum antrifft, Bittersalzerde in sich; die Ursache, durch welche dieser Bestandtheil in jene

Steine

Steine gekommen ist, läßt sich aber sehr leicht angeben, die Steine enthalten die feuerbeständigen Uiberreste der Thiere, die sich ehedem in den Muschelschaalen aufhielten, und da diese Thiere, den Versuchen des Herrn Lorgna zufolge *), viel Bittersalzerde in sich haben, so muß diese auch mit in die Kalksteine übergehen.

Einige dieser Steinarten haben mineralisches Laugensalz in ihrer Mischung, und dies beweisen schon die mineralischen Wässer, die aus dergleichen Steinen entspringen. Dieses Salz kann ebenfalls von den Seethieren abstammen, die, wie Herr Lorgna **) bewiesen hat, eine ansehnliche Menge von diesem Salze enthalten, oder es kann seinen Ursprung von zerstörtem Meersalze haben.

4) **Marmor:**

Zu dieser Klasse gehören die Kalksteine, deren Krystallisation am vollkommensten vor sich gegangen ist; alle Theilchen derselben sind gleichsam spatartig und liegen dicht an einander; diese Steine besitzen aus dieser Ursache eine große Härte und Dichtigkeit, und nehmen eine schöne Politur an.

Es giebt Marmorarten, die viel Thonerde, oder Bittersalzerde, oder Quarztheilchen in sich haben; auch zeichnen sich manche Marmore durch ihre schönen Farben aus, die gewöhnlich, wie ich in der Folge darthun werde, von Eisenkalken ihre Entstehung haben, doch
verdan-

---

*) Journal de Physique, 1786.
**) Am angef. Orte.

verdanken auch einige von diesen Steinen, z. B. die schwarzen, ihre Farbe thierischen und vegetabilischen Materien. —

Die specifische Schwere des Marmors ist 28,000 und die Härte desselben 700.

5) **Harter Kalkstein:**

Er ist schöner, als der gemeine Kalkstein, aber weniger schön, als der Marmor, das heißt, er ist von einer solchen Beschaffenheit, daß er, in Ansehung der Dichtigkeit und Härte, mitten zwischen diese beyden Steinarten zu stehen kommt.

6) **Roher Kalk:**

Unter diesem Namen versteht man den gewöhnlichen reinen Kalkstein, der doch nur selten von fremden Beymischungen ganz frey ist; die Steine dieser Art, die viel Kieselerde oder Thonerde enthalten, sind zum Kalkbrennen nicht recht tauglich. — Einige von diesen Kalkarten haben Eisenkalke und Bittersalzerde in ihrer Mischung. — Alle reine Marmore können auf gebrannten Kalk benutzt werden.

7) Mehrere Kalksteine phosphoresciren im Dunkeln, andere aber nicht; wir wissen noch nicht, von welcher Ursache diese Erscheinung herrührt, doch hängt überhaupt, wie es scheint, die Phosphorescenz der Körper des Mineralreichs von einer Entwickelung der Lichtmaterie ab (S. 41.).

8) **Kreide:**

Wenn schon die Kreide ein vollkommen erdiges Ansehn hat, so ist sie doch auf eine gewisse Art krystallisirt;

firt; sie scheint vorzüglich aus zermalmten Muschel= schaalen gebildet zu seyn.

Diese Kalkart macht beträchtlich große Lager oder Bänke in den Gebirgen, die von dritter Entstehung sind, aus. ——

Man findet auch in manchen Gegenden Bitterspat, oder, mit andern Worten, eine mit Luftsäure gesät= tigte und verhärtete Bittersalzerde; aber man hat noch nie beobachtet, daß dieses Fossil in der Gestalt großer Steinmassen vorkommt *).

Vom Gypse.

§. 122. Es ist jetzt allgemein bekannt, daß der Gyps ein wirkliches vitriolsaures Kalksalz ist. Pott hat uns von dem Daseyn der Vitriolsäure in dieser Stein= art überzeugt, die in 100 Theilen 46 Theile Vitriol= säure, 32 Theile Kalkerde und 22 Theile Wasser ent= hält. Indessen ist oft die Kalkerde nicht gänzlich mit dieser Säure gesättigt, sondern zum Theil mit Luft= säure verbunden, so daß man, in diesem Falle, den

X 2 Gyps

---

*) Was der Verfasser vom Bitterspate (der aber nicht blos aus Luftsäure und Bittersalzerde zusammengesetzt ist, sondern außer diesen Bestandtheilen, auch Kalk= erde und etwas Eisenkalk in sich hat,) sagt, gilt auch vom Schleferspate, vom Braunspate und von einigen andern Kalkarten, und diese Fossilien können dabei hier eben so wenig, als der Bitterspat, auf eine weitläuftige Beschreibung Anspruch machen. Anmer= kung des Herausgebers.

Gyps für eine Zusammensetzung aus vitriolsaurem Kalke und rohem Kalksteine ansehen muß. Die Gypse, die in den Gegenden um Paris vorkommen, enthalten ungefähr ¼ luftsauren Kalkes.

Es giebt aber auch viele Gypse, die aus einer vollkommen mit Vitriolsäure gesättigten Kalkerde bestehen, und die ganz rein sind; von dieser Art sind die Gypse, die zu Berzé bey Macon brechen u. s. w. — Die Härte des Gypses ist = 500, und die specifische Schwere desselben ist = 23000.

Der Gyps kommt gewöhnlich in den Gebirgen von zweyter Entstehung, und selbst auch in den Erdlagen von dritter Entstehung, die aus Muschelschaalen gebildet sind, vor, und er macht in diesen Gebirgen sehr ansehnliche Massen aus; er ist hier in der Gestalt von Bänken und von Schichten abgesetzt worden, und man bemerkt darin Knochenstücken von mancherley Art; man hat zu Montmartre Vögel und selbst Sachen von Eisen, die durch Menschenhände gemacht waren, im Gypse angetroffen.

Indessen ist es allerdings möglich, daß auch Gyps in ursprünglichen Gebirgen vorkommen kann, weil beyde Bestandtheile desselben, Kalkerde und Schwefel oder Vitriolsäure, in diesen Gebirgen zugegen sind. Man hat auch in der That Gyps mit Glimmer vermengt auf dem Sankt Gotthard gefunden, und dieser Glimmer kommt nie in Gebirgen von zweyter Entstehung vor. — An dem schönen Smaragd, den Herr Larochefoucault besitzt, hängen Gypsstückchen. —

Diese

Diese Gypse aber, die in ursprünglichen Gebirgen vorkommen, enthalten keine Uiberreste von organisirten Körpern. —

Man trifft in der Natur auch viel vitriolsaure Bittersalzerde an, dieses Salz macht aber keine steinigen Massen aus; es kommt am häufigsten in dem Wasser verschiedener Quellen aufgelöst vor und man pflegt es auch nach diesen Quellen zu benennen; die bekanntesten Salze dieser Art sind das Epsomer Salz und das böhmische Bittersalz, welches in Sedlitz und Seidschütz aus dem daselbst quillenden Bitterwasser bereitet wird.

Vom Flußspate.

§. 123. Dieser gegrabene Körper zeichnet sich vor andern Mineralien, durch seine schönen Farben und durch seine regelmäßigen Krystallen ganz vorzüglich aus. Diese Krystallen haben die Gestalt von Würfeln mit verschiedenen Abänderungen und von Octaedern, und sie kommen in den meisten Erzgängen vor. Indessen trifft man auch Flußspat in Massen, mit Granit und in Gneis, in ursprünglichen Gebirgen an, wenigstens hat man dergleichen in den Bergen bey Auvergne gefunden; dieser Spat war zum Theil krystallisirt und man hielt ihn daher Anfangs für würflich gestalteten Quarz.

Die Bestandtheile dieses Minerals sind Kalkerde, Flußspatsäure und Wasser, von welchen die erste $\frac{57}{100}$, die zweyte $\frac{46}{100}$, und das dritte $\frac{37}{100}$ beträgt. Die

Härte desselben ist = 850, und die specifische Schwere 31800.

Man trifft in den blos aus Kalksteinen bestehenden Erdlagen ebenfalls Flußspatsäure an, auch hat man sie in dem nicht krystallisirten Apatit von Estremadura gefunden, in welchem sie ungefähr $\frac{1}{10}$ der ganzen Masse ausmacht.

In den Kalkgebirgen aber, die von zweyter und dritter Entstehung sind, so wie auch in den Gypsen und in den Schiefern, kommt kein Flußspat vor.

Vom Schwerspate.

§. 124. Diese Steinart ist nur erst seit kurzer Zeit bekannt. Einige schwedische Naturforscher haben ihr vorzüglich ihre Aufmerksamkeit gewidmet und so die Entdeckung gemacht, daß dieses Mineral ein besonderes, vom Gypse wesentlich verschiedenes, Salz ist. Herr Cronstedt hat diesem Spate, wegen seiner großen Schwere, den Namen: Marmor metallicum gegeben, aber die Herren Scheele und Bergman haben bewiesen, daß er eine Zusammensetzung aus Vitriolsäure und einer besondern Erde ist. Zwar hat der letztere Scheidekünstler gemuthmaßt, daß diese Erde von metallischer Natur sey, aber diese Vermuthung hat noch nicht bestätigt werden können.

Man hat diese Erde bisher immer in der Gestalt eines steinigen Salzes in der Natur angetroffen; denn
sie

sie kommt entweder mit Luftsäure oder mit Vitriolsäure verbunden vor. Indessen will man doch auch in einigen Graniten, nach Struve's Versicherung, und in einigen Feldspaten Schwererde gefunden haben.

Der Schwerspat, oder die vitriolsaure Schwererde kommt am öftersten in Erzgängen, unter der Gestalt schöner Krystallen, vor, aber er findet sich auch in ursprünglichen Gebirgen in großen reinen und krystallisirten Massen und macht ganze Berge aus.

Die Bestandtheile dieses Spates sind Schwererde (0,84), Vitriolsäure (0,131) und Wasser (0,03). — Seine specifische Schwere ist $= 4,4400$, und seine Härte $= 650$.

Von der luftsauren Schwererde.

§. 125. Diese Spatart kommt zu Alston-Moore in der Grafschaft Cumberland in England vor; Herr D. Withering hat sie untersucht und so gefunden, daß sie aus $0,78 \cdot 6$ Schwererde und $0,20 \cdot 8$ Luftsäure zusammengesetzt ist. Die specifische Schwere derselben ist $= 4,3380$, und die Härte $= 750$.

Man will diesen Spat auch in Sachsen gefunden haben.

Vom Apatit.

§. 126. Man hat diesen Namen einem Steine gegeben, der in der Gestalt sechsseitiger Säulen oder Tafeln

feln vorkommt, und in den Gruben zu Ehrenfriedersdorf in Sachsen und zu Schlaggenwalde in Böhmen bricht. Er ist gemeiniglich mit krystallisirtem Quarze und Flußspate vermengt. Herr Klaproth hat ihn untersucht und folgende Bestandtheile daraus erhalten. Kalkerde 0,55 und Phosphorsäure 0,45.

Dieser Apatit findet sich in ursprünglichen Gebirgen; seine Härte ist = 800.

Herr Proust hat in den Kalkbergen von Estremadura ein Mineral entdeckt, das dem sächsischen Apatit sehr ähnlich ist; es macht in diesen Bergen ansehnliche Lagen aus, die sich mehrere französische Meilen weit ausbreiten, es hat aber keine krystallinische Gestalt und ist nicht so rein, als die Apatiten, die in Sachsen und Böhmen brechen; auch weicht es in Ansehung der Bestandtheile von diesen ab; denn die Herren Pelletier und Donadei haben Phosphorsäure 0,34, Flußspatsäure 0,02$\frac{1}{2}$, Salzsäure 0,00$\frac{1}{2}$, Luftsäure 0,01, Kalkerde 0,59, Kieselerde 0,02 und Eisenkalk 0,02 darin gefunden. Es ist also aus mehrern Erden und mehrern Säuren zusammengesetzt, doch hat die Phosphorsäure darin die Oberhand.

Diese Säure ist sehr ausgebreitet im Mineralreiche; sie vereinigt sich leicht mit vielen Substanzen und macht damit verschiedene Produkte aus. —

Vom Sedativspate.

§. 127. Diesen Spat findet man im sogenannten Kalkberge bey Lüneburg, der aus Gypse besteht; der Spat

Spat selbst stellt kleine Würfel vor, die an den Kanten sowohl, als an den Ecken, abgestumpft sind; Herr Westrumb hat ihn zerlegt und in hundert Theilen desselben 68 Theile Borarsäure, 11 Theile Kalkerde, 13 Theile Bittersalzerde, 2 Theile Kieselerde, 1 Theil Thonerde und 1 Theil Eisenkalk gefunden. — Die Härte dieses Spates ist = 1050 und die specifische Schwere = 24000.

Dieser Spat scheint auch in einigen Seen im Florentinischen zugegen zu seyn; denn die Wässer derselben enthalten, nach Höfers*) und Maret's**) Untersuchungen, freye Borarsäure; vielleicht kommt er auch in den Seen bey Tibet, worin man den Borax findet, vor.

Man kann sich leicht einen Begriff von der Entstehung dieses Spates machen; die Seen im Florentinischen sind mit Schwefelleberluft reichlich geschwängert, die ihren Ursprung wahrscheinlich von Schwefelkiesen hat, welche eine Zersetzung erleiden und so dem Wasser eine Wärme mittheilen, die 40 bis 60 Grad beträgt; die hierdurch frey gewordene Schwefelsäure vereinigt sich dann mit Kalkerde und bildet so Gyps, in dessen Mitte der Sedativspat, der aus einer andern Säure entsteht, anschießen kann. Es läßt sich also vermuthen, daß der Sedativspat in dem Kalkberge bey Lüneburg auf eine ähnliche Art entstanden ist.

*) Sammlungen zur Physik und Naturgeschichte von einigen Liebhabern dieser Wissenschaften. Leipzig, 1779. 1. Band, 700. S. Anmerk. des Herausgebers.

**) Ebendas. 3. Band, 607. S. Anmerkung des Herausgebers.

Vom Schwersteine.

§. 128. Diese seltene Steinart, die auch unter den Namen: weißer Tungstein und weißes Scheelerz bekannt ist, kommt in Octaedern krystallisirt vor; sie besteht aus $\frac{17}{100}$ Kalkerde, und $\frac{41}{100}$ Wolframsäure; ihre specifische Schwere ist $= 75000$ und ihre Härte $= 1050$.

Die Wolframsäure, die eine metallische Säure ist, hat sich mit Kalkerde vereinigt und so dieses Salz gebildet, das denn eine regelmäßige Gestalt angenommen hat. —

Man hat die Kalkerde bisher noch nicht mit den beyden übrigen metallischen Säuren, der Arseniksäure und der Wasserbleysäure, in Verbindung angetroffen; indessen ist es wahrscheinlich, daß es dergleichen Zusammensetzungen, die man Arsenikspat und Wasserbleyspat nennen könnte, giebt, und daß man sie in der Folge noch entdecken wird.

Vom Quarze.

§. 129. Die Natur liefert uns keine Steine, die bloß aus reiner Kieselerde gebildet wären; denn selbst der reinste Bergkrystall enthält, außer dieser Erde, noch andere Bestandtheile, und eben diese Bewandniß hat es auch, wie ich oben gezeigt habe, mit allen übrigen Steinen.

Herr

Herr Bergman hat einen sehr reinen Bergkrystall untersucht und aus 100 Theilen desselben 93 Theile Kieselerde, 6 Theile Thonerde und 1 Theil Kalkerde erhalten; dieser Scheidekünstler erwähnt bey dieser Zergliederung des Eisenkalkes nicht, und gleichwohl scheinen alle Bergkrystalle dergleichen Kalk in sich zu haben.

Von welcher Beschaffenheit ist aber wohl eigentlich ein solcher Quarzstein? Ich bin schon vor langer Zeit der Meinung gewesen, daß die Erde in demselben mit einer Säure verbunden sey, und ich habe diese Meinung auch öffentlich bekannt gemacht.

Ich habe eine Portion sehr reinen Quarzes auf einer glühenden Kohle, mittelst eines Stromes von dephlogistisirter Luft, in Fluß gebracht und ich habe hierbey ein lebhaftes Brausen bemerkt, das offenbar seine Entstehung von der Entwickelung einer luftartigen Flüssigkeit hatte *).

Man weiß, daß bey der Verfertigung des Glases, das aus Kiesel und Pottasche besteht, in dem Augenblicke, da die Mischung zu schmelzen anfängt, ein lebhaftes Brausen statt hat. Das Wesen, das sich hierbey entwickelt, ist eine Luftart, und ich habe deshalb schon ehedem aus dieser Erscheinung den Schluß gemacht, daß der Quarz oder Kiesel eine Säure oder irgend eine luftartige Flüssigkeit in seiner Mischung habe. Herr Bergman hat vermuthet, daß diese Flüssigkeit Luftsäure sey **), und Herr Dolomieu

hat

---

*) Journal de Physique. August, 1785.
**) T. Bergman Opuscula physica et chemica, Vol. V. pag. 83.

hat sich Mühe gegeben, dieselbe aufzufangen. Der zuletzt genannte Naturforscher hat in dieser Rücksicht Glas in einer Retorte, die mit einer pneumatisch=chemischen Geräthschaft versehen war, gemacht; er nahm zu diesem Versuche sehr reinen Quarz und ätzendes Laugensalz oder sogenannten Aetzstein, und fieng die sich entwickelnde Luft in einem schicklichen Gefäße auf; er untersuchte dann diese feine Flüssigkeit und er fand, daß sie eine Zusammensetzung aus brennbarer und phlogistischer Luft und einer kleinen Portion Luftsäure war; das Verhältniß dieser Bestandtheile war aber bey der zu verschiedenen Zeiten übergegangenen Luft verschieden; denn die letztern Portionen enthielten 3 Theile Luftsäure und einen Theil phlogistifirter Luft, welche letztere mit etwas zündbarer Luft vermischt war *).

Jenes Gemisch aus Pottasche und Quarze giebt also bey dieser Bearbeitung 3 verschiedene Luftarten von sich; es fragt sich nun, kommen diese Flüssigkeiten vom Laugensalze her, oder vom Quarze? Die Versuche, die schon oben angeführt worden sind, belehren uns auf eine überzeugende Art, daß der Quarz Lüfte enthalte; denn er wallt auf, wenn man ihn für sich allein schmelzt; die Herren Lavoisier **) und Ehrmann ***) haben diese Erscheinung oft beobachtet. Diese Lüfte ent=

---

*) Journal de Physique, May, 1792. pag. 377.
**) Des Herrn Lavoisier Abhandlungen über die Wirkung des durch die Lebensluft verstärkten Feuers: aus dem Franz. übersetzt und mit Zusätzen vermehrt von F. L. Ehrmann. Strasburg, 1787.
***) F. L. Ehrmann's Versuch einer Schmelzkunst mit Beyhülfe der Feuerluft. Strasburg, 1786.

enthalten kein brennbares Gas; denn sonst würden sie sich entzünden; ich nehme daher an, daß das feuerbeständige Laugensalz zersetzt wird und so die brennbare und phlogistisirte Luft, die bey jenem Versuche zum Vorscheine kommen, darreicht. Diese beyden Lüfte sind die Grundstoffe, aus welchen das flüchtige Alkali besteht, und die feuerbeständigen Laugensalze gehen in flüchtiges Alkali über; wir können also annehmen, daß jene Laugensalze eben dieselben Lüfte in sich haben, welche das letztere Alkali enthält, und daß das brennbare sowohl, als das phlogistisirte Gas, welche Herr Dolomieu bey dem erwähnten Versuche erhalten hat, ihren Ursprung von der zersetzten Pottasche haben. — Die Luftsäure aber scheint mir vom Quarze herzukommen; denn der erwähnte Versuch war mit ätzendem Laugensalze angestellt worden, und gesetzt, dieses Salz wäre nicht vollkommen ätzend gewesen, so hätte doch die große Menge Luftsäure, die sich entwickelte, nicht von der kleinen Portion Laugensalz herkommen können. Uiberdem ist auch die größte Menge dieser Luftsäure erst gegen das Ende der Arbeit übergegangen. —

Herr Dolomieu goß hierauf eine Säure zu seinem zerfließlichen Glase und schlug so die Kieselerde aus demselben nieder; er setzte dann noch mehr Säure zu, und er bemerkte, daß sich die Erde wieder auflöste; er fand auch die Beobachtung des Pott, daß diese Erde selbst in der Essigsäure auflöslich ist, vollkommen bestätigt. Ich nehme deshalb an, daß diese Erde, da sie so leicht auflöslich in Säuren ist, auch von der Luftsäure aufgelöst werden kann (S. 114. 10.)

Der

Der Quarz wird also wohl eigentlich eine mit Luft: säure verbundene Kieselerde seyn, mit welcher sich einige Portionen Thonerde, Kalkerde und Eisenkalk vereinigt haben. — Der Quarz wird durch Luftsäure, wenn sie in einer größern Menge gegenwärtig ist, als zur Bil: dung desselben erfordert wird, angegriffen und aufge: löst; Eisen, das man auf einem Quarzkrystall rosten läßt, zerfrißt ihn gleichsam und löst ihn zum Theil auf. Die Wasser zu Vals, die mit Luftsäure überladen sind, entspringen aus einem Quarzfelsen; der ganze obere Theil der Höle, der der Luftsäure, die sich aus dem Wasser entbindet, ausgesetzt ist, ist zerfressen und auf: gelöst und hat das Ansehn einer weichen und ockerarti: gen Erde. Herr Faujas hat diese Erscheinung beob: achtet und das, was ich davon gesagt habe, bestätigt.

Alle diese Thatsachen lassen uns also nicht zwei: feln, daß die Kieselerde in der Luftsäure auflöslich ist, und daß der Quarz aus diesen beyden mit einander ver: bundenen Bestandtheilen mittelst der Krystallisation entsteht, welche, wenn sie nicht gestört worden ist, einen regelmäßig gestalteten Stein, den uneigentlich so ge: nannten Bergkrystall, liefert, im entgegengesetzten Falle aber den derben Quarz hervorbringt.

Von der Krystallisation der Steine, die nur eine Erde und eine Säure enthalten.

§. 130. Alle Steine, von welchen ich so eben gere: det habe, müssen als wahre steinige Mittelsalze ange: sehen

sehen werden; denn sie haben insgesammt das mit einander gemein, daß sie aus einer Säure und einer Erde zusammengesetzt sind. Ich will hier die Namen dieser Fossilien und ihre Bestandtheile nicht wiederholen, sondern nur einige die Krystallisation derselben betreffende Umstände erörtern.

Alle diese Substanzen schießen so, wie die vollkommnen Mittelsalze, an, und die Gesetze, welche sie dabey befolgen, sind eben dieselben, nach welchen sich die wahren Mittelsalze bey ihrer Krystallisation richten. Diese Krystallisation ist entweder unordentlich oder regelmäßig; denn wenn sie schnell vor sich geht und die Theile nicht Zeit genug haben, sich gehörig abzusetzen, so wird die Masse unordentlich anschießen, wie dies bey der Krystallisation des Kochsalzes, des Zuckers u. s. w. welche Salze man schnell zum Anschießen bringt, auch der Fall ist. Unter diese unordentlich krystallisirten steinigen Salze gehören die gemeinen Kalksteine, die Marmore, die Gypse, die in großen Massen vorkommen, die Schwerspate in Massen, die Apatite in Massen, der derbe Flußspat, der derbe Schwerstein, der derbe Bitterspat und der derbe Quarz. — Wenn aber die Krystallisation sehr langsam, und an einem ruhigen Orte, vor sich geht; so werden die Steine regelmäßige Gestalten erhalten und größere oder kleinere Krystallen vorstellen. Es giebt Quarzkrystallen, die mehrere Zentner wiegen, und Kalkspatkrystallen, die beynahe einen Fuß lang sind. Besonders kommt in Derbyshire krystallisirter Kalkspat von dieser Größe vor; er hat die Gestalt sechsseitiger zugespitzter Pyramiden, die vollkommen regelmäßig sind.

In

In eben den Gruben, in welchen man diese Kalkspatkrystallen, die gewöhnlich Schweinszähne genennt werden, findet, trifft man krystallisirten Flußspat an, dessen Würfel so groß sind, daß jede Fläche derselben 4 bis 5 Zoll breit ist.

In den unordentlich krystallisirten Massen bemerkt man oft Hölen oder leere Räume; die Natur erzeugt aber darin bald regelmäßige Krystallen; denn die Krystallisation geht in diesen Räumen ruhig und langsam von statten. — Wenn man in Kalksteinbrüchen nachforscht, so wird man fast immer gewahr werden, daß in den kleinen Hölen, die sich in dem Steine finden, regelmäßig gestalteter Kalkspat angeschossen ist.

Ich muß hier die Anmerkung machen, daß alle diese Steine, ob sie schon gleichartig zu seyn scheinen, doch fast immer einige fremde Erden in ihrer Mischung haben; indessen sind diese in zu geringer Menge gegenwärtig, als daß sie dem Fortgange der Krystallisation hinderlich seyn könnten. Es kann aber auch zuweilen geschehen, daß entweder die Auflösung nicht vollkommen ist, oder daß sich fremde Materien in einer gewissen Menge unter die eigentlichen Bestandtheile mischen und zwischen denselben ansetzen, und unter diesen Umständen kann keine Krystallisation erfolgen. Ein Beyspiel, welches dies zu erläutern im Stande ist, reichen uns die thonigen Kalkschiefer, oder die blättrigen Mergelarten, die wenig oder gar keinen Eisenkalk enthalten, dar; denn diese Fossilien besitzen fast gar keine Härte und die Kalkerde, ob sie schon durch Luftsäure aufgelöst war, hat sich doch nur mit Mühe und nur an einzelnen Stellen krystallisiren können.

Die

Die Kiesel, die Achate u. s. w. krystallisiren nie, weil sie fremde Erden in ihrer Mischung haben, welche die Krystallisation hintertreiben.

Von den gleichartigen Steinen, die aus mehrern Erdarten und aus einer oder mehrern Säuren zusammengesetzt sind.

§. 131. In diese Klasse gehören die meisten Steine, deren Beschreibung und systematische Ordnung daher dem Geologen sehr viele Schwierigkeiten macht. Ich zähle hierher die Kieselsteine, die Edelsteine, die Schörle, die Talkarten und die Thonarten.

Alle diese Steine haben mehrere Erdarten in ihrer Mischung und sie unterscheiden sich dadurch von den nur aus einer Erdart und einer Säure zusammengesetzten Fossilien, von welchen, ich bisher geredet habe. Die Erden, woraus jene Steine bestehen, sind: 1) Kieselerde, 2) Thonerde, 3) Bittersalzerde, 4) Kalkerde, 5) Eisenkalk, 6) Braunsteinkalk und 7) andere metallische Kalke; auch trifft man zuweilen Schwererde darin an. Indessen finden sich gewöhnlich alle diese Erden nicht in einer und derselben Steinart; mehrere hierher gehörige Fossilien haben nur 2, 3 oder 4 von denselben in sich, in einigen aber, z. B. im Tremolit, im Mondstein (adulaire) u. s. w. trifft man sie alle an.

§. 132. Die Mineralogen haben sich viele Mühe gegeben, um die Frage zu beantworten, wie eigentlich diese Erden mit einander in Verbindung kommen und kryſtalliſiren, und welche Kraft hierbey wirkſam ſey? Die Herren Bergman und Scheele haben behauptet, dieſe Erden befänden ſich in allen dieſen Steinen im Zuſtande der Aetzbarkeit und ſie dienten einander wechſelſeitig zu Auflöſungsmitteln. Dieſe Meinung iſt ziemlich allgemein angenommen worden *) und man hat beſonders aus den zerlegenden Verſuchen, die mit ſolchen Steinen angeſtellt worden waren, geſchloſſen, daß die in denſelben enthaltenen Erden wirklich ätzend ſeyn müßten. Allein die Erfahrungen, die ich oben (§. 114.) angeführt habe, haben mich überzeugt, daß dieſe Meinung ungegründet iſt; ich habe gefunden, daß ein jeder von dieſen Steinen eine oder mehrere Säuren in ſeiner Miſchung hat, und daß die Verſuche, auf welche Bergman ſein Urtheil ſtützte, nicht mit der gehörigen Genauigkeit angeſtellt worden ſind. Ich will die Art und Weiſe, wie er bey ſeinen Zergliederungen verfuhr, kürzlich beſchreiben, und meine Leſer werden hieraus erſehen, wie es zugieng, daß dieſer große Naturforſcher einen Fehlſchluß machte.

Man ſtößt die Subſtanz, die man zerlegen will, zu Pulver, man vermiſcht ſie dann mit 2 Theilen mineraliſchen Laugenſalzes, und thut ſie in einen eiſernen Tiegel; man erwärmt nun den Tiegel mit Vorſicht und läßt ihn ungefähr eine Stunde lang roth glühen. Die erkaltete Maſſe nimmt man heraus und reibt ſie in einem achatenen Mörſel ganz fein; man übergießt ſie mit Salzſäure, welche das Eiſen ſowohl, als alle auf-

---

*) Ich habe ebenfalls, in meiner Ueberſetzung der Sciagraphia regni mineralis des Herrn Bergman, dieſe Meinung angenommen.

löslichen Erden in sich nehmen wird; man untersucht sie hierauf durch verschiedene gegenwirkende Mittel und durch Hülfe der Krystallisation, und den unauflöslichen Rückstand erklärt man für Kieselerde. Wie unsicher muß aber diese Folgerung seyn; denn wir haben gesehen, daß die mit feuerbeständigem Laugensalze geschmolzene Kieselerde in Säuren auflöslich wird, und es ist also sehr wahrscheinlich, daß ein Theil dessen, was die Salzsäure oder andere Säuren in sich genommen haben, Kieselerde war, und daß nur der Theil derselben, der nicht geschmolzen hatte, weil das Feuer nicht lebhaft genug gewesen war, unaufgelöst zurückblieb.

Alle Zerlegungen, die auf diese Art angestellt werden, können also keine zuverläßigen Resultate geben, sie müssen vielmehr zu Irrthümern veranlassen, wenn auch der Scheidekünstler, der sich mit solchen Arbeiten beschäftigt, die gehörige Vorsicht anwendet und die nöthige Geschicklichkeit besitzt; denn

1) Man kann nicht zweifeln, daß ein Theil der Kieselerde mittelst des Laugensalzes aufgelöst worden ist, der dann in die Säuren übergegangen seyn wird; die in Säuren unauflösliche Erde, die man bey einem solchen Versuche erhält, wird daher nicht die ganze Menge der Kieselerde ausmachen, die in dem bearbeiteten Steine zugegen gewesen war;

2) Man erhält bey den auf diese Art angestellten Erfahrungen keine Kenntniß von der luftartigen Flüssigkeit, die aus dieser Portion der Kieselerde entwickelt wird;

3) Man

3) Man sagt zwar, daß die Kalkerde, die man erhalten hat, rein gewesen sey, aber diese Behauptung wird durch nichts bestätigt; denn es kann wohl seyn, daß diese Erde mit Luftsäure verbunden war, davon hat man aber freylich nicht überzeugt werden können, weil man nicht bedacht gewesen ist, diese feine Flüssigkeit aufzufangen;

4) Ebendies kann man auch von der Bittersalzerde und 5) von der Schwererde, die man erhält, sagen, welche auch für rein ausgegeben werden; es ist aber sehr wahrscheinlich, daß diese Erden eben so, wie die Kalkerde, mit Luftsäure gesättigt, in den Steinen zugegen sind.

6) Man gedenkt bey jenen Zerlegungen auch der Lüfte nicht, mit welchen die Eisenkalke verbunden sind; es ist aber ausgemacht, daß diese Kalke Luftsäure und reine Luft in sich haben. Die übrigen metallischen Kalke, die sich in der Mischung dieser Steine befinden, sind ebenfalls mit diesen luftartigen Flüssigkeiten vermischt, die gleichwohl noch kein Scheidekünstler in Anschlag zu bringen bedacht gewesen ist.

7) Auch die Thonerde kann vielleicht mit Luftsäure vereinigt in diesen Steinen gegenwärtig seyn. —

Man sieht also, wie mangelhaft, in diesem Betrachte, die Zergliederungen sind, die man mit diesen Körpern des Mineralreichs unternommen hat, und wie wenig sie hinreichen, uns die Natur dieser Steine und besonders der luftartigen Flüssigkeiten, die sie enthalten, kennen zu lernen. Indessen, da wir noch keine bessern Zerlegungen haben, so müssen wir uns mit denselben

selben begnügen, und in dieser Rücksicht werde ich sie in der Folge anführen, sie mögen auch noch so unvollkommen seyn.

Wir müssen also, ich wiederhole es, alle diese Steine als Produkte ansehen, die aus verschiedenen Erden und metallischen Kalken, mit einer Säure, der sogenannten firen Luft, und vielleicht noch andern Säuren verbunden, bestehen. Wir haben gesehen, daß der Sedativspat oder Boracit aus einer Säure und mehrern Erden zusammengesetzt ist (§. 127.) und daß der Apatit von Estremadura mehrere Säuren und mehrere Erden in seiner Mischung hat (§. 126.). —

Das Daseyn luftartiger Flüssigkeiten in diesen Steinen wird übrigens dadurch auf eine unwiderlegbare Art bewiesen, daß fast alle diese Fossilien, die Kiesel, die meisten Edelsteine, die Schörle und die Talk- und Thonarten, wenn man sie für sich allein oder durch Hülfe eines ätzenden Laugensalzes verglast, mehr oder weniger stark brausen und Gläser geben, die mehr oder weniger reichlich mit Blasen versehen sind, oder leere Räume und Zellen in sich haben. Diese Erscheinung habe ich bey allen Versuchen, von welchen ich bald mehr sagen werde, beobachtet, und sie ist ein sicherer Beweis des Urtheils, das ich oben gefällt habe.

Geht aber wohl noch ein anderer Grundstoff in diese Steinarten ein? hierüber können wir keine Auskunft geben. Indessen glaube ich, daß Wärmematerie, und wahrscheinlich auch elektrische und magnetische Flüssigkeit, in diesen Fossilien zugegen ist: wenigstens kann man aus dem Daseyn des Eisens in allen diesen Steinen einen wahrscheinlichen Schluß auf das Daseyn dieser Materien in denselben machen. — Vielleicht gehört das Licht unter die Bestandtheile derselben? Die Eigenschaft, im Dunkeln zu leuchten, die viele Steine von dieser Art besitzen, berechtigt uns allerdings zu dieser Vermuthung (§. 41.).

Noch muß ich erwähnen, daß auch Krystallisationswasser in diesen Steinen zugegen ist. — Vielleicht enthalten auch mehrere von diesen Fossilien, besonders die sogenannten Edelsteine, eigne, noch nicht bekannte, Säuren. —

Die meisten Steine, die zu dieser Klasse gehören, sind aus den 4 vorzüglichsten Erdarten und aus einigen metallischen Kalken zusammengesetzt; indessen hat unter diesen immer nur eine die Oberhand, und diese ist es, welche die Geschlechter bestimmt. In den Quarzen und andern Kieselarten z. B. hat die Kieselerde die Oberhand; denn alle eigentlich sogenannte Kiesel- oder Quarzsteine bestehen fast einzig und allein aus dieser Erde. — Die Edelsteine enthalten weniger Kieselerde, als die Vorhergehenden, und mehr Thonerde; diese letztere Erde ist in den Schörlen in noch größerer Menge zugegen, in den Talkarten aber hat die Bittersalzerde die Oberhand, und sie macht, da sie in ziemlich großer Menge darin gegenwärtig ist, den charakterisirenden Bestandtheil derselben aus. — In den Thonarten ist die Alaunerde vorwaltend, und sie verdanken derselben die Eigenschaften, durch welche sie sich auszeichnen; diese Steine werden im Feuer hart.

Wir wollen nun alle diese Steinarten einzeln durchgehen und die Bestandtheile derselben, die uns durch
die

die mit denselben unternommenen zerlegenden Versuche bekannt geworden sind, angeben.

Von den Kieselarten.

§. 132. Mit diesem Namen bezeichne ich die Steine, in welchen die Kieselerde die Oberhand hat. Man kann sie in 2 Unterabtheilungen bringen, von welchen die erste 1) den Quarz, 2) den Sandstein, 3) den Kiesel, 4) den Achat, 5) den Calzedon, 6) den Kachalong, 7) das Weltauge, 8) den gemeinen Opal, 9) den Pechstein, 10) den Chrysopras, 11) den Prasem, 12) den Jaspis und 13) den Sinnopel, die zweyte aber 1) den Hornstein, 2) den Lazurstein, 3) den Zeolith und 4) die 3 Abänderungen des Feldspats, (den undurchsichtigen Feldspat, den Mondstein und den schörlartigen Berill,) unter sich begreift. Ich will nun die Resultate der Versuche anführen, die die geschicktesten Scheidekünstler mit diesen Steinen in der Absicht, um ihre Mischung kennen zu lernen, angestellt haben.

§. 134. Der reinste krystallisirte Quarz, der gemeiniglich mit dem Namen: Bergkrystall, belegt wird, giebt, wenn man ihn zergliedert, 0,93 Kieselerde, 006 Thonerde, 001 Kalkerde und 00½ Eisenkalk. Außer diesen Bestandtheilen enthält aber dieser Krystall noch eine Säure, die sich beym Schmelzen desselben in großer Menge entwickelt. — Die specifische Schwere dieses Steins ist = 26530 und seine Härte = 1300.

Die gefärbten Quarze, so wie auch der milchweiße Quarz und der Fettquarz, enthalten weniger Kieselerde, dagegen haben sie eine größere Menge anderer Erden, (vielleicht Bittersalzerde) beygemischt. Der Hornstein der deutschen Mineralogen, der eigentlich ein vollkommen undurchsichtiger Quarz ist, gehört unter die so eben genannten Quarzarten. —

Die Sandsteine sind gewöhnlich Zusammensetzungen aus Quarzkörnern, die durch irgend ein Bindemittel, das entweder Kiesel, oder Thon, oder Kalk, oder Eisen ist, unter einander verbunden sind. Durch die Zerlegung derselben wird man also Bestandtheile erhalten, die nach der Verschiedenheit dieser Bindemittel verschieden seyn werden.

§. 135. Der eigentlich sogenannte Kiesel ist, in Rücksicht auf seine Bestandtheile, vom Quarze nur wenig unterschieden; Herr Wiegleb hat einen Kiesel zerlegt und aus demselben 0,80 Kieselerde, 0,18 Thonerde und 0,02 Kalkerde erhalten; des Eisens, das doch immer in diesem Steine in einiger Menge zugegen ist, gedenkt dieser Scheidekünstler eben so wenig, als des sauren Bestandtheils. — Ich muß hier die Anmerkung machen, daß der Kiesel nicht immer von der nämlichen Beschaffenheit ist, und daß daher die Angaben der Scheidekünstler, die Versuche mit dieser Steinart angestellt haben, in Ansehung der Bestandtheile derselben einigermaaßen von einander abweichen; und eine solche Verschiedenheit wird man auch bemerken, wenn man selbst einige Kiesel mit der gehörigen Sorgfalt zergliedert. Indessen ist so viel gewiß, daß sich dieser Stein nur durch eine kleinere Menge Kieselerde und eine

eine größere Portion Thonerde (welche die Veranlaſſung giebt, daß dieſer Stein nicht kryſtalliſiren kann,) vom Quarze unterſcheidet. — Die ſpecifiſche Schwere des Kieſels iſt = 25940 und die Härte 1250.

Wenn man den Kieſel zu Glaſe macht, ſo giebt er viel luftartige Flüſſigkeit von ſich. —

Der Achat, der Kalzedon, der Kachalong, das Weltauge und der Opal ſind ebenfalls Kieſelarten, und ſie ſind faſt aus denſelben Beſtandtheilen zuſammengeſetzt, aus welchen der Kieſel beſteht. Herr Bergman hat aus einem Kalzedon von den Ferroer Inſeln 0,84 Kieſelerde und 0,16 Thonerde erhalten; außer dieſen Beſtandtheilen ſcheint dieſer Stein aber auch Kalkerde und Eiſenkalk zu enthalten, wovon doch Herr Bergman nichts ſagt. — Herr Wiegleb hat ebenfalls einen Kalzedon zerlegt und ſo 0,89 Kieſelerde, 0,02 Thonerde, 0,03 Kalkerde und 0,05 Eiſenkalk daraus geſchieden. — Herr Bindheim giebt, nach ſeinen Verſuchen, die Beſtandtheile dieſes Steins auf folgende Art an: Kieſelerde 0,84, Thonerde 0,02, Kalkerde 0,12 und Eiſenkalk 0,02. — Die ſpecifiſche Schwere des Kalzedons iſt = 26150 und die Härte = 1250.

Die Zergliederung des Achats hat faſt eben die Beſtandtheile geliefert, welche man aus dem Kalzedon erhalten hat, indeſſen weichen doch die Achate in Anſehung ihrer Miſchung mehr, als die Kalzedone, von einander ab; denn die dichtern verhalten ſich anders, als die weniger dichten, und die reinern, z. B. die Orientaliſchen, anders, als die, welche viel fremde

Theile in sich haben; (unter die Letztern gehören die Mochussteine, die Moos- oder Kräuterachate, die Jasp-achate u. s. w.)

Das Weltauge unterscheidet sich von den vorhergenannten Steinen nur darin, daß die Theile desselben einen lockern Zusammenhang haben; es saugt daher, vermöge dieser Beschaffenheit, Wasser ein und wird deßhalb durchsichtig; auch geschmolzenes Wachs und andere flüssige Körper zieht es an sich. — Wiegleb hat aus einem Weltauge 0,83 Kieselerde, 0,05 Thonerde, 0,01 Eisenkalk und 0,05 Wasser erhalten; diese Zerlegung scheint aber auch unvollkommen zu seyn, weil dabey weder der Kalkerde, noch der luftartigen Flüssigkeiten gedacht ist. — Die specifische Schwere dieses Steins ist $= 17500$ und die Härte $= 1100$.

Der gemeine Opal hat auch viel Aehnlichkeit mit den Achaten und Kalzedonen und wahrscheinlich enthält er eben die Bestandtheile, welche diese Steine in sich haben; zwar sind noch nicht mit der gehörigen Sorgfalt zerlegende Versuche damit unternommen worden, indessen kann man doch mit Wahrscheinlichkeit annehmen, daß er aus Kieselerde, Thonerde, Kalkerde und Eisenkalke zusammengesetzt ist. Seine specifische Schwere ist $= 19500$ und seine Härte $= 1100$.

Das Katzenauge scheint blos eine Abänderung des Opals zu seyn.

Alle diese Steine geben, wenn man sie schmelzt, viel luftartige Flüssigkeit von sich.

Der Pechstein gehört ebenfalls unter die Steinarten, von welchen ich hier rede; Herr Wiegleb hat
einen

einen Pechstein in 0,90 Kieselerde, 0,07 Thonerde und 0,03 Eisenkalk zerlegt; wahrscheinlich enthält aber dieses Fossil auch elastische Flüssigkeiten und etwas Kalkerde, und dagegen weniger Kieselerde, als Wiegleb angegeben hat. Die specifische Schwere desselben ist = 26000 bis 20500 und die Härte 1050.

Es giebt auch Pechsteine, die Bittersalzerde enthalten und aus diesem Grunde könnte man sie vielleicht nicht mit Unrecht zu den Talkarten zählen.

Der Chrysopras besitzt alle Eigenschaften, durch welche sich die vorhergenannten Steine auszeichnen und unterscheidet sich nur durch seine gräne Farbe und durch seinen Bruch, der dem Bruche des Wachses gleicht, von denselben. Herr Klaproth hat aus diesem Steine 0,96 Kieselerde, 000$\frac{1}{4}$ Thonerde, 0,01 Kalkerde, 000$\frac{1}{2}$ Eisenkalk und 0,01 Nickelkalk erhalten, ich bin aber fast geneigt, anzunehmen, daß dieser Scheidekünstler die Menge der Kieselerde zu groß angegeben hat. Die specifische Schwere des Chrysopras ist = 26000 und die Härte 1000. — Dieser Stein giebt übrigens, wenn man ihn mit Pottasche schmelzt, luftartige Flüssigkeiten von sich.

Der Prasem ist, nach einigen Naturforschern, eine Abänderung des Chrysopras, nach andern aber ein, wahrscheinlich durch Nickel, grün gefärbter Quarz; seine Schwere ist = 26800 und seine Härte = 1100.

Der Jaspis ist vielleicht nichts anders, als ein vollkommen undurchsichtiger Achat, wie die Jasp=achate zu beweisen scheinen; er enthält blos mehr Thon und mehr Eisen, als die Achate; denn man hat aus ihm

0,54

0,54 Kieselerde, 0,30 Thonerde und 0,16 Eisenkalk abgeschieden. Von dieser Zerlegung gilt indessen eben das, was ich oben von andern Zergliederungen gesagt habe. Uiberhaupt finden aber unter den Jaspissen beträchtliche Verschiedenheiten statt, und die Bestandtheile dieser Steine können also freylich nicht immer dieselben seyn. — Die specifische Schwere des Jaspis ist = 27000 und die Härte 1100. — Der Sinnopel ist eine Abänderung des Jaspis. — Wenn man diese Steinart mit Laugensalze mischt und dann in Fluß bringt, so giebt sie auch luftartige Flüssigkeiten von sich.

§. 136. Der Zeolith ist lange für ein vulkanisches Produkt gehalten worden, man weiß aber jetzt, daß er seine Entstehung nicht durch das Feuer der Vulkane erhalten hat; denn er kommt an Orten vor, wo nie feuerspeyende Berge waren. Ich besitze z. B. eine Stufe Zeolith mit krystallisirtem Rothgültigerze von Andreasberg auf dem Harze. — Dieses Fossil gehört in die zweyte Unterabtheilung der Kiesel= oder Quarzarten; denn die Kieselerde ist darin in kleinerer Menge zugegen, als in den meisten übrigen Steinen dieser Klasse. Herr Bergman hat aus rothem Zeolith, der von Aedelfors war, 0,60 Kieselerde, 0,18 Thonerde, 0,18 Kalkerde und 0,04 Wasser erhalten; ich vermuthe, daß dieser Stein auch etwas Eisen in sich habe und daß er diesem Metalle seine Farbe verdanke. — Die specifische Schwere des Zeolith ist = 27000 und die Härte = 1000. — Auch dieser Stein wallt beym Schmelzen und giebt ein löcheriges Glas; man muß also schließen, daß er eine luftartige Flüssigkeit enthalte.

Der

Der Prehnit ist eine Art von Zeolith; er schmelzt auch mit Wallen, doch wird er in dieser Rücksicht vom Zeolith von Ferroe übertroffen. —

Es scheint mir übrigens ausgemacht zu seyn, daß die verschiedenen Steine, die Zeolithe genennt werden, sich durch einige Eigenschaften von einander unterscheiden. Ich bin geneigt, folgende Abänderungen anzunehmen:

1) Gemeiner Zeolith, der in 4seitigen rechtwinklichen Prismen krystallisirt, die sich in eine 4seitige Pyramide mit 3eckigen, auf den Flächen des Prisma aufsitzenden, Flächen endigen;

2) Eine Abänderung desselben, die in 4seitigen, breiten, rechtwinklichen Prismen krystallisirt, die sich in eine Pyramide mit 4eckigen Flächen von 2 gleichen und 2 ungleichen Seiten endigt; diese Flächen sitzen auf den Ecken des Prisma auf;

3) Zeolith in Würfeln;

4) Zeolith in der Gestalt niedriger geschobener 4seitiger Säulen, die an den schärfern Seitenkanten und an den Ecken der zwey stumpfern Seitenkanten abgestumpft sind;

5) Harter Zeolith. Herr Dolomieu hat diese Art auf dem Aetna gefunden und ihr den erwähnten Beynamen gegeben; sie stellt einen Würfel vor, dessen Ecken abgestumpft sind, so daß auf jeder Ecke 3 dreyeckige Flächen entstehen und also der Krystall überhaupt 30 kleine Flächen hat;

6) Pre-

6) Prehnit vom Vorgebirge der guten Hoffnung; er ist unregelmäßig büschelförmig krystallisirt, schmelzt etwas weniger leicht, als der gewöhnliche Zeolith und wallt weniger auf; der französische Prehnit, der in Dauphiné vorkommt, ist eben so krystallisirt, wie der vom Cap, doch unterscheidet man daran die rhomboidalischen Flächen, aus welchen er zusammengesetzt ist; diese Flächen sind gerade rhomboidalische Prismen, deren Winkel 92 und 88° sind. — Der harte Zeolith und der Prehnit scheinen allerdings von den übrigen Zeolitharten verschieden zu seyn.

Chabasie. Dieser Stein, den man aus Deutschland nach Frankreich gebracht hat, ist noch wenig bekannt; er sieht weiß aus, hat aber oft auf seiner Oberfläche rothe, von Ocker herrührende Flecke, und ist undurchsichtig. Seine Härte ist = 1000. Er wallt auch beym Schmelzen, doch weniger, als der Zeolith und krystallisirt wie der linsenförmige Kalkspat, das heißt, er besteht aus doppelten 3seitigen Pyramiden, deren Seiten als Rhomben angesehen werden können; die Pyramiden sind wechselsweis mit ihren Grundflächen an einander gefügt, jede Kante der Pyramide ist aber durch einen Einschnitt getheilt, so daß jede Pyramide 6 Flächen hat, und der Winkel, der diesen Einschnitt mit einer der Flächen der Pyramide macht, ist 97°, 30'. Uiberdem ist auch jede der 6 Kanten der Grundfläche der Pyramiden wieder durch einen Einschnitt in 3 andere getheilt u. s. w. Der Krystall hat also überhaupt 30 kleine Flächen, und die großen Flächen der Pyramide, die eine rhomboidalische Gestalt haben, bestehen eigentlich aus 7 Seiten. — Man hat diesen Stein unter die Zeolithe gerechnet.

§. 137.

§. 137. Der Feldspat ist ein Gemengtheil der Granite und der Porphyre, der sich am häufigsten in diesen Steinen findet. Herr Scopoli hat Feldspat, der von Baveno war, zerlegt und aus ihm 0,63 Kieselerde, 0,17 Thonerde, 0,06 Bittersalzerde, 0,02 Kalkerde, 0,07 Eisenkalk und etwas Wasser erhalten. Die Bittersalzerde macht indessen nicht von allen Feldspaten einen Bestandtheil aus. —

Wenn man diese Steinart für sich allein schmelzt, so giebt sie ein mit kleinen Blasen versehenes Glas, und man kann also hieraus abnehmen, daß sie nicht von luftartigen Flüssigkeiten frey sey.

Der Mondstein, der ein durchsichtiger Feldspat ist, besteht, nach Morell's Untersuchung, aus 0,62 Kieselerde, 0,19 Thonerde, 0,05 Bittersalzerde, 0,10 Gyps und 0,02 Wasser. — Die specifische Schwere des Feldspats ist = 25500 und die Härte = 1100.

Die Fossilien, die man mit dem Namen: Feldspat belegt hat, besitzen nicht die nämliche Schmelzbarkeit, es scheint also, daß man sie in gewisse Abtheilungen bringen müsse:

1) Gemeiner Feldspat des Granits;

2) Fetter Feldspat, den Herr Dolomieu beschrieben hat; diese Art gleicht, dem äußern Ansehn nach, fast dem Specksteine, und es ist wahrscheinlich, daß sie eine ziemliche Menge Bittersalzerde in ihrer Mischung hat;

3) Der Mondstein, der härter ist und nicht so leicht schmelzt, als der gemeine Feldspat;

4) Der

4) Der aus 2 mit ihren Seitenflächen ganz zusammengewachsenen Kryſtallen beſtehende Mondſtein; er iſt weniger hart und auch ſchmelzbarer, als der eigentliche Mondſtein. —

Dieſes Foſſil enthält eine elaſtiſche Flüſſigkeit und wallt beym Schmelzen.

§. 138. Der Hornſtein oder Bergkieſel (petroſilex) gehört gewiß auch zu dieſer Klaſſe; mehrere geſchickte Mineralogen halten ihn für einen derben Feldſpat, indeſſen kryſtalliſirt der Feldſpat ſo leicht, daß es allerdings auffallen muß, daß dieſer Hornſtein, wenn er wirklich ein Feldſpat iſt, nie kryſtalliſirt vorkommt. Herr Kirwan hat aus dieſer Steinart 0,72 Kieſelerde, 0,22 Thonerde und 0,06 Kalkerde erhalten, er ſagt aber nichts von Eiſentheilen, (die gewiß darin ſind,) noch von Bitterſalzerde, (die vermuthlich auch einen Beſtandtheil deſſelben ausmacht,) noch von elaſtiſchen Flüſſigkeiten, (die ſich deutlich genug durch die Blaſen, welche das aus dieſem Steine verfertigte Glas beſitzt, zu erkennen geben). Die ſpecifiſche Schwere dieſes Steins iſt = 26500 und die Härte = 1100.

Der Lazurſtein ſcheint nur ein durch Eiſen blau gefärbter Hornſtein zu ſeyn, ich kann aber die Beſtandtheile deſſelben nicht angeben, da er noch nicht mit der gehörigen Sorgfalt unterſucht worden iſt. Die ſpecifiſche Schwere deſſelben iſt = 27600 und die Härte 1050. Er giebt ebenfalls ein Glas, das voller Blaſen iſt, und er enthält alſo auch elaſtiſche Flüſſigkeiten.

Dies ſind die Reſultate der zerlegenden Verſuche, die die geſchickteſten Scheidekünſtler mit dieſen verſchiedenen

denen Steinarten unternommen haben. Diese Fossilien sind also aus mehrern Erden, unter welchen die Kieselerde die Oberhand hat, zusammengesetzt und diese Bestandtheile sind mittelst einer luftartigen Flüssigkeit, welche Luftsäure zu seyn scheint, unter einander verbunden.

§. 139. Die Feuersteine, die Achate, die Kalzedone, die edlen und gemeinen Opale, die Pechsteine u. s. w. gewähren, bey ihrer Bildung, Erscheinungen, die der Aufmerksamkeit des Geologen sehr werth sind. Man trifft diese Steine nie in ursprünglichen Gebirgslagern an, sie kommen gemeiniglich in Erdlagern, die von zweyter Entstehung sind, oder in vulkanischen Gegenden vor.

Der Feuerstein findet sich besonders in Kreidelagern in kleinen sehr unregelmäßig gestalteten Massen, (ob er schon Lagen ausmacht, die nicht anhaltend fortgehen,) und nur der Mühlstein, den man für eine Kieselart halten muß, kommt in etwas beträchtlichen Massen vor.

Die Achate sind mit dem Feuersteine von einerley Beschaffenheit und sie unterscheiden sich nur durch ihr feineres Korn von demselben; sie zeichnen sich durch verschiedene und lebhafte Farben aus; sie kommen zum Theil in Kalklagern vor, die schönsten Achate aber findet man in vulkanischen Gegenden, z. B. in Schottland, zu Oberstein, auf den Ferroer Inseln, in Ungarn u. s. w.

Die Mineralogen haben sich viele Mühe gegeben, um die Art und Weise, wie die Feuersteine entstanden sind, anzugeben, aber diese Aufgabe ist nicht leicht zu beantworten.

Erster Theil.   3   Einige

Einige Gelehrte haben behauptet, der Feuerstein sey aus Kreide entstanden und diese habe sich in jenen verwandelt; denn, sagen sie, wenn dies nicht wirklich der Fall gewesen wäre, wie wäre es möglich, daß solche Steine in so großer Menge in Kreidelagern vorkommen könnten? man müßte annehmen, daß die Ursache, die den Feuerstein hervorgebracht hat, die Kreideportion, deren Stelle jetzt der Stein einnimmt, verdrängt habe, da aber diese Kreide nicht hat verdrängt werden können, so muß man folgern, daß diese Erdart selbst in jenen Stein verwandelt worden ist. Man trifft auch, fahren diese Naturforscher fort, in solchen Kreidelagern oft Muscheln an, die durchaus in Kiesel oder Feuerstein verwandelt worden sind, und dieser Umstand, meinen sie, beweise jene Entstehungsart noch mehr. In der That kommen in den Kreidelagern zu Issy bey Paris viele in Achat verwandelte Schnecken vor und im Petersberge bey Mastricht findet man Bärenknochen und mancherley Muscheln, die zu Feuerstein geworden sind — diese Erscheinung bemerkt man noch an mehrern Orten. —

Andere Naturforscher hingegen machen sich von der Entstehung dieser Steine einen andern Begriff; sie halten nämlich dafür, daß ein kieseliger oder quarziger Stoff gleichsam durch die Kreide durchfließe, einen Theil derselben aus seiner Stelle verdränge und so den Feuerstein oder den Kiesel bilde.

§. 140. Diese letztere Meinung ist wenigstens wahrscheinlicher, als die erste; denn ich kann nicht glauben, daß die Feuersteine aus Kreide entstanden seyen, die sich in kieselige Materie verwandelt habe, weil es

1) keine

2) keine einzige Erfahrung giebt, mittelst der man dar: thun könnte, daß wirklich eine solche Umwandlung einer Erde in eine andere statt finde und weil 2) Achate, die so viel Aehnlichkeit mit den Feuersteinen haben, zu Oberstein, in Schottland und an andern Orten in Erd: lagen, die nicht aus Kreide bestehen, vorkommen. 3) Die Entstehung des Jaspis beweist dies ebenfalls; denn dieser Stein hat, wie man weiß, sehr viel Eigen: schaften mit dem Achate gemein, so daß man auch manche Steine dieser Art Jaspachate und andere Achat: jaspisse zu nennen pflegt; die Jaspisse aber finden sich in mehrern Arten von Gebirgen. 4) Auch der edle und der gemeine Opal und die Pechsteine haben in An: sehung der Bestandtheile sowohl, als in Rücksicht auf andere Eigenschaften, viel Aehnlichkeit mit den Acha: ten und Feuersteinen; jene Fossilien aber finden sich entweder nie, oder doch nicht blos in Kreide, sondern sie kommen in mehrern andern Erden vor. Man muß also die Entstehung derselben auf eine Art zu erklären suchen, die auf alle diese Steine anwendbar ist, und dies scheint dann der Fall zu seyn, wenn man sich fol: gende Vorstellung von der Sache macht:

Die Kreide, die Kalkerden und andere Erden, in welchen sich diese Steine finden, enthalten immer eine größere oder kleinere Menge Kieselerde, die sich leicht in den schwächsten Säuren, und folglich auch in Luft: säure, auflöst; die Wässer, die durch jene Erden durch: sickern und die mit einer Portion Luftsäure geschwängert sind, werden also diese Kieselerde auflösen und sie dann mitten zwischen jenen Erden unter der Gestalt eines Kiesels, Achates, Jaspis, Weltauges, Opals, Pech-

Z 2   steins

steins u. s. w. wieder absetzen; (die Kalkerde wird zur Zeit der Absetzung allmälig der herzugeführten Masse nachgeben und ihr die Stelle, die sie bisher einnahm, einräumen). Wir wissen, daß sich Gypse, Kiese und andere Krystallen mitten zwischen Thonmassen, Mergeln und Kreidelagen auf ähnliche Art absetzen und daß diese Erden den sich bildenden Krystallen Platz machen; so finden wir z. B. zu Mesnil=Moutant bey Paris viel Gypskrystallen in Thonmergel u. s. w. — Wenn nun diese auf die erwähnte Art in jene Erden gleichsam eingeführte Kieselerde fast rein war, so wird sie krystallisirten oder derben Quarz bilden, wenn sie aber mit mehr Thon= und Kalkerde überladen ist, so werden Kiesel, und wenn sie zugleich eine Portion Eisen enthält, so werden gefärbte Achate, oder, wenn das Verhältniß des Eisens und des Thones größer ist, undurchsichtige Steine, z. B. Jaspisse und Jaspachate, entstehen. (Das Weltauge wird als ein sehr lockerer Achat angesehen werden können, und der Pechstein ist wenig vom Weltauge unterschieden, — vielleicht hat der Pechstein immer einen Theil Bittersalzerde in seiner Mischung, welche ihm eine Art von Fettigkeit mittheilt, — der Opal ist auch dem Weltauge sehr ähnlich.)

Alle diese Steine zeichnen sich durch bestimmte und leicht zu unterscheidende Eigenschaften aus; sie sind hart, geben lebhafte Funken, wenn man sie mit einem Stahle berührt und sind bey einem großen Grade der Hitze unschmelzbar; sie kommen nur dann erst in Fluß, wenn man das Feuer außerordentlich verstärkt hat.

§. 141. Die übrigen Steine dieser Klasse besitzen Eigenschaften, vermöge welcher sie sich den Fossilien, die
zu

zu den folgenden Klassen gehören, mehr nähern; denn sie sind nicht so hart, als die, von welchen ich bisher geredet habe, und kommen leicht in Fluß. Der Feldspat besitzt wenig Härte und schmelzt bey einem mäßigen Grade der Wärme, doch weichen die verschiedenen Arten des Feldspats in Rücksicht auf die Schmelzbarkeit von einander ab. Der Zeolith hat mit dem Feldspate viel Aehnlichkeit, und sein Perlmutterglanz zeigt an, daß er, wie der Feldspat, Bittersalzerde in seiner Mischung habe *). Der Zeolith ist ebenfalls sehr schmelzbar. ---

Der Hornstein, der, wie ich schon oben gesagt habe, von einigen Mineralogen für eine Art des Feldspats gehalten wird, unterscheidet sich doch zu sehr von diesem Fossil, als daß man ihn für eine Abänderung desselben ansehen könnte; denn der Feldspat, wenn er auch derb und unregelmäßig krystallisirt ist, hat doch immer einen blättrigen Bruch, der Hornstein aber besteht nie aus Blättern, sein Bruch nähert sich vielmehr dem Bruche des kieseligen Hauptbestandtheils des Porphyrs und sein Korn ist so fein, daß man ihn in dieser Rücksicht mit Wachse vergleicht. Ich halte deshalb dafür, daß der Hornstein mehr Aehnlichkeit mit der Hauptmasse des Porphyrs, als mit irgend einem andern Steine, hat; diese Hauptmasse des Porphyrs ist aber, nach meiner

---

*) Der Perlmutterglanz ist wohl kein zuverläßiges Anzeichen des Daseyns von Bittersalzerde, wenigstens hat man in mehrern Fossilien, die einen solchen Glanz besitzen, z. B. im Braunspate, und selbst im Zeolithe, keine Bittersalzerde entdecken können. Anm. des Herausgebers.

ner Meinung, kein Feldspat, sondern ein Gemisch aus den Grundstoffen des Granit, von welchen indessen der Feldspat, der sich darin krystallisirt findet, ausgenommen werden muß *). Auch in Ansehung der Bestandtheile nähert sich der Hornstein dieser Masse, doch weicht er, wie ich in der Folge (§. 159. 160.) beweisen werde, in anderm Betrachte davon allerdings ab.

Die Verschiedenheit, die zwischen den jetzt genannten Steinarten, zu welchen ich auch den Lazurstein zähle, und den Quarzen, Achaten, Jaspissen u. s. w. statt findet, ist übrigens so groß, daß die Abtheilung, die ich oben unter den Kieselarten gemacht habe, allerdings hinlängliche Gründe für sich zu haben scheint.

Von den Edelsteinen.

§. 142. Die Fossilien, die man mit diesem Namen beleg; hat, sind immer von den Menschen höher geschätzt worden, als die übrigen Produkte des Mineralreichs. Indessen haben sie keinen wirklichen Nutzen; sie sind nur Beweise des Wohlstandes und des Reichthums dessen, der sie besitzt, und man wendet sie auch fast

---

*) Die kieselige Hauptmasse des Porphyrs ist nicht immer von einer und derselben Beschaffenheit, zuweilen besitzt sie alle Eigenschaften des sogenannten Hornsteins, zuweilen kommt sie mit dem Jaspis überein, zuweilen aber nähert sie sich auch nur diesen Steinarten. — Nach Herrn Werner's Beobachtungen macht auch manchmal Pechstein, und manchmal Obsidian die Basis des Porphyrs aus. Anmerkung des Herausgebers.

fast einzig und allein zu dieser Absicht an. Sie kommen in zu wenig beträchtlichen Stücken vor, als daß man nützliche Werkzeuge daraus bereiten könnte; ihr Glanz und überhaupt ihre Schönheit ist es, durch welche sie sich empfehlen.

Ich zähle unter diese Steinarten 1) den Diamant, 2) den Saphir, 3) den Rubin, 4) den Smaragd, 5) den Aquamarin, 6) den Euclas, 7) den Chrysolith, 8) den Cymophan, 9) den brasilianischen Topas, 10) den sächsischen Topas, 11) den Beryll oder sibirischen Topas, 12) den Peridot, 13) den Hyacinth, 14) den Andreasbergolit, 15) den Olivin, 16) den Granat, 17) den Leucit oder weißen Granat, 18) den Granatit, 19) den Kreuzstein, 20) den Zirkon und 21) den Diamantspat. Die beyden letztern Arten scheinen indessen ganz besondere Steine zu seyn.

In den 19 Edelsteinarten, die zuerst aufgeführt worden sind, ist die Kieselerde nicht in so großer Menge zugegen, als in den eigentlich sogenannten Quarz- oder Kieselsteinen. — Die zerlegenden Versuche, durch welche man die Mischung dieser Steine zu erforschen gesucht hat, sind zwar von den geschicktesten Scheidekünstlern angestellt worden, gleichwohl sind unsere Kenntnisse, die wir von diesen Fossilien, in Ansehung ihrer Bestandtheile, haben, noch sehr unvollkommen, da diese Zerlegungen noch vieles zu wünschen übrig lassen; denn die Unternehmer derselben haben dabey weder auf die luftartigen Flüssigkeiten, noch auf die Säuren, die wahrscheinlich in diesen Steinen zugegen sind, Rücksicht genommen.

§. 143. Der Diamant ist, wie man weiß, verbrennlich, und er scheint also eine ganz besondere Substanz zu seyn; wirklich ist er auch von dem verstorbenen Bergman zu den verbrennlichen Körpern gerechnet worden, von welchen er doch, im Ganzen genommen, sehr verschieden ist; überhaupt kann, wie Herr Höpfner sehr richtig bemerkt hat, die Verschwindung des Diamants in der Hitze wohl nur eine Folge der Verflüchtigung desselben seyn. —. Herr Bergman ist übrigens von der Gegenwart der Kieselerde in diesem Fossil überzeugt gewesen; „Die Wirkung des Laugen„salzes auf den Diamant, so schwach sie auch seyn „mag, zeigt doch deutlich genug an, daß er eine glas„artige Erde enthalte, die aber auf eine ganz beson„dere Art umgeändert und gleichsam verlarvt ist. Die „Niederschläge haben eine in Säuren auflösliche Erde „gegeben" *).

Man hat bisher den Diamant nur in den Königreichen Golconda und Visapur, in Ostindien, und in Brasilien gefunden; und er kommt immer in eine Art von Eisenerde eingehüllt vor. —

Enthält dieser Stein Eisen oder irgend einen andern verbrennlichen Körper, der mit Kieselerde verbunden ist? Oder kann man annehmen, daß er eine, den metallischen Säuren ähnliche, und mit Kieselerde vereinigte Säure ist? Diese Säure könnte vielleicht, wenn sie bey einem lebhaften Grade der Wärme frey wird, verbrennlich oder flüchtig seyn, und die von der Säure
getrennte

---

*) T. Bergman Opuscula physica et chemica, Vol. II. pag. 116.

getrennte Kieselerde wird dann von andern Säuren aufgelöst werden können, (wie dies auch mit der von ihrer Säure befreyeten Kieselerde des Quarzes der Fall ist). Vielleicht enthält aber auch der Diamant, so wie der Zirkon und der Diamantspat, eine eigne Erde? —

Die Härte des Diamants ist $=$ 2500 und seine specifische Schwere $=$ 35200.

Der Diamant kommt nicht in Fluß, weil er bey dem Grade der Hitze, bey welchem er vielleicht diese Veränderung erleiden könnte, verbrennt und sich verflüchtigt. Indessen bemerkt man, daß er, indem er verbrennt, beträchtlich wallt, und besonders, wie Herr Saussure beobachtet hat, an seiner Oberfläche gleichsam lebhaft siedet [*]. —

§. 144. Der Sapphir verdient, in Ansehung seiner Härte, die zweyte Stelle unter den Edelsteinen. Herr Bergman hat einen solchen Stein untersucht und aus ihm 0,35 Kieselerde, 0,58 Thonerde, 0,05 Kalkerde und 0,02 Eisenkalk erhalten. — Dieser Stein kommt fast von allen Arten der Farbe vor; seine Härte ist $=$ 2100 und seine specifische Schwere 42000. — Man kann ihn durch Hülfe der reinen Luft in Fluß bringen; Herr Lavoisier setzte einen weißen Sapphir, der durch diese Luft verstärkten Hitze aus und er bemerkte, daß sich der Stein in 3 Stückchen zertheilte, die an ihren Oberflächen aufwallten, und weich wurden und dann zu einem runden weißen undurchsichtigen Kügelchen schmolzen [**].

---

[*] Journal de Physique, 1785. p. 411.
[**] Lavoisier Abhandlungen über die Wirkung des durch die Lebensluft verstärkten Feuers u. s. w. S. 120.

Der Rubin gehört unter die geschätztesten Edelsteine; man findet ihn an vielen Orten, sowohl in Indien, als in Europa. Herr Bergman hat folgende Bestandtheile daraus erhalten: Kieselerde 0,39, Thonerde 0,40, Kalkerde 0,09 und Eisenkalk 0,10. — Die specifische Schwere dieses Steins ist = 37600 und die Härte = 1600. — Dieser Stein ist sehr strengflüssig, doch, wenn man mehrere Stückchen desselben einem durch reine Luft verstärkten Feuer aussetzt, so werden sie weich und backen zusammen.

Der Smaragd zeichnet sich gemeiniglich durch eine schöne grüne Farbe aus; indessen giebt es auch Smaragde, die eine weiße Farbe haben. Die schönsten Steine dieser Art kommen aus Peru, man findet aber auch dergleichen in Bourgogne, in Fores, in Corsica u. s. w. Herr Bergman giebt, als Bestandtheile dieses Edelsteins, 0,24 Kieselerde, 0,60 Thonerde, 0,08 Kalkerde und 0,06 Eisenkalk an. Die specifische Schwere desselben ist = 27700 und seine Härte = 1500. — Wenn man diesen Stein bey einem sehr heftigen Feuer bearbeitet, so giebt er ein löcheriges Glas und dieser Umstand zeigt an, daß er elastische Flüssigkeiten in sich habe *).

Der Aquamarin hat gemeiniglich eine hellgrüne Farbe, doch sieht er auch zuweilen ganz weiß aus; er kommt besonders in Sibirien häufig vor. Herr Bindsheim hat daraus 0,64 Kieselerde, 0,24 Thonerde, 0,08 Kalkerde und 0,01 Eisenkalk erhalten; die specifische

---

*) Ehrmann's Versuch einer Schmelzkunst mit Beyhülfe der Feuerluft.

fische Schwere desselben ist = 27700 und die Härte = 1400. — Dieser Stein giebt bey einem heftigen Grade der Wärme ebenfalls ein löcheriges Glas. —

Der Euclas ist ein noch wenig bekannter Stein, der sich gemeiniglich durch eine schöne grüne Farbe auszeichnet; die Lage seiner Blätter ist der Are parallel; man hat noch keine zerlegenden Versuche damit angestellt, aber seine specifische Schwere hat man = 30990 und seine Härte = 1400 gefunden.

Der Chrysolith hat eine gold= oder gelblich grüne Farbe und ist, nach Achard's Versuchen, aus 0,15 Kieselerde, 0,64 Thonerde, 0,17 Kalkerde und 0,01 Eisenkalk zusammengesetzt; es dünkt mir aber sehr wahrscheinlich, daß Herr Achard bey Untersuchung dieses Steins einen Fehler begangen hat; denn das Verhältniß der Kieselerde muß wohl größer seyn, als es hier angegeben ist. — Die specifische Schwere des Chrysoliths ist = 30990 und die Härte = 1200 — er schmelzt ebenfalls mit Wallen und er muß also luftartige Flüssigkeiten enthalten *).

Der Cymophan ist nach der Behauptung einiger Mineralogen ein Chrysolith; er hat eine Milchfarbe, oder er gleicht vielmehr, in Ansehung seines Farbenspiels, dem Mondsteine; man hat noch keine zerlegenden Versuche damit angestellt und man weiß also nicht, ob seine Bestandtheile von den Bestandtheilen des Chrysoliths verschieden sind; er ist aber härter, als der Letztere und er unterscheidet sich von diesem auch durch seine

*) Ehrmann a. a. O.

seine krystallinische Gestalt; denn er stellt ein 4seitiges rechtwinkliches Prisma mit einer 4seitigen Pyramide vor, deren Flächen auf den Ecken des Prisma aufsitzen, indeß der Chrysolith als ein 6seitiges Prisma mit einer 6seitigen Pyramide krystallisirt. — Die Härte des Cymophans ist = 1400.

Der brasilianische Topas besitzt gewöhnlich eine pomeranzengelbe oder röthliche Farbe, der gelbliche wird aber im Feuer röther und diese Erscheinung ist ein Beweis des Daseyns von Eisentheilen. — Man hat noch keine zerlegenden Versuche mit diesem Edelsteine angestellt; seine specifische Schwere ist = 35300 und seine Härte = 1500; er schmelzt mit Wallen *) und er hat also Luft in seiner Mischung.

Der sächsische Topas hat gemeiniglich eine hellgelbe Farbe; er besteht, nach Bergman's Versuchen, aus 0,39 Kieselerde, 0,46 Thonerde, 0,08 Kalkerde und 0,06 Eisenkalk; seine specifische Schwere ist = 35600 und seine Härte = 1500. — Auch dieser Topas schmelzt mit Wallen **) und er enthält folglich ebenfalls luftige Flüssigkeiten.

Der Beryll oder sibirische Topas ist gewöhnlich weiß und ohne alle Farbe; seine specifische Schwere ist = 26900 und seine Härte = 1450 — die Mischung desselben ist noch nicht untersucht worden, man weiß aber, daß er etwas Luft enthält; denn er wallt beym Schmelzen auf. —

Der

---

*) Sauſſure im Journal de Phyſique, 1785. Ehrmann's Versuch einer Schmelzkunst ꝛc.

**) Ebendaselbst.

Der Peridot hat eine grasgrüne Farbe; seine Krystallen sind gestreifte, flache, zuweilen rechtwinkliche, am gewöhnlichsten 8eckige Prismen, die sich in eine 4seitige Pyramide endigen, die, wie ich an einem andern Orte gezeigt habe *), oft 5, 9, 11 oder 15 Flächen hat. — Herr Romé de l'Isle hat einen grünen Turmalin unter dem Namen: Peridot aufgeführt und ich habe mich durch diesen Naturforscher verleiten lassen, denselben Fehler in meiner Übersetzung der Skiagraphie des Herrn Bergman zu begehen. — Die specifische Schwere des eigentlichen Peridot ist = 33500 und die Härte = 1200 — zerlegende Versuche sind mit diesem Steine noch nicht angestellt worden, doch weiß man, daß er beym Schmelzen aufwallt. —

Der Hyacinth sieht gewöhnlich pomeranzenroth, zuweilen aber weiß aus; Herr Bergman hat ihn zerlegt und daraus 0,25 Kieselerde, 0,40 Thonerde, 0,20 Kalkerde und 0,13 Eisenkalk erhalten. — Die specifische Schwere dieses Steins ist = 36800 und die Härte = 1700 — er giebt, nach Gerhard's Versuchen, ein löcheriges Glas.

Herr Romé de l'Isle hat, in seiner Krystallographie, mehrere Fossilien zu den Hyacinthen gezählt, die, wie ich glaube, von diesen Steinen sehr verschieden sind, und die ich daher als besondere Substanzen, in dem Abschnitte von den vulkanischen Steinen, aufführen will; denn sowohl der weiße Hyacinth vom Berge Somma, dessen Herr Romé de l'Isle gedenkt, als andere hyacinthartige Substanzen haben ihre Entstehung

*) Journal de Physique, 1794. Cinquiéme Cahier.

stehung dem Feuer der Vulkane zu verdanken und sie gehören also in die Klasse der Produkte, die ich im 171. §. zu betrachten mir vorbehalte.

Der Kreuzkrystall oder Andreasbergolit, der bisher nur zu St. Andreasberg auf dem Harze gefunden worden ist, besteht, nach Herrn Heyers Versuchen, aus 0,44 Kieselerde, 0,20 Thonerde und 0,24 Schwererde; Herr Sage will aber auch viel Kalkerde darin gefunden haben. — Die specifische Schwere dieses Steins ist noch nicht bestimmt, seine Härte aber ist = 1400; er schmelzt mit Wallen.

Der Olivin oder vulkanische Chrysolith hat eine gelbgrüne Farbe und besteht, nach Gmelin's Erfahrungen, aus 0,54½ Kieselerde, 0,40 Thonerde und 0,03½ Eisenkalk. Die Härte desselben ist = 1200; er schmelzt leicht und giebt ein löcheriges Glas.

Der Granat ist der gemeinste von allen Edelsteinen und er macht besonders einen Gemengtheil gewisser Granite aus; Herr Achard hat aus einem braunen Granat 0,48 Kieselerde, 0,30 Thonerde, 0,11 Kalkerde und 0,10 Eisenkalk erhalten. Die specifische Schwere des gefärbten Granats ist = 44000 und die Härte = 1500; er schmelzt mit Wallen und giebt ein löcheriges Glas.

Der weiße Granat oder Leucit des Herrn Werner muß vielleicht für eine von dem farbigen Granat verschiedene Art gehalten werden; Herr Bergman hat ihn untersucht und daraus 0,55 Kieselerde, 0,39 Thonerde und 0,09 Kalkerde geschieden. Die specifische Schwere

Schwere dieses weißen Granats ist = 24600 und die Härte = 1500.

Der Staurolit oder Kreuzstein des Herrn Hauy *) gehört unter die vollkommen undurchsichtigen Steine; er hat eine mehr oder weniger dunkelbraune Farbe, die sich etwas ins Rothe zieht; er ist noch nicht chemisch untersucht worden, doch weiß man, daß er schmelzbar ist und sich in ein löcheriges Glas verwandeln läßt; seine specifische Schwere ist = 32800 und seine Härte = 1100.

Der Granatit oder grüne Granat ist halbdurchsichtig; er hat eine grünliche oder mehr oder weniger dunkelbraune Farbe und besteht. nach Wiegleb's Versuchen, (die mit grünen Granaten vom Teufelssteine bey Schwarzenberg in Sachsen angestellt worden sind,) aus 0,36 Kieselerde, 0,30 Kalkerde und 0,28 Eisenkalk. Ich halte aber dafür, daß dieser Stein auch Thonerde in seiner Mischung habe. Die specifische Schwere desselben ist = 32000 und die Härte 1100, er schmelzt auch zu einem löcherigen Glase.

Die Edelsteine scheinen also nur darin, daß sie mehr Thonerde und weniger Kieselerde enthalten, von den eigentlichen Kiesel- oder Quarzsteinen unterschieden zu seyn; sie haben übrigens ziemlich viel Kalkerde in sich und auch der Eisenkalk findet sich in einigen derselben in ansehnlicher Menge.

Alle diese Erden sind in diesen Steinen eben so, wie in den Kieselarten, mit einer Säure, oder sogenannten fixen

*) Annales de Chimie, Tome VI. à Paris, 1790. pag. 142.

firen Luft, verbunden; denn wenn dies nicht der Fall wäre, so würden diese Steine, beym Schmelzen, keine löcherigen Gläser geben, dergleichen man, wie ich oben gesagt habe, aus den meisten derselben darstellen kann. —

§. 145. Ich habe, in meiner systematischen Eintheilung der Mineralien, den Zirkon und den Diamantspat als besondere Geschlechter aufgeführt, weil Herr Klaproth in diesen Steinen Erden entdeckt hat, die, wie er glaubt, von den übrigen einfachen Erden unterschieden sind. Er giebt die Bestandtheile des zuerst genannten Steins auf folgende Art an: Zirkonerde 0,68, Kieselerde 0,31, Eisenkalk 0,00½, Nickelkalk 0,00½. Die specifische Schwere dieses Steins ist $= 44100$ und die Härte $= 1400$.

Der Zirkon kommt aus Zeylon zu uns, der Diamantspat aber findet sich in Indien und in China in Granit; man glaubt indessen auch in Europa Diamantspat angetroffen zu haben. Herr Klaproth hat ihn in 0,68 Diamantspaterde, $0,31\frac{1}{2}$ Kieselerde und 0,00½ Eisen- und Nickelkalk zerlegt; die specifische Schwere dieses Steins ist $= 37100$ und die Härte $= 1400$ *). —

Von

---

*) Die neuesten Versuche des Herrn Klaproth haben gelehrt, daß dieser Spat keine eigne Erde enthält, sondern vielmehr eine Zusammensetzung aus 0,84 Alaunerde, $0,07\frac{1}{2}$ Eisenkalk und 0,06½ Kieselerde ist. Anmerkung des Herausgebers.

Von den Schörlen.

§. 146. Die Abtheilung des Mineralsystems, welche diese Steinarten in sich begreift, ist bey weitem noch nicht in die gehörige Ordnung gebracht worden; ich habe mir daher alle Mühe gegeben, die Fossilien, die mit Recht zu dieser Abtheilung gezählt werden können, von den übrigen Steinarten zu unterscheiden, und ihre Eigenschaften hier kürzlich zu beschreiben. Ich rechne zu den Schörlen 1) die Turmaline, 2) den Zeylanit, 3) den Zyanit oder blauen Schörl, 4) den Yanolit oder violetten Schörl, 5) den Thallit oder grünen Schörl, 6) den Leucolit oder weißlichen Schörl, 7) den Disanit, 8) den Crispit und 9, 10, 11, 12) die 4 vulkanischen Schörle (§. 171.); die übrigen Substanzen aber, die einige Naturforscher in diese Klasse des Systems aufgenommen haben, nämlich den Tremolit, den Asbestoid oder faserigen Schörl und die Hornblende oder den blätterigen Schörl, halte ich für Talkarten und ich werde sie deshalb erst in dem folgenden Abschnitte beschreiben.

Die Schörle machen, nach meiner Klassifikation, das dritte Geschlecht der kieselartigen Steine aus, weil sie weniger Kieselerde enthalten, als die eigentlichen Kiesel- oder Quarzarten und die Edelsteine.

Der Turmalin besitzt die Eigenschaft, daß er, wenn man ihn erwärmt, elektrisch wird; er kommt von verschiedenen Farben vor, der Brasilianische z. B. hat gemeiniglich eine dunkelgrüne Farbe und ist durchsichtig, manchmal sieht er auch blau, oder schwarzbraun aus;

die letztere Farbe besitzen besonders die zeylanischen Turmaline, die theils durchsichtig, theils undurchsichtig sind; indessen bemerkt man bey den erstern die Durchsichtigkeit nur dann, wenn man sie nicht in der Richtung der Axe betrachtet; denn in dieser Richtung sind sie nicht mehr durchsichtig. — Die spanischen und tyrolischen Turmaline sind fast alle durchsichtig und sie haben eine mehr oder weniger dunkelbraune Farbe.

Die Schörle, die im Granit vorkommen, sind theils wirkliche, in der Wärme elektrisch werdende und undurchsichtige, Turmaline, theils Hornblenden, (diese sind blätterig).

Der brasilianische Turmalin besteht, nach Bergman's Versuchen, aus 0,34 Kieselerde, 0,54 Thonerde, 0,11 Kalkerde und 0,05 Eisenkalk, der zeylanische hingegen ist, den Erfahrungen eben dieses Scheidekünstlers zufolge, aus 0,37 Kieselerde, 0,39 Thonerde, 0,15 Kalkerde und 0,09 Eisen, und der tyrolische aus 0,40 Kieselerde, 0,42 Thonerde, 0,12 Kalkerde und 0,06 Eisenkalk zusammengesetzt. —

Alle Turmaline wallen beym Schmelzen auf und sie haben also auch elastische Flüssigkeiten in ihrer Mischung. Einige von diesen Steinen geben, wenn man die Flamme eines Lichtes mittelst eines Löthrohres auf sie bläßt, ein weißes, andere aber ein schwarzes Glas; ich kann nicht sagen, von welcher Ursache diese Verschiedenheit herrührt.

Die specifische Schwere der Turmaline ist = 30500 und die Härte = 1200.

Man

Man findet in Zeylan gemeinschaftlich mit dem Turmaline einen schwarzen Stein, der von jenem unterschieden zu seyn scheint *) und dem ich den Namen: Zeylanit, gegeben habe. Diese besondere Steinart wird durch die Wärme nicht elektrisch, sie sieht schwarz aus und ist undurchsichtig; ihre Mischung ist noch nicht untersucht worden; sie besteht aus Kryftallen, die 44 kleine Flächen haben und sie unterscheidet sich also auch, in Ansehung der Gestalt, von dem Turmaline.

Der Zyanit hat gewöhnlich eine blaßblaue Farbe; mehrere Scheidekünstler haben zerlegende Versuche damit angestellt und sich durch dieselben überzeugt, daß Bitterfalzerde in ansehnlicher Menge darin zugegen ist; indessen meint der jüngere Herr Saussure, der selbst auch dergleichen Erde aus diesem Steine erhalten hat, daß sie nicht eigentlich unter die Bestandtheile desselben gehöre, sondern nur zwischen den Blättchen, aus welchen der Stein besteht, liege. Dieser Naturforscher bestimmt daher die Mischung desselben auf folgende Art: Kieselerde 0,29, Thonerde 0,55, Kalkerde 0,02, Bitterfalzerde 0,02, Eisenkalk 0,06, (Verlust 0,04). Die Härte dieses Fossils ist $=$ 1050; es ist übrigens sehr strengflüssig.

Der violette Schörl oder Yanolit kommt in ursprünglichen Gebirgen von zweyter Entstehung vor; er ist, nach Klaproth's Versuchen, aus 0,55 Kieselerde, 0,15 Thonerde, 0,09 Kalkerde, 0,09 Eisenkalk und 0,01 Braunsteinkalk zusammengesetzt; seine speci-

---

*) Journal de Physique. 1792.

fische Schwere ist = 33000 und seine Härte = 1100; er wallt beym Schmelzen. —

Der grüne Schörl oder Thallit ist halbdurchsichtig und hat eine sehr hellgrüne Farbe; er findet sich ebenfalls in ursprünglichen Gebirgen von zweyter Bildung; seine specifische Schwere ist = 34500 und seine Härte = 1100; er schmelzt mit Wallen; seine Bestandtheile sind noch nicht bekannt.

Der weißliche Schörl oder Leucolit hat eine milchweiße Farbe und ist zuweilen ganz undurchsichtig, zuweilen aber halbdurchsichtig; er findet sich in eben den Gebirgen, in welchen die vorhergenannten Steinarten vorkommen. Man hat noch keine zerlegenden Versuche damit angestellt, man weiß aber, daß er auch mit Wallen schmelzt; seine Härte ist = 1300.

Der Disanit, der sonst unter dem Namen: doppelt 4seitig pyramidalisch krystallisirter Schörl aus Dauphine, bekannt ist, findet sich in Disans und ich habe ihn nach seinem Vaterlande benennt, da mit dem Namen: Schörl nicht mehr als eine Gattung bezeichnet werden darf. — Der Disanit hat gewöhnlich eine schwärzlichgelbe Farbe, so daß zuweilen die Gilbe, zuweilen die Schwärze die Oberhand hat; (doch giebt es auch Stücken, die blau aussehen;) er hat einen schönen und lebhaften Glanz; seine Härte ist = 1100; er ist nur bey einem außerordentlich starken Grade der Hitze schmelzbar; er stellt übrigens ein verlängertes Octaedron vor, die Winkel desselben lassen sich aber nicht leicht messen, weil die Krystallen sehr klein sind; doch hat es mir geschienen, daß der Winkel, welchen

2 entgegengesetzte Seiten an der Spitze der Pyramide bilden, 55° ist.

Der Crispit ist der Stein, der von andern Mineralogen unter dem Namen: rother Schörl, aufgeführt zu werden pflegt; er kommt im Crispaltberge, der mit dem St. Gotthard zusammenhängt und an andern Orten auf den Alpen vor und zuweilen findet er sich mitten in großen Stücken durchsichtigen Quarzes. Er hat eine lebhafte rothe Farbe und ist halbdurchsichtig; seine Härte ist = 1100; die Krystallen desselben stellen 6seitige Prismen vor, an welchen ich keine Pyramiden beobachtet habe. — Der Crispit, der in Quarzstücken vorkommt, hat die Gestalt des gestrickten Silbers. — Dieser Stein ist sehr strengflüssig.

Der Zeylanit und die 4 übrigen Schörlarten, die ich so eben beschrieben habe, sind besondere Erzeugungen, die selten in der Erde vorkommen; nur der Turmalin der Granite oder Schörl der Granite findet sich in großer Menge, indem er einen Theil dieses gemengten Fossils ausmacht.

Die Schörle unterscheiden sich nur in so fern von den Kieselarten und Edelsteinen, in wie fern sie noch weniger Kieselerde, als die Letztern, und mehr Thonerde, enthalten.

Die verschiedenen erbigen Bestandtheile sind übrigens in diesen Fossilien ebenfalls mit einer Säure verbunden, die sich mit Brausen entwickelt, wenn man sie ins Feuer bringt und verglast; diese Säure scheint fixe Luft zu seyn.

Die Klasse des Systems, zu welcher die Schörle gehören, ist, wie ich schon oben gesagt habe, bey weltem noch nicht zur gehörigen Vollkommenheit gebracht worden. Die Naturforscher haben alle die Fossilien, die sie nicht hinlänglich kannten, zu den Schörlen gerechnet, aber man muß jetzt, da die Mineralogie so große Fortschritte macht, alle diese Steine sorgfältig von einander unterscheiden, ihre Gestalten genau beschreiben und ihre Bestandtheile bestimmt angeben. Ich habe z. B. den Crispit oder gestrickten rothen Schörl, der an verschiedenen Orten auf den Alpen, besonders aber auf dem Gotthard und einigen Bergen, die mit diesem zusammenhängen, vorkommt, unter die Schörle gezählt, indessen ist es wohl möglich, daß dieses Fossil eher zu den Kieseln gehört; denn es kommt vor dem Löthrohre nicht in Fluß, wenn es nicht sehr lange dem Feuer ausgesetzt wird.

Die Mineralogen bedienen sich auch häufig des Ausdrucks: Schörl in Masse und sie verstehen darunter verschiedene Steinarten, die eigentlich zu den Hornsteinen oder Trapparten gehören; dieser Ausdruck kann aber nur zu Irrthümern Gelegenheit geben, und es wäre daher sehr gut, wenn man sich desselben gar nicht mehr bediente. — Auch die Benennung: blättriger Schörl sollte nicht geduldet werden; denn die Fossilien, denen man diesen Namen gegeben hat, sind gewöhnlich weiter nichts, als Hornblenden. — Den faserigen Schörl einiger Mineralogen zähle ich, wie ich schon oben erwähnt habe, zu den talkartigen Fossilien.

Noch muß ich erinnern, daß eine andere sogenannte Schörlart, die in den Specksteinen im Zillerthale vorkommt, ebenfalls eine Talkart ist, der ich den Namen: Zillerthit, gegeben habe.

Von den Fossilien, die man vulkanische Schörle nennt, werde ich in dem Abschnitte: von den vulkanischen Steinen, handeln.

Von den Talkarten.

§. 147. Man versteht unter diesem Namen die Steine, die eine gewisse Menge Bittersalzerde in ihrer Mischung haben. Indessen ist das Verhältniß dieser Erde in verschiedenen Steinen dieses Geschlechts verschieden, und sie hat selbst nicht einmal immer in denselben die Oberhand; aber sie macht gleichwohl den charakterisirenden Bestandtheil aus und sie ist es, welche diesen Fossilien den besondern, fast perlmutterartigen Glanz, den sie besitzen, ferner die Weiche und Miltigkeit und die Eigenschaft, daß sie sich gleichsam fettig, wie Seife, anfühlen, mittheilt.

Ich rechne zu dieser Abtheilung 1) den Tremolit, 2) den Glimmer, 3) die Hornblende oder den blätterigen Schörl, 4) den hornartigen Stein (der von dem oben beschriebenen Hornsteine oder Bergkiesel verschieden ist,) 5) den Trapp, 6) den Bitterstein (Jade), 7) den Serpentinstein, 8) den verhärteten Talk, oder Topfstein, 9) den Asbestoid, oder faserigen Schörl, 10) den Asbest, 11) den Speckstein, 12) den Zillerthit und 13) den Talk.

Der Tremolit, den der Vater Pini im Thale Tremola am St. Gotthard in der Schweiz gefunden hat, ist faserig, wie der Asbestoid, und seine Fasern sind

sind zuweilen etwas platt gedrückt. Herr Klaproth hat ihn untersucht und daraus 0,55 Kieselerde, 0,08 Thonerde, 0,10 Kalkerde, 0,13 Bittersalzerde, 0,09 Luftsäure und etwas Wasser erhalten. Dieser Stein schmelzt mit Wallen — seine Härte ist $= 1010$.

Der Glimmer macht einen Gemengtheil des Granits aus und er findet sich darin gemeiniglich in grösserer Menge, als die andern Theile. Man trifft aber auch zuweilen Glimmer in großen einzelnen Massen an; er hat bald eine schwarze, bald eine gelbe Farbe; auch ist der Glimmer nicht selten, der in Ansehung seiner Farbe dem Silber gleicht.

Die Bestandtheile des schwarzen Glimmers sind: Kieselerde 0,38, Thonerde 0,28, Bittersalzerde 0,20 und Eisenkalk 0,14; seine specifische Schwere ist $= 29000$ und seine Härte $= 550$. — Der Glimmer verwandelt sich beym Schmelzen in ein Glas, das voll kleiner Blasen ist.

Der Glimmer, der in großen durchsichtigen Blättern vorkommt, und den man gemeiniglich russisches Glas nennt, besteht aus 0,50 Kieselerde, 0,05 Thonerde und 0,45 Bittersalzerde (und wahrscheinlich auch aus etwas Eisen und elastischer Flüssigkeit).

Die Hornblende oder der blätterige Schörl hat gewöhnlich eine schmutzig aschgraue Farbe, indessen sieht sie auch zuweilen grünlich, schwärzlich u. s. w. aus; sie ist nie regelmäßig krystallisirt, sondern besteht aus Blättern; sie verbreitet, wenn man sie anhaucht, einen erdigen Geruch; Herr Kirwan hat aus ihr 0,37 Kieselerde, 0,22 Thonerde, 0,07 Kalkerde, 0,16 Bittersalzerde

salzerde und 0,23 Eisenkalk erhalten. Ihre specifische Schwere ist = 29300 und ihre Härte = 1000; sie giebt beym Schmelzen ein sehr blasiges Glas.

Der hornartige Stein ist, wie es scheint, von der Hornblende wenig verschieden; er giebt ebenfalls einen erdigen Geruch von sich, wenn man ihn angehaucht hat, und besteht, nach Saussure's Versuchen, aus 0,51 Kieselerde, 0,16 Thonerde, 0,08 Kalkerde, 0,03 Bittersalzerde und 0,12 Eisenkalk; gemeiniglich enthält aber dieser Stein mehr Bittersalzerde; seine specifische Schwere ist = 32000 und seine Härte = 950; er giebt ein schwammiges sehr blasiges Glas.

Der Trapp hat mit dem hornartigen Steine viel Aehnlichkeit, doch ist er härter und giebt keinen erdigen Geruch von sich; er springt in rhomboidalische Bruchstücke, die oft die Stufen einer Treppe vorstellen, und von dieser Gestalt hat man ihm den Namen Trapp gegeben. Herr Bergman hat ihn zerlegt und so daraus 0,52 Kieselerde, 0,15 Thonerde, 0,18 Kalkerde und 0,16 Eisenkalk erhalten. Gemeiniglich enthält aber dieses Fossil auch Bittersalzerde, die ich ungefähr auf 0,06 schätze. Die specifische Schwere dieses Steins ist = 29000 und die Härte = 1000; er giebt ebenfalls ein blasiges Glas.

Der Bitterstein kommt in verarbeiteten Stücken aus dem Morgenlande zu uns; man kennt seine Natur noch nicht hinlänglich; er sieht weißlich oder grünlich aus, und kommt nie krystallisirt vor; seine Bestandtheile sind 0,47 Kieselerde, 0,04 Thonerde, 0,38 Bittersalzerde, 0,02 Kalkerde und 0,09 Eisenkalk; seine

ſpecifiſche Schwere iſt = 29600 und ſeine Härte
= 1090; wenn man ihn mit Laugenſalze ſchmelzt, ſo
bemerkt man ein Wallen. — Man findet auch in der
Schweiz und in Corſica einen wahren Bitterſtein, aber
er iſt nicht ſo rein, als der Orientaliſche.

Der Serpentinſtein hat ſeinen Namen von den Farben erhalten, die er beſitzt; denn dieſe Farben ſind
unter einander gemengt, ſo daß er, in dieſer Rückſicht,
Aehnlichkeit mit der Haut einer Schlange hat. Dieſer
Stein kommt nie kryſtalliſirt vor; er beſteht, nach
Beyer's Erfahrungen, aus 0,41 Kieſelerde, 0,33 Bitterſalzerde, 0,10 Thonerde, 0,01 Kalkerde und 0,05 Eiſenkalk; ſeine ſpecifiſche Schwere iſt = 26000 und
ſeine Härte = 750. Er giebt, wenn man ihn ſchmelzt,
ein ſehr blaſiges Glas.

Der verhärtete Talk iſt eine Art von Serpentinſtein, aus dem man Töpfe bereitet, weshalb man ihm
auch den Namen: Topfſtein gegeben hat. Die Art,
von der man gemeiniglich in Tyrol zu dieſer Abſicht
Gebrauch macht, hat eine grauweiße Farbe mit dun-
kelgrauen Flecken. — Alle Arten von Topfſtein ſind
ziemlich weich, ſie werden aber durch das Erhitzen
härter.

Der Asbeſtoid oder faſerige Schörl beſteht, wie der
faſerige Zeolith, aus kleinen verlängerten und gedrück-
ten Prismen; man kann aber die Geſtalt dieſer Kryſtallen nicht beſtimmen; zuweilen liegen die Faſern
parallel, zuweilen aber gehen ſie aus einander. Die
deutſchen Mineralogen haben dieſem Foſſil den Namen:
Strahlſtein gegeben. Herr Bindheim hat es
unter-

untersucht und daraus 0,61 Kieselerde, 0,06 Thonerde, 0,05 Bittersalzerde, 0,21 Kalkerde und 0,01 Eisenkalk erhalten; es mag aber wohl von dem letztern Bestandtheile mehr, als hier angegeben ist, in sich haben; die specifische Schwere desselben ist $= 30500$ und die Härte $= 1000$. Das Glas, das dieser Stein giebt, sieht schwarz aus und ist voll Blasen.

Der Asbest nähert sich dem so eben beschriebenen Strahlsteine so sehr, daß beyde Fossilien oft mit einander verwechselt worden sind. Der eigentliche Asbest indessen ist feiner, seine Fasern lassen sich leicht von einander trennen und nehmen eine Biegsamkeit an. Es giebt verschiedene Abänderungen dieser Steinart, die die Namen: Bergleder (dessen Fasern fest unter einander zusammenhängen und gleichsam in einander geflochten sind,) Bergkork (der so leicht ist, daß er auf dem Wasser schwimmt,) und gegrabenes Papier (dessen Gewebe dem gewöhnlichen Papiere gleicht,) erhalten haben. ——

Der Amianth hat noch losere, weichere und biegsamere Fasern, als der Asbest, und man kann deshalb Gewebe daraus verfertigen, die sich durch ihre Eigenschaften empfehlen. — Der Asbest und der Amianth machen die beyden letzten Arten dieser Gattung aus. — Der Asbest besteht, nach Bergman's Versuchen, aus 0,67 Kieselerde, 0,06 Thonerde, 0,16 Bittersalzerde, 0,06 Kalkerde und 0,04 Eisenkalk, und der Bergkork ist, nach den Beobachtungen eben dieses Scheidekünstlers, aus 0,62 Kieselerde, 0,03 Thonerde, 0,22 Bittersalzerde, 0,10 Kalkerde und 0,03 Eisenkalk zusammengesetzt. — Der Asbest, so wie auch

der

der Amianth, giebt beym Schmelzen ein sehr blasses Glas.

Der Zillerthit ist ein Speckstein, der eine schöne grüne Farbe hat, durchsichtig ist und verlängerte Prismen, die 6seitig zu seyn scheinen, bildet; man hat noch keine Pyramiden daran bemerkt; er findet sich im Zillerthale in Tyrol; die Zergliederung hat gelehrt, daß er aus 0,64 Kieselerde, 0,03 Thonerde, 0,20 luftvoller Bittersalzerde, 0,06 luftvoller Kalkerde und 0,04 Eisenkalk zusammengesetzt ist.

Einige Specksteine scheinen sich dem Glimmer zu nähern und krystallisiren, wie dieser, in 6eckigen Flächen oder 6eckigen Prismen. — Es giebt auch Specksteine, die in Octaedern, und andere, die in Rhomben krystallisirt sind; jene haben die Gestalt der in Schweden vorkommenden, doppelt 4seitig pyramidalisch angeschossenen Eisenkrystallen, und die rhomboidalischen Specksteine gleichen dem salzsauren Kalkspate; bey diesen scheint indessen eben dieser Spat und bey den erstern das Eisen die Krystallisation bestimmt zu haben. —

Es giebt auch Specksteine von der Gestalt des Granats, (diese verdanken ihre Krystallisation dem Granat,) und andere, die in der Gestalt eines Pulvers vorkommen; die Letztern finden sich häufig zwischen Quarzkrystallen; sie haben theils eine silbergraue, theils eine grüne Farbe; die, welche die letztere Farbe besitzen, nennt man Chlorit. Herr Höpfner hat diese Talkart untersucht und daraus 0,42 Kieselerde, 0,06 Thonerde, 0,40 Bittersalzerde, 0,01½ Kalkerde

und

und 0,10 Eisenkalk erhalten. — Fast alle Specksteine sind aus denselben Bestandtheilen zusammengesetzt, auch geben sie insgesammt blasige Gläser.

Der Talk scheint von allen diesen Steinen die größte Menge Bittersalzerde zu enthalten; er krystallisirt nie, sondern besteht immer aus Blättern; eine der schönsten Talkarten kommt aus Kleinasien und diese ist aus 0,50 Kieselerde und 0,50 Bittersalzerde zusammengesetzt.

Die zerlegenden Versuche, die mit den meisten Talk= und Specksteinarten angestellt worden sind, beweisen also, daß sich diese Fossilien darin von den Kieselarten und von den Edelsteinen und Schörlen unterscheiden, daß sie weniger Kiesel= und Thonerde in sich haben, und dagegen mehr Bittersalzerde enthalten. Diese Erden sind in diesen Steinarten eben so, wie in den Kieseln, Quarzen u. s. w. mit einer Säure verbunden; denn wenn man einen Talkstein mit oder ohne mineralischem Laugensalze vor dem Löthröhrchen in Fluß bringt, so bemerkt man ein Brausen, und das Produkt einer solchen Schmelzung ist ein sehr blasiges Glas. — Wenn man diese Steine dem Feuer aussetzt, so werden sie sehr hart, so daß sie, selbst die nicht ausgenommen, die vorher sehr zart und weich waren, Funken geben, wenn man sie mit einem Stahle berührt. Hängt diese Eigenschaft wohl von der Thonerde ab, die sie in ihrer Mischung haben? dies ist nicht recht wahrscheinlich; denn es giebt Talke, (wie ich oben ein Beyspiel dieser Art angeführt habe,) die wenig oder gar keinen Thon enthalten und die gleichwohl im Feuer erhärten; es scheint also, daß die Veränderung, die diese

Steine

Steine in der Hitze erleiden, von der Bitterfalzerde abhängt.

Die Kryſtalliſation dieſer Steine iſt gewöhnlich unregelmäßig; denn ſie beſtehen aus Blättern oder langen Faden, und nur der Glimmer, der Zillerthit und einige Speckſteine haben eine regelmäßige Geſtalt. —

Der Glimmer, der einen Gemengtheil des Granits ausmacht, iſt unter allen Steinen von dieſer Art der, welcher am häufigſten in der Maſſe des Erdkörpers vorkommt, doch ſind auch die hornartigen Steine und die Trappe nicht ſelten; es giebt übrigens viele Abänderungen von dieſen Foſſilien, von welchen ich in der Folge mehr ſagen werde. —

Der Serpentinſtein kommt ebenfalls ſehr häufig in der Erde vor, die übrigen Steine dieſer Klaſſe hingegen trifft man nur in geringer Menge an, und einige derſelben können eben ſo, wie mehrere Kieſelarten, z. B. die Edelſteine, die Schörle u. ſ. w. für ganz beſondere Erzeugniſſe angeſehen werden.

Von den Thonarten.

§. 148. Ich zähle von den Steinen, die von andern Mineralogen in dieſe Abtheilung gebracht worden ſind, nur die Schieferarten hierher; denn es ſcheint mir, daß die übrigen Steine, die man zu den Thonarten gerechnet hat, an andern Orten mit mehrerm Rechte, als hier,

hier, angeführt werden können. Herr Bergman hat die Edelsteine und die Schörle zu dieser Klasse gezählt, allein ich habe bewiesen, daß diese Steine eigentlich unter die Kieselarten gehören.

Die Schiefer bestehen aus Blättern; sie besitzen wenig Härte, werden aber, wie der Thon, im Feuer hart; sie kommen von allen Arten der Farbe vor und sind in diesem Betrachte außerordentlich von einander verschieden.

Man kann die Mischung derselben nicht angeben, weil sie in Ansehung der Bestandtheile zu sehr von einander abweichen; indessen ist so viel gewiß, daß Thon immer den Grundtheil der Schiefer ausmacht und ihnen die Eigenschaften mittheilt, durch die sie sich auszeichnen und die sie gleichsam charakterisiren, (doch kann in denselben zuweilen der Thon in geringerer Menge, als die übrigen Erden, zugegen seyn).

Viele Schiefer enthalten eine ansehnliche Menge Kalkerde, und oft macht sie mehr, als die Thonerde, aus; andere Steine dieser Art haben mehr oder weniger Bittersalzerde, und noch andere haben viel Kieselerde in sich; die letztere Erdart hat vorzüglich in den Quarzschiefern (Horn- oder vielmehr Kieselschiefern) die Oberhand. Auch mit Eisentheilen sind fast alle diese Steinarten sehr reichlich versehen, und besonders hat der Dachschiefer eine ziemliche Menge von diesem Metalle in seiner Mischung. — Manchmal gehört auch Braunstein unter die Bestandtheile der Schiefer. —

Ich theile diese Fossilien, in Ansehung ihrer Mischung, in folgende 5 Hauptklassen:

Quarz-

Quarz- oder Kieselschiefer, die sich sehr vom Gneis unterscheiden;

Bittererdige Glimmerschiefer;

Thonschiefer;

Kalkschiefer und

Eisenhaltige Schiefer.

Die Thonerde macht in allen diesen Schiefern den Grundtheil aus; man kann indessen fragen, ob diese Erde so, wie man sie aus dem Alaune durch die Fällung erhält, in denselben zugegen ist, oder ob sie vielmehr der gleicht, die eine lange Zeit der freyen Luft ausgesetzt gewesen ist? Ich glaube, daß sie sich in beyderley Zustande in jenen Fossilien befindet. —

Die Kalkerde ist in diesen Steinen mit Luftsäure verbunden, und dieser Umstand macht, daß die Kalkschiefer etwas härter sind, als die übrigen Schieferarten; es kann indessen wohl seyn, daß diese Erde auch als gebrannter oder reiner Kalk in diesen Fossilien zugegen ist. — Von der Bittersalzerde gilt eben das, was ich von der Kalkerde gesagt habe, und die Kieselerde findet sich in diesen Schiefern in eben dem Zustande, in welchem man sie in den Quarzen antrifft, das heißt, sie ist mit Luftsäure verbunden. Die Kieselschiefer sind daher sehr hart, so daß sie mit dem Stahle Funken geben.

Der Eisenkalk der Schiefer ist eben so, wie in andern Steinen, mit Luftsäure und mit reiner Luft vereinigt. Dieser Kalk hängt fest mit andern Erden zusammen, (wie die mit Puzzolanerde bereiteten Mörtel beweisen,) und daher haben auch die Schiefer, die viel

Eisen

Eisen enthalten, z. B. die Dachschiefer, eine beträchtliche Härte.

Man sieht, daß die Edelsteine, die Schörle und die übrigen Steine, die Herr Bergman unter die Thonarten gezählet hatte, allerdings davon unterschieden sind; jene verhalten sich im Feuer anders, als die wahren thonartigen Steine, welche durch das Feuer so erhärten, daß sie mit dem Stahle Funken geben; und diese Eigenschaft charakterisirt den Thon.

Alle diese Steinarten krystallisiren nicht ordentlich; denn man findet nirgends Schiefer von regelmäßiger Gestalt.

Noch muß ich erinnern, daß alle Schiefer leicht in Fluß kommen; die Ursache ihrer Schmelzbarkeit liegt in ihrer Mischung; denn die verschiedenen Erden und der Eisenkalk, woraus sie bestehen, dienen einander wechselsweis als Flüsse. — Die Gläser, die man aus den Schiefern erhält, sind zellig und voll Blasen, und diese Beschaffenheit ist ein Beweis des Daseyns einer großen Menge luftartiger Flüssigkeiten.

Von der Krystallisation der gleichartigen Steine, die aus mehrern Erdarten und aus einer oder mehrern Säuren zusammengesezt sind.

§. 149. Die verschiedenen Erden, aus welchen diese Steine bestehen, sind mit einer Säure verbunden, die, wie ich glaube, Luftsäure ist; sie können sich in allen möglichen Gestalten unter einander vereinigen und so viel verschiedene Steine bilden, als Verbindungen unter ihnen möglich sind. Die Anzahl dieser Verbindungen würde sich leicht angeben lassen, wenn man Berechnungen darüber anstellen wollte; man würde 1) Verbindungen annehmen können, die aus 2 von diesen 5 Erden in gleichem Verhältnisse zusammengesezt wären und man würde so 10 Produkte erhalten; 2) könnte man Verbindungen, die aus 3 Erden in gleichem Verhältnisse bestünden, annehmen, und die Zahl der Produkte dieser Art würde 9 seyn; 3) ließen sich Gemische denken, die aus 4 Erden in gleichem Verhältnisse entstanden wären, und die Zahl dieser würde 4 seyn, und 4) könnte es noch eine Verbindung geben, die alle 5 Erden in gleichem Verhältnisse in sich vereinigt hätte; wir würden also in allen 24 Verbindungen haben. Allein diese Erden können in verschiedenen Verhältnissen unter einander vereinigt seyn, und daraus werden dann ungemein viele Verbindungen entstehen, deren Zahl kaum zu übersehen seyn wird. Wir wollen einige Beyspiele von diesen Verbindungen anführen:

Einige Schiefer scheinen nur Thonerde und Eisenkalk in sich zu haben; andere Fossilien dieser Art bestehen aus 3 einfachen Erden (aus Thonerde, Kalkerde und Eisenkalke,) wieder andere enthalten 4 (Thonerde, Kalkerde, Kieselerde und Eisenkalk,) und noch andere enthalten 5 Erden in sich. Die Eisenkalke können mehr oder weniger reine Luft und mehr oder weniger Luftsäure in ihrer Mischung haben; indessen können diese Erden nicht in gleicher Menge in derselben Substanz zugegen seyn, wie die zerlegenden Versuche beweisen, die mit Edelsteinen, Schörlen, Talkarten, Kieselarten u. s. w. angestellt worden sind; nimmt man ferner an, (und man hat, denke ich, allerdings hierzu Grund,) daß diese Steine, außer den genannten Erden und Lüften, auch noch andere Bestandtheile, nämlich

lich Lichtmaterie, Wärmestoff, elektrische und magnetische Flüssigkeit u. s. w. in sich haben, so wird dadurch die Zahl der möglichen Verbindungen noch vermehrt werden.

Herr Dolomieu hat angenommen, daß sich zuweilen Zusammensetzungen aus Erden wie einfache Erden verhalten könnten; er behauptet also, daß die zusammengesezte kieselige Erde aus Kieselerde und Thonerde, und die Talkerde aus Thonerde und Bittersalzerde bestehe, und daß diese gemischten Erden sich wie ursprüngliche Erden verhalten. Wenn diese Hypothese gegründet ist, so wird die Zahl der Verbindungen durch solche Zusammensetzungen noch vergrößert werden. —

In dem Mechanismus dieser zahlreichen Verbindungen nun besteht die Bildung der Steine dieser Abtheilung. Wir sind aber bey weitem noch nicht mit allen Produkten dieser Art bekannt, und es wird uns auch sehr schwer werden, sie genau von einander zu unterscheiden, weil dabey unendliche Verschiedenheiten statt finden. Selbst der Umstand, daß die bisher angestellten Zerlegungen noch sehr unvollkommen sind, hat zu einer Täuschung, in Rüksicht auf die Natur einer großen Menge dieser Substanzen, Gelegenheit geben können; denn mehrere derselben sind von einer solchen Art, daß ihre Mischung durch zerlegende Versuche nicht leicht zu entdecken ist. Hierher gehören die Fossilien, die eine Erde enthalten, die ihnen eigentlich fremd zu seyn scheint; so sind z. B. Quarzkrystallen zuweilen durch Chlorit gefärbt, der nur zwischen den Theilen des Krystalles liegt und eigentlich keinen Bestandtheil desselben ausmacht. Wenn man also eine Zerlegung dieses Quarzes unternehmen wollte, so würde man keinen richtigen Schluß daraus herleiten können; denn man würde Stoffe erhalten, die eigentlich

lich die Mischung des Specksteins ausmachen und diese also als die Bestandtheile des Quarzes annehmen.

Bey diesem Quarze bemerkt man indessen bald, daß ihm der Chlorit fremd ist, bey andern, und zumal undurchsichtigen Substanzen hingegen, z. B. bey den Thonarten, Talkarten u. s. w. kann eine solche Einmengung einer fremden Erde nicht so leicht entdeckt werden. Der jüngere Herr Saussure hat bewiesen, daß der zwischen den Blättern eines Cyanits liegende Speckstein die Scheidekünstler, die Versuche mit dieser Schörlart angestellt haben, zu einem Irthume verleitet hat. — Solche Beyspiele müssen uns also zur Vorsicht bey dergleichen zerlegenden Versuchen veranlassen, damit wir nicht ähnliche Fehler begehen; wir müssen uns bestreben, Mittel ausfindig zu machen, die uns wider Folgerungen, die der Wahrheit nicht gemäß sind, in Sicherheit setzen können. —

Alle diese verschiedenen Verbindungen haben sich in der allgemeinen Masse der Wässer gebildet, welche alle Bestandtheile derselben aufgelöst enthielten. Einige derselben sind in der großen Wassersammlung unsers Erdkörpers, andere aber an abgesonderten Orten, wo eine größere Ruhe war, entstanden, und sie haben, den Verwandschaftsgesetzen zufolge, eine regelmäßige Gestalt angenommen. An einem Orte waren die Umstände zur Erzeugung von Quarzen und Kieseln günstig, und es bildeten sich also solche Fossilien, an andern Orten, wo andere Umstände zusammen kamen, entstanden Edelsteine, oder Schörle, und in noch andern Gegenden erzeugten sich Talkarten oder Thonarten. —

Ende des ersten Theils.

www.ingramcontent.com/pod-product-compliance
Lightning Source LLC
Chambersburg PA
CBHW051745300426
44115CB00007B/691